한일쿨투라

김응교 저

1판 1쇄 | 2010년 10월 27일
1판 2쇄 | 2011년 04월 05일
지은이 | 김웅교
펴낸이 | 홍덕률
펴낸곳 | 열린길
경북 경산시 진량읍 대구대로 201
전화 053) 850-5661~3 | 팩스 053) 850-5669
http://press.daegu.ac.kr/
등록 | 2007년 4월 19일 제2007-3호
찍은곳 | 남경기획
ISBN 978-89-959583-9-1-04300
정가 | 15,000원

책에 실린 몇몇 사진 자료 중에, 메일과 연락처로 연락해도 답신이 없어 그대로 실은 자료가 있다.
연락을 주시면 사례하려 한다.

한일쿨투라

• 서 시

책

씨앗은 몸을 갈라 떡잎을 만들고
떡잎은 비밀을 모아 나무로 자란다
통나무는 무수히 살을 갈라
한 장 종이쪽이 되고
종이는 몸을 벌려 역사를 받아들인다
무거운 역사, 그래서 책은 무겁다

그런데 진짜 역사는
폭풍우의 심장까지 직시하는 잎사귀에 적혀 있거나
잎새 사이를 나는 새의 반짝 숨결에 적혀 있지
진짜 책은 가볍다

_ 김응교 시집 『씨앗/통조림』(1999)에서

• 들어가며

아시아 르네상스, 그 매혹

1.

모든 문화는 '이야기'story를 담고 있다.

'스토리 텔링'story telling의 사전적 의미는 '이야기를 들려주는 활동', 이를 통해 '이야기가 담화로 변하는 과정'을 뜻한다. 단순히 이야기를 전달하는 것이 아니라, 일정한 사건이나 현상에 대해 줄거리를 만들고 거기에 전달자의 생각을 전달하면서 오묘한 미적 감각을 엮어놓는 표현 예술이다. 문학과 문예창작 전공자의 영역은 스토리 텔러story teller의 역할로 넓혀지고 있다.

이 스토리텔링이 이제는 문화·관광 상품의 승패를 좌우하고 있다.

2009년 지난해 국내 최고 히트 드라마로 꼽히는 '선덕여왕'이 대표적이다. 신라를 배경으로 한 시대극이지만 그동안 단골 주인공이던 김춘추·김유신·선덕여왕을 전면으로 내세우지 않고, 전혀 알려지지 않았던 '미실'이란 여인을 새롭게 조명하면서 스토리텔링의 힘을 보여줬다. 「선덕여왕」은 드라마 콘텐츠 수출 계약금만 500억원 이상을 기록, 제작비 200여억원의 두 배를 넘어섰다. 당연히 정부와 지자체는 스토리산업에 서서히 눈을 돌려, 각종 스토리텔링 공모전을 개최해 소재를 발굴하고, 문화유산의 글로벌 콘텐츠 서비스를 시작하면서, 전문 인력(스토리텔러) 양성에 나서고 있다.(「'스토리가 곧 상품' 감성을 팝니다」, 『파이낸셜뉴스』 2010. 7. 4) 문화를 비즈니스와 연결시키는 문화 콘텐츠가 주목을 받고 있는 이 시대는 문화를 상품으로 만드는 '컬덕'cul-duct시대다.

2.

지역적 분포의 비슷한 문화 패턴을 문화영역culture area 또는 문명civilization이라고 부른다. 새뮤얼 헌팅턴의 『문명의 충돌』The Clash of civilizations and the remaking of world order, 1993에서 한국을 '중화문명권'으로, 일본을 '일본문명권'으로 따로 분류한 것은 의미 깊다고 생각된다. 한국과 일본은 겉으로는 비슷한 것 같으면서도 본질적으로는 전혀 다른 성격도 있다.

이 책의 제목은 '한일쿨투라'다. 라틴어인 '쿨투라'라는 용어를 쓴 이유는 좀더 본질적인 문제에 집중하고 싶다는 의미를 내놓고 싶어서다. 이 책에서 나는 한국과 일본의 본질적인 문화를 비교해 보고, 본질적인 쿨투라에서 풀려나온 마술 같은 스토리들, 그리고 그 스토리텔링을 이용한 문화콘텐츠들을 분석해 보고 싶었다.

제1부는 '문화의 탄생'으로 문화에 대한 일반적인 논의를 정리해 놓았다. (1) 타자를 어떻게 인식해야 하는가에 대해 논했고, (2) 근현대

문화 이론과 문화의 다섯 가지 속성을 설명했다.

제2부는 '한류와 자포니즘'으로 (3) 자포니즘의 역사와 한류를 비교해 보았다. (4)문화콘텐츠와 한류의 관계를, (5) 색깔과 음식문화가 한 민족의 중요한 문화콘텐츠가 될 수 있다는 점을 살펴 보았다. (6) 그리고 일본 문예를 이해하는 데 중요한 키워드인 '와비사비'わびさび에 대해 생각해 보았다.

제3부는 '이야기와 문화콘텐츠'로 한국과 일본의 이야기 두 가지를 비교해 보았다.

(7) 한국의 '흥부전'과 일본의 '혀 잘린 참새'의 비교를 통해, 두 민족 정서의 공통성과 차이를, (8) 다음으로 한국의 '아기장수설화'와 일본의 '잇순보시'를 비교하여 두 민족의 정치적 무의식을 살펴 보았다. 그런데 주의할 것은 이러한 비교 연구를 통해 우리는 '부분적'인 의식을 확인할 수는 있으나, 이런 연구를 '전체'로 오인하는 태도는 일견 틀스러워 보이지만 일반화의 오류에 불과하다.

제4부 '역사와 문학의 문화콘텐츠'에서는, (9) '명성황후'라는 스토리가 어떻게 문화콘텐츠로 만들어졌는지, 문화콘텐츠가 잘못 만들어질 때 어떤 문제가 있는지, (10)다음으로 사무라이 역사와 영화를 통해, 역사를 영화로 만들었을 때의 문제점을 살펴보았고, (11) 「야스쿠니 신사와 사카모토 료마」에서는 시바 료타로가 쓴 소설 속의 주인공 사카모토 료마가 어떻게 이데올로기적 영웅으로 전이되는가를 분석해 보았다.

보론으로, 2010년 한양대에서 가졌던 '흥부와 놀부 토론회'를 정리한 '인문학과 문화콘텐츠 토론'을 첨부했다.

이 책은 한국과 일본의 문화를 비교해서, '차이'를 발견하고, 함께 살아갈 '상생의 길'을 모색하는 연구다. 한국과 일본의 젊은이들이 상대방을 보다 깊이 이해하고, 나아가 '아시아 문화 르네상스'를 이루어 나가는 데 이 책이 마중물 역할을 한다면 더할 나위가 없겠다. 한국과 일본 나아가 아시아 르네상스를 꿈꾸는 문화예술가들에게 이 책이 마중물 같은 밑힘이 된다면 좋겠다.

3.

1980년대 청년 시절, 나는 극회에서 배우로 연기했고, 작사작곡, 연극·노래극·발레극 대본과 여러 공연의 기획·출판 등 게릴라적인 문화활동을 했다. 그리고 1990년대에 들어 몇몇 대학에서 〈문화예술론〉, 〈문화유통론〉 등을 강의했다. 강의 내용은 이론적인 내용보다는 실제적인 체험을 바탕으로 한 내용이었다. 그 관심을 모아 문화예술론 『심장은 탄환을 동경한다 - 18인의 예술가』민글, 1993를 편했다. 그즈음 내 생각은 운동론적이고 민족적인 문화론이었다. 1980년대 당시 나는 '문화게릴라'라는 말을 즐겨 썼었고, '홈 패인 공간'에서 벗어나고 있었다.

1996년 일본에 유학 가고, 이듬해 도쿄대 대학원에서 비교문학 비교문화를 공부하면서, 문화예술에 대한 안목이 넓어졌다. 이후 1998년 와세다대학 객원교수로 임용되면서, 첫째 아시아 공동체론를 향한 문화론에 관한 시각이 생겼다. 그리고 둘째 '한류'를 접하면서 '문화콘텐츠'의 가능성에 대해 강한 관심이 생겼다.

이 책은 1998년부터 2009년까지 와세다대학에서 강의했던 현대문화 수업의 강의록 일부다. 매학기 15회 강의로 열렸던 문화 수업은 일종의 한일비교문화론이었고, 늘 토론이 이어지곤 했다. 수업이 끝나면 따로 몇 학생들과 내 연구실에서 문화이론서를 읽는 세미나를 진행하기도 했다. 내 자신이 '학문적 유목민'이었기에 문학과 정치와 국경을 넘나드는 경계 없는 대화와 토론을 나누곤 했다. 2009년 귀국한 이후 연세대와 한양대 대학원에서도 이 내용으로 수업을 진행했다. 1990년대에 했던, 〈문화유통론〉 등의 강의 이름과 달리 내 수업명은 〈시와 문화콘텐츠〉, 〈한일 디아스포라 문화론〉, 〈문학과 문화콘텐츠〉, 〈동아시아 문학과 문화론〉으로 다양해졌다. 이 책은 이러한 과정의 결과물이다.

여러 분께 감사하고 싶다. 무엇보다도 모자란 강연을 경청해준 와세다대학 학생들에게 이 책을 올린다. 와세다대학에서 10년간 강의할 수 있는 기회를 주신 오오무라 마스오 교수님(大村益夫, 와세다대학)께 감사드린다. 오오무라 선생님 곁에 있었다는 사실 하나만으로도 일본에 있었던 시간은 의미 깊었다. 와세다 재임기간 중 은혜를 베풀어주신 호테이 토시히로(布袋敏博), 이성시, 심원섭 교수님, 그리고 와타나베 나오키(渡辺直紀,

무사시대학) 교수님, 와세다대학원 원생이였을 때 이 수업 조교로 도와주시고 이제 교수가 되신 윤영수 교수님(도호쿠 복지대학)께 감사드린다. 이 책 7, 8, 9장의 논문을 학술대회와 학회지에 발표할 기회를 주신 허경진 교수님(연세대)과 표언복 교수님(목원대)께 감사의 말을 빼놓을 수 없다. 늘 신세를 지고 있는 이주연 선생(캐나다 요크대학), 와세다대학에서 내 수업을 들었던 오랜 한국 거주자 미쓰하시 히토미(三橋洋美) 선생, 이 강의를 할 때 3년간 조교를 맡아주셨던 곽형덕 선생(와세다대학 박사과정)이 번거로운 마무리를 보아주셨다. 세 분과 일본에서 만난 것은 나에게 느닷없는 축복이다. 귀국 후 너무 많은 분들이 도와주셨는데, 일일이 거명하는 것은 실례일 것이다. 다음 지면에서 예를 표하기로 하고, 뵐 때마다 인사드릴 일이다.

아버지 역할을 제대로 못한 범부凡夫의 책이 사랑하는 아들 재민이 재혁이, 아내 김은실 선생에게 위로가 될 수 있을까.

모든 책은 미완성이다. 한국문화의 종요로운 특성인 샤머니즘에 대해서도 전혀 쓰지 못했다. 미진한 부분과 오류는 앞으로의 숙제이며, 질책은 독자의 몫이다. 미흡한 부분은 기회 있을 때 바로잡고 싶다.

2010. 10. 17.

불암산 기슭에서 김응교

• 차 례

3부 이야기의 문화콘텐츠

한국의 지붕은 왜 하늘로 살짝 솟았을까?

버선 끝처럼 춤 추는 듯한 처마끝,

한국인의 무의식에 잠재해 있는 샤머니즘적 역동성이 아닐까?

문화의 집합성이란 무엇일까?

문화의 집합성, 28면을

1부 문화의 탄생

1장 자기이해와 '사이'의 타자화

_ 타문화, 어떻게 봐야 하는가.

2장 다섯 가지 특징으로 문화 읽기

1

자기이해와 '사이'의 타자화

_ 타문화, 어떻게 봐야 하는가.

퓨전의 세계화 시대에,
첫째, 자기를 이해하고,
둘째, '사이'에서 타자의 입장이 되어보고,
셋째, 함께 하는 살아갈 길을 생각할 때다.

다른 나라의 문화를 어떻게 보아야 할까. 고대 시대부터 한반도와 떼어놓을 수 없는 일본 문화를 보는 우리의 자세는 대략 세 가지로 나눌 수 있겠다.

첫째, 식민지를 경험했던 60대나 70대의 노인세대들은 일본을 우리를 점령했던 나쁜 제국으로 보는 동시에 선진국으로 보는 경우가 많다. 저주와 부러움이라는 이중적인 태도로 일본을 보는 태도다. 일본에 사는 내게 "일제 참기름이 좋으니 사 달라"고 하면서 동시에 "나쁜 나라"라고 강조하는 노인이 종종 있다.

둘째, 40대와 50대 세대들의 '열린 민족주의'적 일본관이다. 이들은 비극적인 식민지를 경험하지 못한 대신, 윗세대로부터 강한 민족주의 교육을 받아 온 세대다. 따라서 일본에 적대적인 감정이 있으면서도 동시에 조금은 열린 마음으로 일본 문화를 받아들이는 세대다.

셋째, 30대 이하 세대들은 각자 자유롭게 일본에 대해 생각한다. 타인에 의해 주입된 선입관보다는, 인터넷 등을 통해 열린 마음으로 일본 문화와 직접 교류하며 판단하는 다중多衆, multitude의 세대다. 역사상을 잃고 무비판적으로 일본문화를 흡수하는 경우도 있지만, 대부분 이성적인 판단으로 타문화를 받아들인다.

이제 필자는 넷째의 경우를 말하고 싶다. 둘째와 셋째 단계가 서로 어울리며 새로운 단계를 지양止揚하는 단계다. 그것은 동아시아 르네상스라는 미래적 패러다임으로 타문화를 보는 태도다. 상생相生의 가능성에 대해 생각하는 태도다. 이러한 단계에 이르기 위해서는 세 가지 자세가 필요하지 않을까 생각해 본다.

첫 번째 자세는 '자기 이해'Self-understanding의 단계다.

'understanding'이란 아래under에 서서standing, 이해하는 태도를 말한다. 나아가 자기Self를 이해한다understand는 것은 '거울 보기' 하는 태도를 뜻한다. 클라크 혼Kluckhohn, Clyde K, 1905~60의 고전적인 명저인 『인간을 위한 거울』Mirror for Man, 1949을 보면, 타문화를 이해하는 것은 단지 타자를 이해하는 것뿐만 아니라, 타자라는 거울을 통해 '자기 이해'를 깊게 하는 것이라고 정의하고 있다.

일본에서 살며 여행하다 보면, 일본 문화를 넘어 '나'를 되돌아 보게 된다. 꼼꼼하게 일을 추진하는 일본인을 보면, 대충대충 일 해나가는 '나'의 약점을 반성하기도 한다. 반대로 일본인과 간혹(절대 전부는 아니다) 차가운 인간 관계를 경험하게 되면, 정 많은 한국인이 그리워지기도 한다. 물론 이후에 그것은 비단 민족성의 문제가 아니라는 것을 후일 깨닫곤 한다.

두 번째 자세는 '타자화'Othering의 단계다. 상대방의 문화를 이해하기 위해, 한번 타자의 입장이 되어 보는 것이다. 일본인

학생이 한국에 와서 태권도를 배워 보거나, 한국인이 일본인의 차茶 문화를 익혀 보는 것도 이런 단계일 것이다. 나는 일본 문화의 핵심인 마쓰리祭り를 이해하려고 3일간 종일 축제에 참여해 본 적도 있다. 1억 총단결, 피가 솟는다는 그들 표현이 이해가 된 적이 있다.

여기서 타자화란 무엇인지 다시 한번 검토해야 한다.

타자화othering 한다는 것은 단지 내가 타인의 입장이 되어 본다는 뜻일까?

다른 사람의 입장에서 배려하는 것은 좋으나, 잘못하면 내 입장에서 타자성을 지워버리는 경우도 있을 수 있다. 상대방은 술을 싫어하는데 상대방이 술을 좋아할 거라고 판단해 분위기와 상관없이 마구 술을 권하는 경우와 유사하다. 단지 그 사람을 이해한다고 하면서, 방향만 타자 쪽으로 향하고, 타자의 입장으로 완전히 전환하지 못한 경우가 생긴다. 이 경우 타자를 이해한다면서, 자기식으로 행사하는 전체주의적 폭력이 발생한다.

여기서 타자와 나 '사이'間 곧 짬 혹은 차이差異 혹은 差移에서 양자를 바라보는 '사이(혹은 차이)'의 시각이 필요하다. 타자의 입장이 되어 보는 타자화 뿐만 아니라, 타자와 나 사이에서 양자를 바라보는 '사이에서 보는 타자화'도 필요한 것이다. 타자에게 내가 '사이의 타자'가 되어 '나의 문화'를 알려주기도 해야 한다. 또한 '나' 자신을 타자로 볼 수 있어야 한다. '사이의 타자화'는 많은 문제를 해결해준다. 가령, 자동차 접촉 사고가 났을 때, 보험회사가 '사이'에서 문제를 해결해주는 것과 마찬가지다. 은행 직원과 손님들 '사이'에 번호표 기계가, 사람과 사람 '사이'에 트위터twitter가 있듯이 말이다. 나와 타자, 그 경계를 넘어 제3자라는 또다른 '사이'에서 바라볼 때, 공동체적인 사고와 행동이 가능할 것이다.

세 번째 자세는 '함께 살기' 즉 상생相生, Symbiosis, Mutualism을 생각하는 단계다. 이해의 폭이 넓어져 자기를 이해하고, 타자를 이해하면, 이후에는 함께 살아갈 방법을 생각해야 한다. 냉전시대가 끝나고 이제 세계는 자유롭게 국경을 넘어 여행할 수 있다. 따라서 어느 나라의 도시건 식당을 가면 국제적인 '퓨전Fussion 문화'가 일반화 되어 있다. 우리 음식과 함께 베트남 음식, 미얀마 음식을 함께 먹는 퓨전 시대가 된 것이다. 또한 어디 가든 맥도날드 햄버거가 있고, 코카콜라가 있는 세계화globalism 시대가 되었다. 물론 이러한 세계화라는 단어 배후에는 신자본주의라는 문제가 있다. 이로 인해 긍정적이든 부정적이든 국경과 민족문화를 뛰어넘는 '월경越境의 일상화'가 시작된 것이다.

다른 나라 문화를 어느 쪽이 우등하고 열등하다고 평가하는 '문화우열주의' 태도, 가령 원주민을 '점령'했다던 콜롬버스의 옛날 얘기다. 콜롬버스가 아메리카를 '발견'Discovery했다는 말은 틀린 말이다. 인디언 입장에서 보면, 콜롬버스는 단지 아메리카에 '상륙'Arrival했을 뿐이다.

상대방의 문화를 '우리'의 잣대로 가치 평가하는 것이 아니라, 타문화他文化는 타문화대로 그 가치를 인정하는 자세가 필요하지 않을까. 먼저 타문화에 어떤 문화적 개성이 있는지 보아야 할 것이다. 이른바 내 것만이 옳다는 '자문화중심주의'自文化中心主義를 넘어 상대방 문화를 상대적으로 인정해주는 '문화상대주의'Cultural relativism적인 자세가 필요하다.

진화론적 문화론
인종론적 문화론 → 1) 문화상대주의 2) 전체론적 접근법 3) 다多 문화주의 → 상생相生의 문화학
자문화중심주의

이러한 상생을 위해서 진화론적이거나 인종론적인 시각을 넘어, 문화상대주의cultural relativism로 타문화를 접근해야 할 것이다. 그것은 자기문화만을 최고로 여기는 자문화중심주의自文化中心主義, ethnocentrism를 넘어서는 것이다. 물론 타자의 문화를 지나치게 찬미하면, 자기문화를 부정하고 무시하는 '문화적 로망티시즘'cultural romanticism에 빠질 우려도 있다.

또한 문화를 하나의 장르로만 보고 판단하는 것이 아니라, 전체론적인 접근holistic approach을 해야 할 것이다. 다시 말해 문화예술의 다양한 장르, 도구, 생산양식, 종교, 역사적 배경 등 다양하게 타자의 문화를 보는 시각이 필요할 것이다.

그러나 쟈크 데리다Jacques Derrida 1930~2004가 "환대란 없다"『환대에 대하여』 동문선, 2004고 말했듯이, 타자에 대한 '절대적 환대'란 불가능하다. 그렇다고 '환대'를 포기하면 안된다. 퓨전, 세계화, 월경의 시대에서, '절대

적 환대'를 향한 다多문화주의를 향한 '끊임없는 환대'의 자세가 절실한 것이다.

우리는 인터넷을 통해 민족과 국경이 무너지는 사이버 사회를 경험하고 있다. 정치권은 야스쿠니니 독도 문제 등으로 늘 들썽사나우나, '한류'韓流를 보면 이미 문화의 국경은 무너지고 있다. 사이버 스페이스Ciber Space는 리얼 스페이스Real Space로 쉽게 전환되고 있다. 일본 학생들은 인터넷을 통해 한국 드라마를 보고 영화 CD를 구입하고 있다. 또한 대한민국이라는 테두리 안에 이미 아시아에서 온 결혼이주자들과 이주노동자들, 북녘에서 온 새터민, 그리고 새롭게 태어나는 '디아스포라 신新한국인'들이 태어나고 있다. 이들이 갖고 있는 다양한 문화적 체험이 무한한 가능성으로 확장하도록 하는 것은 우리 자신의 자세에 달려 있다.

'우리'만 잘 살겠다는 논리는 2차 대전 때 당시의 제국주의 논리다. 지금 한국과 일본의 젊은이들은 가상현실과 거주현실을 절묘하게 조합하여 인터넷 시대의 승자가 되려고 한다. 그리고 인터넷 시대에는 세계가 '함께 살기' 위한 네트워크를 만들어 내는 사람이 공헌자가 될 것이다. 일본을 적대적 혹은 선정적 혹은 상업적으로만 보는 자세를 넘어, '함께 사는 파트너'로 생각하고 바른 네트워크를 만들어 나가는 사람이 아시아 르네상스의 공헌자가 될 것이다.

아래 표는 2010년대 시각에서 한국 현대사를 10년 단위로 나누어 본 도표다. 색이 칠해진 부분은 각 세대의 청년기를 말한다. 각 세대별로 일본,미국, 중국, 북한 등을 대하는 태도, 나아가 문화적 태도(가령, 그 시대를 대표하는 노래, 종교 등)에 대해 생각해보자. 우리에게 난민(難民, The refugee), 폭민(暴民, 패거리, The mob)의 시대가 있었던가. 현대는 대중(大衆, The mass)의 시대인가, 다중(多衆, The multitude)의 시대인가? 2010년대 현재 20대는 프로슈머(prosumer)[1] 세대인가, 싸이월드, 트위터 시대인가?

	1940년대	1950년대	1960년대	1970년대	1980년대	1990년대	2000년대	2010년대
정치, 사회	1945.8.15 독립 1948 분단정부수립	1950.6.23 한국전쟁 1953.7.27 휴전회담 조인식	1960.4.19 학생혁명 1961.5.16 군사정변 1965.6.22 한일국교정상화 1968 삼선개헌	1970.11.13 전태일 사건 1972.10.17 10월 유신 1979.12 · 12 쿠데타	1980.5.18 광주민중항쟁 1987.6. 6월 민주항쟁 1988.9 서울 올림픽	1990 삼당합당 IMF사태 1997.11	2002 FIFA 한일월드컵 5.31~6.30	2009.1 용산철거민사건
정부	조선총독부 1948. 5 · 10선거 제헌국회	1948.7 제1공화국 (이승만)	제2공화국 1960.4 · 19~1961.5 · 16 (윤보선) 제3,4공화국 1963~1979 (박정희)		제5공화국 1979~1987 (전두환) 제6공화국 1987~1993 (노태우)	문민정부 1993~1998 (김영삼) 국민의 정부1998~2003 (김대중)	참여정부 2003~2008 (노무현)	실용정부 2008~ (이명박)
문화 특성								
80대	식민지 세대							
70대		한국전쟁 세대						
60대			4.19세대					
50대				유신세대				
40대					386, 486세대			
30대						서태지 세대, N(=net)세대		
20대							?	

1 소비자에서 생산자로 전환하는 사람을 프로슈머라고 부르는데, 두 가지 뜻이 있다. 하나는 소비와 생산을 병행하는 생비자(Producer+Consumer)라는 뜻. 또 하나는 똑똑한 소비자(Professional Consumer)를 일컫는다.

2
다섯 가지 특징으로 문화 읽기

1. 문화란 무엇인가

국정교과서에만도 인류의 기원이니, 4대 문명의 발상지니, 인류문화의 생성이니 하며 문화에 대한 이야기가 끊임없이 거론되고, 우리는 하루에도 몇 번씩 문화라는 단어와 그 현상을 접하고 산다.

필자는 지난 10년간(1998~2009) 와세다대학에서 현대문화수업을 진행하면서, 첫시간에 '문화란 무엇인가'에 대해 강의했다. '문화' 자체에 대한 이해가 공유되지 않으면 수업 자체가 이루어지지 않는다. 문화에 관한 수업을 시작하면서, 막상 학생이나 선생이나 '문화란 무엇인가'라는 질문 앞에 갑자기 꿀 먹은 벙어리가 되곤 한다. 그래서 가장 첫 시간에 '문화, 문화산업, 문화콘텐츠'에 대한 개념을 설명하지 않고서는 수업을 진행할 수 없다.

더욱이 이제 문학이란 개념도 글자로 쓰여진 문학비평을 넘어, 담론

discourse이 담겨있는 문화예술물, 그러니까 건축 · 만화 · 비디오 · 영화 · 게임 · 그림까지도 비평적 영역이 되고 있다. 이러할 때 '문화'에 대한 기본적인 이해와 연구는 필요하다.

문화culture와 교양이라는 용어는 라틴어 쿨투라cultura에서 파생된 말이다. 이 말은 '쿨투스'Cultus로부터 온 것이며, 정신적으로 종교적 의식 등의 종교행위와 물질적으로 토지의 경작, 파종, 수확 등의 농업행위의 두 가지 뜻을 가지고 있다. 쿨투라는 또한 가꾸다, 경작하다, 재배하다 등의 의미를 가진 '콜레레'colere라는 동사에서 전성된 말이다. 고대시대에 문화란 이렇게 교양과 같은 의미로 쓰였다.

이 말은 다시 독일어의 쿨투르Kultur, 영어와 프랑스어로는 컬처Culture라는 말로 사용되고 있다. 교육과 훈련을 통한 정신적 활동의 개선 및 연마한다는 뜻이다. 곧 문화란 사람들이 주어진 것을 가꾼 것, 경작한 것, 재배한 것을 나타내는 말인 셈이다.

한편 동양에서 문화文化라는 한자어를 살펴 보면, 문文이란, '문장', '글' 뿐만 아니라 본래 무늬紋를 뜻했다. 문화는 야만, 자연과 구분되는 인간 고유의 삶의 양태를 뜻한다. 인간은 자연을 그대로 수용하기보다는 자기 나름의 방식대로 변형시켰다. 자연을 변형한다는 것은 자연물에 일종의 무늬文樣를 놓고 색을 칠彩色하는 것이라고 말할 수 있다.

'문화'의 문자대로의 뜻 가운데 하나는 그러니까 '무늬 놓음'이라 하겠다. 자연을 변형한다는 것은, 비유적으로 얘기해서 자연물에 무늬文樣를 놓고 색을 칠彩色하는 것이다. 사람들이 자연 곧 자기에게 원래 주어진 것을 채색 단장하면서, 초목이나 짐승과 구별되는 인간의 삶, 즉 문화가 발생하기 시작했다.

이 글에서, 첫째, 다양한 문화이론, 대표적으로 문화산업(아도르노), 국가이데올로기(알튀세르), 문화유물론(마빈 해리스) 등을 설명하고, 둘째, 문화의 다섯 가지 속성 곧 인위성 · 집합성 · 변화성 · 이데올로기성 · 소비성을 설명하려 한다.

2. 문화산업 · 국가이데올로기 · 문화유물론
_ 문화이론의 역사

18세기 계몽주의와 타일러

르네상스기에는 인문주의가 신이 아닌 인간과 그 주변의 문제를 주된 관심 영역으로 삼으면서, 이에 대한 소양을 두루 갖춘 '만능인' 즉 문학, 예술 및 자연 과학에 대한 폭넓은 이해를 보유한 사람을 이상적인 인간형으로 보았다.

18세기 계몽주의자들은 '문화'를 사람들이 살아가는 있는 그대로의 모습, 즉 풍습 · 생활양식 · 종교 · 자연환경 · 사회제도의 영향을 받아 다양하게 살아가는 현상으로 보았다. 반면 삶의 다양한 모습으로부터 공통되고 본질적인 요소를 '문명'이라고 불렀고, 문명이 문화에 비해 합리적이고 추상적이라고 보았다.

이 시기에 문화에 대해 보다 체계적인 개념을 정립한 사람은 인류학자 타일러E.Tylor다. 1871년 출판된 『원시문화』에서 타일러는 문화란 "지식, 예술, 도덕, 법, 관습, 그리고 사회의 성원으로서의 인간에 의해 획득된 모든 다른 능력과 습관들을 포함하고 있는 전체적인 복합체"라고 설명했다.

1920년대 맑스주의와 그람시

맑스주의 이론을 신봉하는 이론가들의 기본 구조는 '물질적 존재로서 경제적인 것만이 참된 사실'이라는 테제와 이에 근거하여 관념적인 것과 물질적인 것 간의 기계적인 일대일 대응관계를 전제로 하는 '교조적敎條的인 상하부구조론'이었다. 그러나 역사과정을 통해 볼 때, 사회구조란 그렇게 간단하지 않았다. 특정 예술을 브루조아 예술 혹은 프롤레타리아 예술로 구분하기도 쉽지 않다. 가령, 1390년경 이태리에서 탄생한 발레는 왕궁의 사교춤이었고, 16세기경 프랑스에서 궁중무용이 되었다. 그러다가 19세기 초부터 발레는 러시아에서 볼쇼이 발레단과 키로프 발레단을 통해 사회주의 예술의 아름다움을 선전하는 '인민의 예술'로 발전한다. 이렇게 특정 예술의 의미는 다양한 시각에서 파악되어야 한다는 것을 연구자들은 인식하기 시작했다.

1920년대에 이탈리아의 그람시Antonio Gramsci, 1891~1937는 마르크스의 문화관을 한 단계 더 발전시켜 프롤레타리아 문화를 중심으로 새로운 혁명이론을 제시할 수 있었다. 혁명에 성공하기 위해서는 부르주아지의 가치체계와 문화를 대체할 수 있는 혁명적인 문화와 의식의 창출이 필요하다고 그람시는 말했다. 그리고 그 역할을 수행할 사람들은 프롤레타리아로부터 새롭게 나오는 지식인 집단이어야 한다고 주장했다.

1930년대 프랑크프르트 학파와 아도르노

1930년대 들어, 문화가 경제라는 하부구조에 단순히 종속된 것이 아니라, 하나의 독립된 심급으로 작용한다고 프랑크프르트 학파의 '비판이론'critical theory 학자들은 주장하기 시작했다. 그들은 문화란 어떤 생각(=이데올로기)을 담고 있는 그릇이며, 인간을 변화시키고 있다고 판단했다. 아도르노와 호르크하이머가 쓴 『계몽의 변증법』[1]에서는 대중문화, 즉 문화산업에 대해 비판한다. 아도르노T.W. Adorno, 1903~1969는 이 책에서 대중문화mass culture라는 표현을 처음 쓰고, 그 문제점을 지적하기 위해 '문화산업'이라는 개념도 내놓았다. 아도르노와 프랑크푸르트 학파는 현대 자본주의 국가에서의 문화발전의 대립관계를 항상 비판의 대상으로 보았다.

자본주의 생산방법은 부단히 인간소외를 유발시키며, 이익추구는 개인의 인격을 변혁시킨다. '문화산업'은 정치적 기능을 감추고 있다. 이러한 문화산업은 인간의 총체적 지배를 목표로 하는 통합사회에 인간을 길들이기 위해 문화를 도구로 삼기도 한다.

아도르노는 히틀러 파시즘의 폭력적 문화의 뿌리를 근대 계몽이성

---

1 Th. W. 아도르노·M. 호르크하이머, 『계몽의 변증법』, 김유동 역, 문학과지성사, 2007.

에서 찾는다. 근대 계몽이성은 긍정-부정-종합이라는 변증법적인 과정을 겪는다. 계몽이성은 신화와 자연으로부터 인간을 해방시켰다. 하지만 계몽이성은 동일성이란 신화에 사로잡혀 자연을 자신의 것으로 삼아 착취하고, 집단동일성으로 개인의 다양한 자연적인 본성마저 억누른다. 신화로부터 해방시키는 역할을 하기는커녕 오히려 자신을 동일성 속에 가두는 '뒤집힌' 계몽이성은 결국 개인의 다양성을 억압하는 파시즘으로 나타났다.

1930년대 후반에서 40년대에 걸쳐 미국에서의 오락산업과 라디오, 영화, 음반산업의 급속한 발달과 독일 바이마르 시대의 기술화되고 익명화된 새로운 대중문화, 나치의 유사 민속문화, 그리고 전체주의 국가에 의한

아도르노(Theodor W Adorno, 1903~69)는 '동일성'이라는 집단폭력에서 개인의 다양성을 지키는 데 평생을 바친 독일의 예술철학자다. 나치의 인종동일성이란 집단폭력에 쫓겨 미국으로 망명했던 그는 호르크하이머와 함께 집단폭력의 뿌리를 찾는 일에 전념했다. 그는 그 뿌리를 근대 계몽이성에서 찾았다.

문화조작 문제를 아도르노는 집중적으로 분석했다. 계몽이성은 신분의 최면에서 깨어나 귀족의 독점으로부터 문화를 해방시켰다. 하지만 평등을 '집단동일성'으로 탈바꿈하여 개인의 다양한 자연적인 본성을 억눌렀다. 이러한 '뒤집힌' 계몽이성은 결국 개인의 다양성을 억누르는 획일적인 대중문화로 나타났다.

가령, 히틀러를 영웅화한 세계적인 다큐멘터리 감독 레니 리펜슈탈Leni Riefenstahl, 1902~2003의 예를 들 수 있겠다. 1931년 '레니 리펜슈탈 영화사'를 만든 그녀는 나치당의 지원을 받아 아리안족의 우월성을 찬양하는 영화들을 감독했다. 1934년 독일 뉘른베르크에서 열린 나치 전당대회를 담아낸 기록영화 「의지의 승리」를 제작한다.

리펜슈탈은 「의지의 승리」를 찍기 위해 무려 200여 대의 카메라를 동원한다. 이 영화에서 그녀는 히틀러를 하늘에서 내려온 구세주로 표현하면서, 항상 밑에서 위로 찍어 위엄있는 이미지를 만들어냈다. 이후 2주간의 베를린 올림픽을 기록한 다큐멘터리 「올림피아」225분로 그녀는 선전영화의 전형을 만들어낸다. 물론 이 영화는 최초로 영화에 나체의 실루엣을 드러내고, 모든 운동을 카메라에 담아낸 영화사적 의미가 있다. 다만 이 영화의 주인공은 손기정을 비롯한 선수들이 아니라, 바로 히틀러였다. 고대 그리스에서 채화된 성화가 독일로 전해질 때, 하늘의 신전에서 히틀러가 이를 내려다 본다.

아도르노가 지적했던 전체주의적 민족주의가 이 영화에서 뚜렷하게 나타나고 있다. '고결한' 영웅에 대한 숭배를 리펜슈탈은 황홀하게

△ 히틀러와 함께 있는 리펜슈탈

▽ 「의지의 승리」의 한 장면

담아냈다. 리펜슈탈이 만들어낸 「의지의 승리」와 「올림피아」는 히틀러를 영웅 · 우상화 하는 문화산업이었다.

결국 문화산업은 아도르노가 지적했듯이 자본주의 경제제도와 유기적으로 결합되어 지배계급의 상업적 가치를 재생산하여 수용자에게 사회적 상부계층의 이념에 복종하도록 유도하는 교묘한 술책이었다.

문화산업은 제3의 사람들의 서비스를 위해 존재하며, 쇠퇴해 가고 있는 자본축적 과정과 문화산업이 출현하는 상업과 친화력을 유지하고 있다. 이데올로기는 특히 개인주의적인 예술과 상업적인 착취로부터 빌려온 스타시스템star system을 이용한다. 운영과 내용의 방법이 비인간화될수록 문화산업은 더욱 성공적으로 위대한 인물들을 선전하고 정열을 가지고 운영한다. 아도르노는 '뒤집힌' 계몽이성을 다시 뒤집어, 동일성의 신화로부터 인간을 해방시키는 진정한 계몽을 추구한다. 그 가능성을 동일성을 본질로 하는 과학이 아니라, '개성(비동일성)을 본질로 하는 예술'에서 찾았다. 대중문화의 집단동일성에 저항하는 예술이야말로 비판적이고 창의적인 개성을 일깨우는 진정한 계몽의 역할을 할 수 있다고 보았다.

알튀세르의 이데올로기적 국가장치

1970년대에, 사상가 알튀세르Louis Althusser, 1918~1990는 마르크스가 주장한 상부구조가 단순한 하부구조의 반영에 불과하다는 기계론적 해석을 거부한다. 알튀세르는 이데올로기를 단순한 인간 의식의 집합체가 아니라, 물질적인 실천행위와 연관시키고 있다. 이데올로기는 일상생활 속에서 실천을 통해 그 효과가 구체화된다. 알튀세르는 '사회적 총체성'에 관심을 기울였다. 그는 사회적 총체성을 서로 자율성을 갖고 있는 세 가지 심급으로 설명하고 있다. 즉 경제 · 정치 · 이데올로기적 층위로 사회를 분석하려 했다. 여기서 그는 이데올로기적 층위를 갖고 있는 문화의 상대적 자율성을 주장했다.

알튀세르는 「이데올로기와 이데올로기적 국가장치」『레닌의 철학』, 1968에서, 생산조건의 재생산, 특히 생산관계의 재생산과 연관해 이데올로기론을 펼치고 있다. 그가 생각하고 있는 이데올로기란 개인들이 그들의 실제 존재조건에 대해 갖는 상상적 관계의 표현이다. 개인들은 '이데올로기적 국가장치'Ideological State Apparatuses : ISA, Appareils ideologiques d'Etat 즉 자본주의 사회 내에서 이데올로기를 생산하는 영화 · 텔레비전 · 광고 같은 사회적 제도들, 그리고 '억압적 국가기구'Repressive State Apparatuses : RSA 즉 경찰, 군대, 법원 등의 강제적인 사회제도에 의해 호출되어 주체로서 구성된다. 결국 개인이란 이데올로기적 국가장치에 의해 훈련되어, 결국 기존질서에의 복종을 재생산한다는 지적이다. 과거에 있었던 '억압적 국가장치'는 주로 경찰이나 군대의 폭력에 의해 개인을 재생산하는 반면에, '이데올로기적 국가장치'는 주로 종교 · 교육 · 가정 · 법률 · 정치 · 노조 · 대중매체(신문, 라디오, 텔레비전 등) · 문화(문학, 스포츠 등) 등을 통해서 개인을 장악한다. 결국 이데올로기 국가장치의 일부인 문화는 억압적인 국가장치와 구별되지만 국가 권력 유지에 여전히 중요하게 기여한다는 점에서, 문화는 지배구조의 재생산에 기여한다는 것이다.

1968년 5월 혁명 이론가들과 슬라보예 지젝

1968년 프랑스 5월 혁명을 통해 문화이론은 포스트 모더니즘 혹은 후기 구조주의라는 이름으로 만연했다. 포스트모던 철학자들은 근대 서양의 정신적 토대로 파악되는 전체주의와 이성 중심주의를 거부했다. 그들은 근대의 부르주아 문화, 남성 중심주의 및 서구 제국주의의 유산에서 벗어나려고 노력했고, 보다 다양한 집단의 문화를 확인하고 존중할 수 있는 가능성을 제시했다.

미셸푸코의 억압과 감시 체제에 대한 이론, 롤랑 바르트의 기호학, 쟈크 라캉의 정신분석학, 부르디외의 문화사회학, 르페브르의 일상성 이론, 데리다의 차연差延의 해석학, 레비나스의 무한책임 윤리학, 그리고 1980년대 이후 알랭 바디우의 진리사건과 문화윤리학, 그리고 맑스와 라캉을 종합하여 이데올로기를 해체하는 슬라보예 지젝의 대중문화 연구 등이 봇물 터지듯 이어지고 있다.

특히 슬라보예 지젝의 대중문화론은 헤겔, 맑스, 프로이프, 라캉 등의 어려운 이론들을 영화, 만화, 일상영역의 대중코드로 설명한다는 점에서 큰 인기를 끌고 있다. 지젝은 이데올로기에 대해 "전처럼 강압적이지는 않아도 우리의 일상적 삶에 녹아들어 여전히 우리를 지배하고 있다. 지금이 탈이데올로기 시대라고 전혀 생각지 않으며, 맑스의 교훈대로 이데올로

퍼포먼스적인 강연을 자주 펼쳐 보이는 지젝이 '시차적 관점'의 예로 내세우는 자신의 사진이다. 현재 세계는 물론 한국에서도 '지젝 열풍'을 일으키는 대중문화 철학자다.

기는 추상적 사상이 아닌 현실세계에서 벌어지는 실제행위"라고 말한다.

현재 문화를 비즈니스와 연결시키는 문화 콘텐츠가 주목을 받고 있다. 이 시대는 문화culture를 상품product으로 만드는 '컬덕'cul-duct시대다.

마빈해리슨의 문화유물론

마빈 해리스Marvin Harris,1927~2001는 인류학 연구의 궁극적인 목적은 '자의적'인 관념론적 문화해석을 넘어서는 실증 · 경험적인 '문화과학'을 확립하는 것이라고 했다. 그의 문화론을 '문화 유물론'Cultural Materialism[2]이라고 한다.

그는 저서 『문화유물론: 문화과학을 위한 투쟁』Cultural Materialism:The Struggle for a Science of Culture, 1979에서 문화유물론의 주요 분석틀을 제시하는 한편 문화유물론의 우수성을 입증하기 위해 관념론적인 여러 이론들과 변증법적 유물론을 비판하고 있다.

문화유물론의 인식론적 가정은 흄과 영국 경험론자들의 전통에 뿌리박고 있으며 철저히 비非 헤겔적이다. 따라서 마르크스의 유물론과 이론적 기초를 공유하고 있음에도 불구하고 문화유물론은 마르크스의 사적 유물론에서 보이는 하부구조의 개념과는 확연히 다른 면을 보인다. 문화과학으로서 인류학은 문화 자체의 논리가 아닌, 문화의 심층에 내재하는 실질적이며 실리적인 논리를 과학적으로 파악할 수 있어야 한다는 논지다.

---

2 Marvin Harris, *The Rise of Anthropological Theory: A History of Theories of Culture*, New York: Thomas Y. Crowell Company, 1968.

아래 도표는 마빈 해리스의 문화론적 유물론이 화이트의 문화진화론, 스튜워드의 문화생태학, 그리고 헤겔의 변증법적 유물론, 칼 맑스의 역사적 유물론, 스키너의 행동심리학 등의 영향을 받았다는 것을 보여준다.

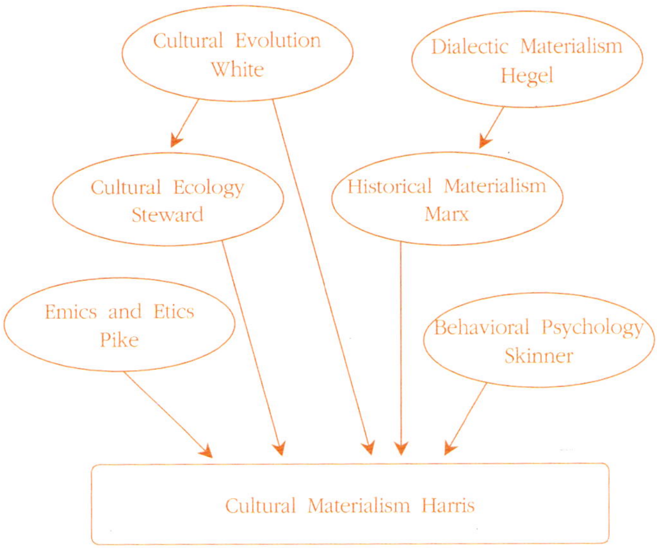

그러면서 그는 문화를 세 차원으로 분류한다. 첫째, 문화의 토대가 되는 하부구조는 생존기술이나 환경, 생태계 작업양식 등이다. 이러한 하부구조의 토대 위에 둘째, 문화의 배경구조가 될 가정경제와 정치경제 등이 생성된다. 셋째, 이런 배경구조 위에 상부구조인 문화체계가 드러나게 된다. 우리는 이런 문화체계를 미술, 음악, 춤, 문학, 광고, 의식, 스포츠, 과학 등으로 나누어 부르곤 한다. 이러한 태도로 마빈 해리스는 중동의 돼지고

기 금기, 인도의 소 숭배, 오스트레일리아 원주민의 화물숭배 등 언뜻 보기엔 단순한 종교현상으로 생각되는 여러 문화가 사실은 자연 환경적 요인에 기인한다[3]고 설명했다.

마빈 해리스는 일본문화 연구를 보고하면서, 동아시아의 관계문화가 조상을 숭상하는 유교에 뿌리를 두고 있다고 진단한다. 마빈 해리스가 말한 동아시아 문화권 특징인 '관계문화'는 사실 중국문화권에 속하는 인도차이나 등지의 남아시아 국가들과 조상을 숭배를 하는 아프리카나 남미 일부의 문화권에도 적용할 수 있는, 사실 '비서구권의 보편적인 문화적 특징'이라고 할 수 있다. 일본인들의 자아개념은 보다 상호의존적이다. 개인적인 만족의 중요한 요인은 다른 사람들과의 조화로운 관계를 유지하는 것으로 성취된다. 일본인들의 자아개념은 다른 사람과 살아가는 것을 강조하는 문화적 특징을 지닌 동아시아의 넓은 상황속에서 이해될 수 있다. 동아시아의 자아개념은 북미주인들의 그것과 정반대이다. 자기표현과 독립성을 촉진하는 개인적인 자아개념과는 달리 동아시아는 한 사람의 존재가 다른 사람과의 관계에 의존하고 있다는 유교적인 개념에서부터 시작된다[4]. 이렇게 마빈 해리스의 문화 유물론은 정치, 경제, 종교 등 다양한 사회적 현상의 물질적 토대를 보여줌으로써 환원주의reductionism적 고리를 간접적으로 보여준다.

---

3 Marvin Harris, 『문화의 수수께끼』(박종렬 옮김, 한길사, 2006)를 참조 바란다.

4 Marvin Harris and Orna Johnson, *Cultural Anthropology*. 6th edition. Boston, MA: Allyn and Bacon, 2003.

이제 '문화의 속성屬性'에 대해서 다섯 가지로 분석해 보려 한다.

3. 문화의 다섯 가지 속성[5]

문화의 인위성

첫째, 문화는 사람을 위해 만드는 인위성人爲性으로 만들어진다.

"우리 것이 좋은 것이여"라는 신토불이 정신이야말로 이러한 인위성을 대표한다. 신토불이身土不二란, 몸과 땅은 둘이 아니고 하나라는 뜻으로, 자기가 사는 땅에서 산출한 농산물이라야 체질에 잘 맞는다는 말이다. 사람을 위해 만드는, 사람을 위해 경작하는 농산물이야말로 문화의 인위성을 대표하는 표현이다.

가령, 매일 아침가다 숲속에서 청아하게 노래하는 종달새 소리를 가리켜 우리는 '새소리'라고 한다. 그런데 이 소리에 어떤 규칙을 주고 높고 낮음의 '음音'을 부여하면 그때 우리는 이것을 음악이라 부르는데, 이처럼 사람의 정성이 투입되는 과정을 통해 평범한 새소리는 음악이라는 문화양식으로 태어나는 것이다. 그래서 문화는 '환경 중에서 인간에 의해 만들어진 부분'이다. 인간에 의해 만들어진 인위적 상부구조인 문화는 '인간을 위해서' 인간이 만든다.

---

5 이에 관해 김응교, 「傳統と文化のイデオロギ- : 日韓文化比較序論」(『語研フォ-ラム』、早稲田大學語學敎育硏究所。1999.3.15)에서 논한 바 있다.

인위성이 지나치면 장점이 되기도 하지만 어떨 때는 거부감이 생기기도 한다. 그렇지만 일본의 음식문화는 이른바 '눈으로 즐기는 요리'[6]로, 이러한 요리가 갖고 있는 인위성으로 세계 문화사에 개성적인 평가를 받고 있다. 일반적으로 동양미학은 인위의 반대인데, 일본의 정원이나 요리문화는 극단적인 인위성을 강조하고 있다.

문화예술을 어떠한 목적을 위해 사용할 때는 문화의 인위성이 극대화된다. 예를 들어, 서구에서는 견고한 위기관리 능력을 갖춘 자본주의 체제에 대한 새로운 탈출구로 '문화'가 주목받았는데, 우리의 경우는 60년대 이후 고도의 경제성장기를 거치면서 1970년대에 '문화운동'이 주목받기 시작했다. 여기서 문화'운동'의 '운동'이야 말로 문화를 인간을 위해 적극적으로 이용하겠다는 인위성을 뜻한다. 이어 본격적인 변혁진로가 개척되기 시작했던 1980년대에는 기층세력인 노동자문화운동[7]에 대한 깊이 있는 성과들이 제출되었다. 그리고 1987년을 정점으로 급진적인 변혁의 가능성이 점차 소진하면서 '소비문화'가 주목받기 시작했다. 90년대 이후에는, 도중에 IMF 외환위기를 겪기도 했지만 의식주 문제를 해결하는 차원을 넘어서 점차 인간다운 삶 그리고 풍요로운 사회에 대한 관심이 고조되어 왔다. 문화예술에 대한 대중의 욕구 역시 상당히 늘어난 점도 이러한 관심으로부터 나온다. 노동문화운동이든 고급예술에 대한 소비증대이든 모두가 사람의 욕망을 만족시키려는 '문화의

---

6 김응교, 「일본 요리의 백화점」, 『일본문화의 힘』, 동아시아, 2005.
7 김대호, 「한국 노동자문화운동의 전개와 성격」, 『공동체문화』, 공동체, 1986.

인위성'을 말해준다.

문화의 집합성

둘째, 문화는 집합성集合性을 갖는다. 문화는 '특정사회의 성원들이 공유하고 있는 지식, 태도 및 습관적 행위 유형의 총합'이다.

예를 들면, 우리가 '하위문화'subculture라고 하는 것은, 바로 계급이나 성 · 세대 등으로 구분되는 커다란 범주에 속하면서, 각기 다른 속성에 의해 구별되는 다양한 소집단들의 독특한 정체성을 말한다. 이 하위문화는 지배적인 문화에 대한 다양한 하위집단의 의식적 · 무의식적 대응8이다. 히피문화, 레게문화, 청소년 문화 등은 문화 헤게모니와 대중문화 사이에서 하위집단의 욕구가 반영된 문화의 집단성을 보여준다.

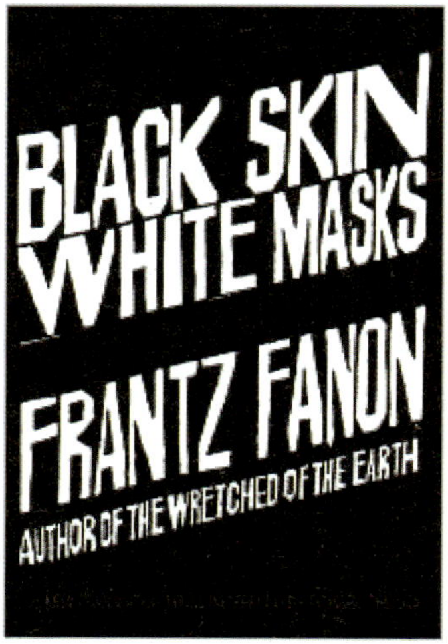

흑인을 볼 때 사람들은 자기 나름대로 '흑인성'이라는 집단적 이미지를 갖고 있다. 프란츠 파농Fanon, Frantz Omar, 1925~1961은 『검은 피부, 하얀 가면』Black Skin White Masks, 1952의 1장에서, 흑인이 쓰는 언어

8 Dick Hebdige, *Subculture: The Meaning of Style*, London : Methuen, 1979. 이 책은 작지만 하위문화에 대한 핵심적인 의미를 담고 있다.

피진pidgin 속에 숨어 있는 식민지적 의존 콤플렉스를 지적한다. 특히 5장 「흑인성이라는 사실」에서 '흑인성'이란 무엇인가 파농은 자기의 고백을 들어 토로하고 있다. "검둥이 속옷에선 검둥이 냄새가 난다. 검둥이 이빨은 하얗다. 검둥이 발은 크고 검둥이 가슴은 원통이다."는 콤플렉스에 자신도 함몰되었음을 고백한다.

화약도 콤파스도 발명하지 못한 사람들
증기도 전기도 정복하지 못한 사람들
바다도 하늘도 탐험하지 못한 사람들
그러나 그들은 안다, 분노의 땅 방방곡곡을,
강제구인의 경험 외에는 어떤 여행도 해보지 못한 사람들
순종의 무릎을 꿇는 방법만을 배운 사람들
잘 길들여지고 기독교도화된 사람들
잡종의 피가 주입된 사람들……[9]

시인은 백인의 삶과 비교해서 흑인을 표현하고 있다. 흑인이 백인이 되고 싶다는 욕망과 흑인으로서 자신의 정체성을 찾으려는 몸부림 사이를 오가는 흑인의 심리 상태를 잘 보여주는 작품이다. '흑인성'이라는 집단적 문화 이미지는 이처럼 부정적인 가치, 존재없음의 의미로만 상징되어 있었다. 콤플렉스에 빠져 있던 파농에게 흑인으로서의 자긍심을 심어준 것은 네그리튀드Negritude 운동이었다. 말 그대로 '흑인성' 또는 '흑인다

9 Frantz Omar Fanon, 『검은 피부, 하얀 가면』(1952), 인간사랑, 1998. 157면.

움'으로 번역되는 이 운동은 1930~50년대에 파리에 살던 프랑스어권 아프리카와 카리브해 출신의 작가들인 애미 세자르Aime Cesaire와 레오폴드 세노르Senghor에 의해서 주창되었다. 이 운동은 프랑스의 식민통치와 동화정책에 저항하여 일으킨 문학운동이었다.

파농은 피부색으로 야기된 흑인의 콤플렉스를 극복하는 길이 하나의 인류라는 인식 아래 보편을 추구하는 것이라는 인식을 통해 변혁을 꾀한다. 그것은 나무의 밑동을 하얗게 칠하는 것, 검은 피부에 하얀 가면을 씌우는 것처럼 흑인성을 외면하는 것이 아니고, 흑인도 인류 사회의 주체라는 것을 인식하는 데서 나온다.

감사합니다 하나님, 나를 흑인으로 창조하신 것을,
나를 모든 고통의 합계로 만드신 것을,
무수한 칼이 내 가슴을 찔렀고
무수한 낙인이 내 몸을 태웠습니다.
나의 피는 모든 골고다 언덕의 눈을 붉게 물들였고
새벽마다 모든 지평선을 붉게 물들였습니다

하지만 세계를 나른 것에
나는 만족합니다.
나의 짧은 팔에
긴 다리
두툼한 입술에

다디에, 「감사합니다 하나님」에서[10]

이 시는 "검은 것은 아름답다"는 자기발견의 선언인 동시에, 이 지점에서 인류의 보편적 가치인 휴머니즘의 탄생을 예시하고 있다. 네그리튀드 주창자들은 '흑인성'을 문화적 가치의 총체인 동시에 20세기 휴머니즘에 기여할 것으로 주장했다. 그래서 파농은 자신감에 넘쳐 '흑인성'을 이렇게 표현한다.

"백인들은 옳지 않았다. 나는 원시인이 아니었다. 나는 반인반수도 아니었다. 2,000여 년 전에 금과 은을 세공하던 그런 인종, 그게 나였다."[11]

다른 예로, 집합성의 극명한 예를 우리는 전통문화 속에서 만날 수 있다. 전통문화란 한 민족사회 구성원이 오랫동안 '집합적 성격'을 통해 공유해온 습관적 행위 유형의 총합인 것이다.

앞서 예로 든 '신토불이' 문화도 집합성과 관계있다. 이제까지는 먹고 살기 바빴기 때문에 돌보지 못한 우리의 고유한 문화를 다시 회복하고 문화적 동질성을 되찾는다는 목적으로 1990년 문화부를 출범시켜 다양한 '신토불이 정책사업'을 전개해 왔다. '우리 소리 찾기', 고유한 색채문화를 찾기 위한 전통색상의 표준화, 의식주 부분에서의 고유한 양식과 축제의 개발과 보급 등의 사업은 새롭게 재발굴해 낸 우리의 전통문화를 국가적 권위와 표준화의 이름으로 봉인하는 것이다.

이러한 집합성은 곧 상업화와 이어지기도 한다. 문화예술의 생산과정

---

10 한국문화예술위원회, 「네그리튀드」, 『100년의 문학용어사전』, 아시아. 2008. 138면.
11 Frantz Omar Fanon, 위의 책, 164~165면.

과 결과 자체가 쉽게 상업화 · 상품화 될 수 있음을 의미하는 것이기도 하다. 한국영화사상 초유의 관객 동원 기록을 세운 1990년대 판소리 영화 「서편제」로부터 시작하여, 민족미학에 대한 길잡이 유홍준의 『나의 문화유산 답사기』는 90년대 들어 '우리문화 다시보기'의 열기를 선도한 대표적인 작품이자 상품이었다. 1996년 초반 '김삿갓', '참나무통 맑은 소주' 등 소위 우리 정서를 담았다는 소주 상표들이 인기를 끌면서 술시장에 신토불이 작명이 크게 유행하고 있다. 실제로 업계에서는 이런 신토불이식 이름이 판촉에 큰 도움이 되는 것으로 평가하고 있다. 향토음식이 최신의 미식가gourmet들의 표적으로 등장한 것도 90년대의 양상이고, 전통한식 인테리어가 첨단건축기법을 이용해 지은 고층아파트를 장식하게 되는 것도 신토불이 문화론이 실천되는 또다른 장이다. 이들 민족적(혹은 집합적) 문화산업이 민족문화 담론을 주도하고 있는 것은 90년대 이후의 한 양상이다.

그런데 사실 전통유산이나 민속문화가 태고적부터 있어왔던 것인가? 족보, 동성동본 금혼, 색동 저고리와 족두리, 동제洞祭, 서낭당, 가야금 산조, 사물놀이 등 이러한 단어들은 언제 생긴 것인가? 원래 고유의 것이 있는가? '쓸모있는 과거'를 말하는 '전통'이라는 목적어 뒤에는 왜 항상 '되찾는다', '지킨다'는 동사가 따라오는가? 이러한 표현 속에서 우리는 문화가 서로 영향을 끼치고, 변한다는 것을 확인할 수 있다.

문화의 변화성

셋째, 문화는 변한다. 고정되어 있지 않고 끊임없이 생성하고 발전하고 도태한다. 왜냐하면 문화라는 상부구조는 역사과정의 한 부분으로서 물질적 토대 변화에 따라 재생산하고 있기 때문이다. 나아가 문화는 그 자체 여러 층위들 간의 괴리와 모순을 갖고, 역사적으로 형성되고 소멸되고 발전되는 '생산生産의 과정'이다. '생산'이란 말 속에는 '창조적 계기'라는 개념이 포함된다. 문화는 역사적이고 물질적인 과정을 통해 생산되는 것이다. '창조'라는 개념 속에는 물질적 과정으로의 문화생산과정이란 개념이 세부적으로 규명되지 않은 채 추상화되기 쉽기 때문에, 생산이란 개념이 더욱 포괄적이라고 생각한다.

문화는 경제적인 물적 토대의 변화에 따라 변모한다. 요컨대 봉건시대의 주막은 자본주의가 도입되면서 다방으로 변한다. 이후엔 레스토랑(혹은 카페)으로 이어지고, 후기 산업사회에서는 대중유흥 문화산업인 디스코텍이나 록카페로 이어지는 것이다.

또한 기성의 한 집단에서 다른 집단으로 이동하기도 한다. 따라서 '사회의 성원들이 배워서 공유하고 다음 세대로 전달하는 생활양식의 체계'가 문화라고 말할 수 있다. 가령 미국 교과서에 있는 말을 인용해보자.

> 대부분의 백인 가수는 자신들의 음악이 흑인의 '리듬 앤 블루스'에 뿌리를 두고 있음을 인정하려 들지 않는다. 그러나 엘비스 플레스리의 히트곡 '하운드 독Hound dog 조차 사실은 흑인 가수 빅 톰슨의 작품이었다. 흑인 가수 중에는 척 베리만이 각광을 받았을 뿐이다.

프란츠 파농은 기나긴 세월을 '식민'의 상태에 놓여 있었던 이 제3세계(아시아, 아프리카, 남아메리카)의 지식인들에게 '탈식민'으로 '변화'해야 한다는 화두를 제시했다.

이 인용문에서 팝음악의 문화현상이 흑인문화의 지평에서 백인문화의 지평으로 이동하고 있음을 발견할 수 있다. 그런데 백인 가수들은 자신들의 음악이 흑인음악에서 비롯되었음을 인정하려 하지 않는다. 백인들은 자신들의 문화가 흑인들의 '열등한' 문화유산에서 비롯되었음을 인정하고 싶지 않은 것이다. 바로 여기에서 우리는 문화우열주의라는 속성을 본다. 이러한 흑인비하에 대항해서, 네그리튀드 운동은 "검은 것은 아름답다"라는 말로 흑인성의 아름다움을 찬양했지만, 이러한 문화론 역시 '변한다'.

이 네크리튀드 운동은 아프리카 특유의 원형적 전통만을 미화하기 시작했고, 그 결과 아프리카의 고유한 동식물계, 우주관, 종교관 등 글쓰기의 유일한 소재로 등장하게 된 것이다. 그래서 나이지리아 작가 소잉카는 네그리튀드의 이러한 전통주의를 "신新타잔주의"라고 비판한다. 소잉카는 "호랑이는 자기의 호랑이성tigertude을 주장하지 않는다"고

조롱했다. 파농은 『검은 피부, 하얀 가면』1952에서 네그리튀드 운동을 부분적으로 받아들이지만, 『대지의 저주받은 사람들』1961에 이르면 네그리튀드와 유럽적 보편성 양자를 넘어서고 있다. 알제리에서 파농은 소수의 유럽 백인들이 압도적 다수인 알제리 아랍인들을 어떻게 지배하고 있는가를 생생하게 확인한다. 또한 이 소수에 의한 다수의 피지배 상황이 가능해진 제국의 원리에 더하여, 오랜 피지배의 상황에 의하여 그 많은 알제리 무슬림의 내면 세계가 어떻게 파괴되고 있는가를 또한 확인하게 된다. 그러면서도 파농은 이 저작에서 민족문화를 분석하면서 네그리튀드에 대한 비판을 가하고 있다. 파농은 식민지 독립 운동과 분리된 채 역사적 현실을 고려하지 않고 흑인성을 만들어 내는 네그리튀드의 주창자에 대해, 현실과 접촉이 없는 문화는 노래나 시 혹은 민속 수준에 머물게 되고 결국 과거 회고조로 전락하게 된다고 지적한다. 그리고 네그리튀드에의 집착은 미개한 아프리카 개념을 체계화시켜주는 또 하나의 식민지적 정형화stereotype에 기여하게 된다. 이렇게 문화를 바라보는 시각도 시대에 따라, 변하고 또 변한다.

다른 예로, 관광문화만큼 사회상황에 따라 민감하게 변하는 문화도 드물 것이다. 관광도 사회문화적 현상의 하나로서 그 양식이나 형태가 지속적으로 변화한다. 그러한 변화는 관광하는 측과 관광객을 받아들이는 측의 욕구, 관광을 둘러싼 환경의 변화와 밀접한 관계 속에 일어난다. 가령, 일본인 관광은 1970년대 이른바 기생관광이나 소위 '돌아보기 관광'에서, 2000년대 들어 '한류 관광' 혹은 '체험 관광'(한국어 배우기,

사우나 체험, 템플 스테이 등)으로 변했다. 또한 최근 들어, 대안적 관광의 움직임이 전세계적으로 다양하게 시도되고 있다. 가령, 생태관광eco-tourism, 녹색관광green tourism, 문화관광cultural tourism 등이 제시되고 있다. 이른바 문화관광 개념에서는 '유적중심에서 생활문화로', '구경에서 체험으로'라는 개념으로 변하고 있는 것이다.

특히 이 시대에 영상예술은 과거에 없었던 가히 유아독존으로 그 영향력을 확대해 가고 있다. 텔레비전과 인터넷, 휴대폰이 나오기 전 시대의 우리의 삶은 '얼굴을 서로 마주 보는'face to face 형태의 커뮤니케이션을 통해 형성된 공동체적 삶이었지만, 이제는 미디어에 의해 파편화된 공간에서 개별적인 커뮤니티blog, Twitter, Facebook로 전화되었다.

그런데도 사람들은 쌍방적 소통의지보다, 조작된 메시지에 종속되기 쉬운 위험성에 갇혀 있다. 녹음된 가짜 웃음소리가 간간히 삽입된 코미디 프로그램을 보면서, 공개 녹화 때 자기도 모르게 박수치게 된다. 이렇게 인간은 디지털 감옥에 갇혀 있다. 그래서, 이러한 디지털화는 조지 오웰의 빅 브라더처럼 "모든 곳에 편재하는 큰 타자the big other의 응시 앞에서 최후의 피난처들마저 사라져 버린 세상"[12]으로 인도한다. 나아가 자기 스스로 이러한 디지털 감옥에 갇히기를 원하는 상태가 된다.

우리는 판옵티콘panopticon 사회, 즉 (잠재적으로) '항상 관찰되고 있으며' 모든 곳에 편재하는 권력의 시선으로부터 달아나 숨을 장소는

---

12 Slavoj Zizek, 『전체주의가 어쨌다구』, 새물결, 2008. 382면.

어디에도 없다는 벤담-오웰류의 생각이 희비극적으로 전도되어 있는 것을 본다. 오늘날 우리의 불안은 타자의 응시에 항상 노출되지 않으면 어쩌나 하는 걱정에서 비롯된다.[13]

사람들은 텔레비전이 만들어낸 이미지들에 무차별 흡수되기도 하지만, 리모콘으로 채널을 선택하면서 주체적으로 흡수되기도 한다. 마침내 텔레비전의 이미지들은 우리의 의식과 감수성을 서서히 그리고 빠르게 변화시키고 있다. 우리는 디지털 매체 안에서 무엇이 사실인지 혼동한다. 영화 「매트릭스」처럼, 카드, 휴대폰, 인터넷 등을 통해, 인간은 보이지 않는 무소불위의 디지털 네트워크에 의해 관장되어 간다.

디지털 영상매체가 흩뿌리는 메시지는 언어에 앞서 일방적이고, 지시적이고, 은폐적인 이미지다. 인터넷 등의 디지털 영상매체가 무차별 방출하는 이미지에 현대 인간은 흡수된다. 슬라보예 지젝은 이것을 '디지털 전체주의'라며 경계했다.

문화는 이렇게 관광문화, 디지털 문화 등 모든 장르에서 끊임없이 상황에 따라 예민하게 반응하고 재구성된다. 그런데 디지털 문화의 탄생에서 보았듯이, 변화 자체가 모두 인간에게 유익한 것만은 아니다.

문화우열주의와 이데올로기

넷째, 문화란 '문화우열주의'라는 속성을 갖고 있다.

---

13 Slavoj Zizek, 위의 책, 382면.

그래서 '고급문화'와 '대중문화'를 상대화시킨다. 그리고 대중문화는 오랫동안 저질문화로 등식화 되어 왔었다. 또한 고급문화든 대중문화든 지배문화를 유지시키는 역할을 할 때도 많다. 이렇게 문화를 보는 시각에는 '고급/대중' 문화를 대립시키는 문화우열주의의 시각이 존재한다.

그 예로, 우리는 사우디 아라비아 등의 지역을 가리켜 '중동'中東이라고 한다. 그러나 그곳은 우리가 사는 곳을 기준으로 동쪽이 아니라 서쪽이다. 그것은 유럽인들을 기준으로 해서, '근동'近東, Near East, '중동'中東, Middle East, '극동'極東, Far East으로 나누어 부르는 것 중의 하나를 우리가 그대로 번역한 것이다. 서양인은 동양을 자기들의 관점에서 일방적으로 규정해버렸고 바로 그것은 우리 자의식의 틀이 되기도 했다.

제3세계가 자신의 문화를 자신있게 말하기 시작한 예로 사르트르는 프란츠 파농을 들고 있다. 프란츠 파농의 저서 『대지의 저주받은 사람들』1961의 서문에서, 장 폴 사트르트 "제3세계가 자신에 대해 알게 된 것도, 자신에 대해 얘기할 수 있게 된 것도 파농을 통해서였다"고 썼다. 탈식민 운동이나 이론은 프란츠 파농 이후 에드워드 사이드, 호미 바바, 가야트리 스피박 등으로 이어졌다.

"그들은 스스로 자신을 대변할 수 없고, 다른 누군가에 의해 대변되어야 한다."

They cannot represent themselves ; they must be represented.

\- Karl Marx, The 18th Brumaire of Louis Bonaparte

칼 마르크스는 농민이나 노동자들은 자기들 스스로 자기들의 아픔을 알리지 못한다는 뜻으로 위와 같이 말했다. 이 말을 에드워드 사이드 Edward W. Said, 1935~2003는 『오리엔탈리즘』1978의 맨 첫장에 써 놓았다. 에드워드 사이드가 이 글을 보았을 때, "동양인은 스스로 자신을 대변할 수 없고, 다른 누군가에 의해 대변되어야 한다"고 읽은 것이다. 동양의 생산양식을 '아시아적 생산양식'이라고 구별 지은 마르크스마저도 고정관념에 몰아넣은 올가미, 오리엔탈리즘이란 과연 무엇일까? 사이드가 보았을 때 오리엔탈리즘은 서양인이 만들어낸 왜곡된 동양관에 불과하다.

에드워드 사이드는 프랑스 철학자인 M. 푸꼬Foucault, 1926~84의 영향을 받아, 오리엔트에 관한 유럽인들의 작품을 하나의 '담화'discourse로 보았다. 사이드는 유럽인 작가인 르낭, 플로베르, 로렌스의 작품을 분석했다. 그 결과 이들의 작품에는 비非 유럽적인 것을 '오리엔트'라는 추상적인 세계로 정하고, 그것을 비하하는 '오리엔탈리즘'이 있다는 것을 보게 된다. 이때 서양 인문학에는 유럽과 오리엔트의 관계는 '주/객'主/客, 더 나아가 '주/종'主/從 관계가 형성되어 있음을 사이드는 확인한다. '오리엔탈리즘'은 하루 아침에 생겨난 것이 아니라, 수세대 동안 엄청난 물질적 투자에 의해 동양에 관한 지식체계로써 생겨난 것이고, 서양인의 의식 속에 동양을 주입하기 위한 필터 역할을 해왔음을 사이드는 밝혀낸다.

이러한 '주/종' 관계는 물론 '서양/동양'의 관계에서뿐만 아니라, 같은 지역에서도 발생한다. 문화예술은 때에 따라 이데올로기의 도구로

2000년경 컬럼비아 대학 교수 에드워드 사이드가 팔레스타인 지역에서 이스라엘 병사에게 돌을 던지는 장면은 큰 충격이었다. 이 사진은 세계로 퍼져갔고, 광주 비엔날레 등 여러 미술전에서 패로디 되어 그림으로 그려지기도 했다. 서양이 아닌 동양을 대변했던 그는 이스라엘이 아닌 팔레스타인을 택한다.

이용되었다. 히틀러 시대의 파시즘 선전영화, 그리고 아우쉬비츠 가스실에서 요란하게 울렸던 바그너 음악, 스탈린 시대의 포스터, 대한민국의 제5공화국 전두환 시대에 울렸던 건전가요 「아아 대한민국」, 레이건 정부의 힘과 권력을 상징하던 영화 「람보」 시리즈 등은 문화 헤게모니를 이용했던 표상들이다.

바로 이러한 문화 헤게모니에 주목했던 인물은 이탈리아 마르크스주의자 안토니오 그람시Gramsci, 1891~1937였다. 푸코가 사이드에게 오리엔트를 이해하는 데 지식과 권력의 관계를 설명해주었다면, 그람시는 사이드에게 유럽과 오리엔트의 관계를 '헤게모니'hegemony 곧 문화적 우열주의로 설명해주었다. 그람시는 『옥중수고』에서, 헤게모니는 지배계급이 사회를 단순히 일방적이고 강압적인 힘 또는 유화적인 제스처만으로 통치하는 것이 아니라 도덕적·지적 리더십을 통해 이끌어가는 상황을 지칭하고, 피지배층이 현재의 권력구조와 사회질서를 능동적·자발적으로 지지하고 있음을 확인시켰다.

유럽인들의 오리엔트에 관한 사고는 그람시가 주장하듯이 흔히들 아는 상식이나 전통적인 지혜라고 알려진 아주 평범한 사건이나 생각에 대한 무의식적인 동의에서 시작했다. 바로 에드워드 사이드는 그람시로부터 '헤게모니' 이상의 문화 해석방식을 보았다. 그래서 사이드는 한 문화를 비판하는 가장 효과적인 방법은 작가 자신이 역사과정의 산물이라는 것을 인식함으로써 시작된다고 주장한다. 사이드는 팔레스타인 사람으로서 『오리엔탈리즘』[14]을 통하여 유럽 오리엔탈리스트에게 빼앗긴 오리엔트를 다시 찾아 해방시키는 작업을 시도했다. 그는 그의 책에서 "오리엔탈리즘은 인간 상실과 민족 해체의 역사"『Orientalism』, 337면라 했고 "지식인들을 오리엔탈리즘과 같은 사고의 사슬에서 해방시키는 것"『Orientalism』, 339면이 그가 글을 쓰는 목적이라 했다.

---

14 Edward W. Said, *Orientalism*, New York: Viking, 1978,

에드워드 사이드의 이론은 보다 구체적으로 이론화되기 시작했다. 서양은 지배를 확장시키고 이식하는 반면에, 동양은 아직도 그 문화적 충격과 종속에서 헤어나오지 못하고 있는 2차 대전 이후 아프리카·남미·아시아의 상황, 신식민지적 상태가 유지되고 있는 현상을 포스트식민주의 혹은 트리컨티넨탈리즘tricontinentalism[15]이라고 하기도 한다.

이렇게 타자의 눈에 비친 자기의 모습, 그 허상과 콤플렉스는 아직도 우리 사회와 일상을 왜곡시키고 있다. 이러한 것 또한 문화적 이데올로기 혹은 문화 우열주의에 의한 현상으로 볼 수 있겠다.

문화의 소비성

다섯째, 문화는 소비성을 기본으로 한다. 소비문화산업은 소비자의 욕구를 생성해내고 조종하는 기능을 갖는다. 소비자에 대한 문화산

---

15 로버트 J.C. 영은 식민지와 종주국 사이의 개념을 명확히 하고 있다(Robert J.C.Young, *Postcclonialism-an historical introduction*, Blackwell, 2001). 이 책 제1부에서 그는 '식민주의→신식민주의→포스트 식민주의'의 흐름을 설명하면서, 오늘날 포스트 식민주의(postcolonialism)는 아프리카·남미·아시아에 세 대륙에 걸쳐 만연되고 있다며 '트리컨티넨탈리즘'(tricontinentalism)이라는 용어를 사용한다. "더 근원적으로 포스트 식민주의를 나는 차라리 트리컨티넨탈리즘으로 부르고 싶다"(More radically, *postcolonialism*-which I would prefer to call *tricontinentalism*. 위의 책 56면)라고 쓴다. 한편 그가 쓰고 있는 '반식민주의'(anti-colonialism)라는 개념은 한국에서 쓰고 있는 '탈식민주의'라는 말보다 명확하다고 필자는 생각한다. 비교컨대 일본에서는 탈식민주의라는 표현은 잘 쓰지 않고, 포스트 콜로리얼리즘(ポストコロニアリズム)이라고 한다. 일본의 경우, 포스트 콜로니얼리즉은 단순히 식민지 후(後)라는 의미가 아니라, '종주국(宗主国)'과 '피식민지국'을 역전시켜, 그 상태를 반영구적으로 고정하려고 하는 강력한 차별주의(差別主義)를 기반으로 한 식민지주의를 말한다(本橋哲也、『ポストコロニアリズム』、岩波書店、2005).

업의 영향은 유흥을 통해서 매개된다는 점을 일찍이 아도르노Adorno는 지적한 바 있다. 대중매체의 조작을 지적하는 아도르노의 문화 사업에 대한 비판에 요약해본다.

- 자본의 독점에 지배당하는, 대중문화는 하나의 장사일 뿐이다.
- 대중문화는 대중들에게 허위욕구를 자극시키고, 그것을 교묘하게 유포시킨다.
- 대중문화에 종사하는 사람들이 대중문화의 생산방식을 변호하기 위해서 이야기하는 기술적 합리성이란, 지배자체의 합리성에 불과하다.
- 대중문화는 주체의 자발적 참여를 방해한다.
- 대중문화는 지배이데올로기를 확산시키고 그것에 대중들이 무비판적으로 순응하도록 만든다.

결국 대중문화는 결국 자본과 권력에 의해 만들어 지고, 그 안에는 그들이 원하지 않는 것들, 즉 실질적인 권력 소유자들의 비위를 건드리는 것은 배제된다고 아도르노는 비판했다. '문화산업'에 대한 아도르노의 분석과 비판은 그의 부정성의 원리를 구체적이고 실천적인 견해에 적용시킨 사례라고 볼 수 있다. 아도르노가 보기에 대중문화가 만들어지는 방식에 문제가 있으며, 그 잘못된 방식은 잘못된 사회구조에 의한 것이라는 것이다.

기쁨은 가혹한 것이다. 성행위가 아닌 금욕이 신성한 행복에 도달하는 길이라고 가르치는 수도원의 이데올로기는, 막연한 예감에 가득

차서 탈선의 순간에 자신의 생명을 거는 연인들의 진지함 속에 부정적으로 구연된다. **문화산업은 도취 속에서든 금욕 속에서든 현재 하고 있는 고통을 쾌활한 거세로 대체한다.**[16]

이 인용문은 소비문화산업이 어떻게 시민들에게 계몽적 원리를 제시하고, 그들이 고통을 어떻게 희락으로 바꾸는가를 해체한다. 그것은 유흥산업을 통해서 이루어진다고 한다. "고통을 쾌활한 거세로 대체하는" 오락娛樂이다. 오락은 기존의 삶의 방식을 재현하는 세계관을 끝없이 반복하고 재생산함으로써 기존의 사회를 자연적인 것으로 받아드리도록 관객을 길들인다는 것이다.

토플러Alvin Tofler는 『제3의 물결』에서 '문화소비자'The Cultural Consumers의 소득수준이 높아지고 대중소비사회로 진입하면서 예술은 점차 대중화되고, 값싸게 공급되는 복제예술의 대량공급은 대중문화에 큰 기여를 하게 될 것이라고 예견했다.

장 보드리야르Jean Baudrillard,1929~2007는 자본주의 사회의 소비의 과정을 "기호를 흡수하고 기호에 의해 흡수되는 과정a process of absorption of signs and absorption by signs"[17]으로 묘사한 바 있다. 보드리야르는 소비를 일종의 신화로 규정짓고, 현 사회가 스스로를 말하는 방식, 그것을 소비로 단언한다. 결국 메뉴나 광고 이미지와 같은 문구는 대중의

---

16 Th. W. 아도르노·M. 호르크하이머, 앞의 책, 214면.

17 Jean Baudrillard, *The Consumer Society,* London ; SAGE Publication, 1998. 191면.

소비 과정에 적극적으로 개입하면서 무수한 기호들의 번식과 소멸을 이룩하게 된다는 것이다. 이러한 주장은 보드리야르의 시뮬레이션 이론에 이르면 더욱 극단화된다. 그는 개별적 광고 또는 하나의 제도로서의 광고는 이제 더 이상 존재하지 않으며 오로지 존재하는 것은 '절대광고' 그리고 '메타광고'로서의 광고화된 세계가 있을 뿐이라고 주장한다.[18] 자본주의의 무시무시한 소비성은 소비한 것을 재생再生하여, 다시 소비한다.

> 모든 것은 소화되어 균질均質한 똥이 되었다(물론 현실생활 그 자체의 상징이며, 지금까지의 생활을 따라다닌 경제적, 사회적 모순들의 너무나도 명백한 상징인 '현금'의 소멸이라고 하는 상징 아래에서). 이리하여 마침내 모든 것은 종말을 고했다. : 검사되고, 기름쳐져, 미끄럽게 되고, 소비된 똥은 이제부터는 물품 속으로 이동하여 물품과 사회관계의 어렴풋한 관계 속으로 확산된다. 고대 로마의 판테온pantheon에는 모든 나라의 신이 혼합하여 공존하고 있었던 바와 같이, 현대의 판테온인 거대한 '다이제스트'digest로서의 슈퍼쇼핑센터, 우리들의 팡데모니엄pandemonium에는 소비의 모든 신 또는 악마들이, 즉 동일한 추상작용에 의해 없어진 모든 노동, 갈등 및 계절이 모이고 있다. 이 보편적인 다이제스트에서 이렇게 통합된 생활의 실체는 더 이상 의미가 있을 수 없다.[19]

---

18 Jean Baudrillard, 『시뮬라시옹』, 하태환 역, 민음사, 1992. 154~165면.

19 Jean Baudrillard, *The Consumer Society*, London ; SAGE Publication, 1998. 30면.

보드리야르에 의하면 모든 것은 소비되어 똥faecal이 된다. 그런데 그 똥은 버려지지 않는다. 그 똥은 "검사되고, 미끄럽게 되고, 소비"된다. 그래서 "소비된 똥은 이제부터는 물품 속으로 이동하여" 확산된다. 그리고는 그것은 모든 신이 혼합되어 공존하는 슈퍼쇼핑센터에 모이는데, 보드리야르는 모든 신이 모여 있었던 로마의 판테온으로 풍자한다. 이 얼마나 섬뜩한 비유인가.

현대 인간들은 우리는 자본주의의 마술에 굴복하고 만다. 돈을 숨기고 그럴듯한 대의를 내세우면 거기서 무릎 꿇고 기도하게 된다. 욕망pleasure으로 잉여가치를 만들어내는 자본주의의 마술은, 그 매혹이 더욱 깊어지고 있다. 그래서 "잉여가치를 만들어내는 자본주의와 잉여쾌락을 만들어내는 정신분석학의 구조적 상동성homology이 정확하게 성공한다"[20]고 슬라보예 지젝은 지적한다. 미녀를 만드는 성형수술, 그 테크놀로지가 숭엄한 이데올로기가 되듯이, 메가처치를 만드는 자본주의적 테크놀리지, 그 자체가 신을 밀쳐내고 숭배의 대상이 될 수도 있는 시대다.

시인 유하의 시집 『바람부는 날이면 압구정동에 가야 한다』문학과지성, 1991는 한국사회에 펼쳐지는 소비성을 예민하게 포착한 시집이다. 이 시집에서 주목하는 「오징어」는 욕망의 상징이다.

오징어잡이 배는 까만 한밤중에 집어등集魚燈을 켜서 오징어를 잡는다. 밤에 조용히 잠자고 있는 오징어떼 위에 접근하여 갑자기 불을 켜고

20 Slavoj Zizek, 『이데올로기라는 숭고한 대상』, 인간사랑, 1989. 제1장.

눈앞의 저 빛!
찬란한 저 빛!

그러나
저건 죽음이다

의심하라
모오든 광명을!

– 유하, 「오징어」

갑판을 발로 구르며 요란한 소리를 내면, 잠결에 깜짝 놀란 오징어들이 그물 안으로 마구 뛰어든다. 곧 오징어는 욕망하는 존재의 상징[21]이다. 이때 오징어들이 달려드는 것은 "눈 앞의 저 빛 / 찬란한 저 빛!" 곧 집어등이라는 환상이다. 시인은 곧바로 빛의 의미를 "저건 죽음이다"라며 부정한다. 그리고 집어등과 같은 환상을 "의심하라 / 모오든 광명을!"이라며 경계한다. '집어등'의 불빛을 발견한 오징어들이 욕망의 대상을 향해 눈에 거품을 물고 돌진 돌진한다.

소비적 '오징어떼'의 문화적 유행은 사회 전반적으로 소비성향을

---

21 '오징어' 류 같은 어패류(魚佩類)를 욕망의 상징으로 작품에 담은 것은 유하가 처음이 아니다. 가령, 시인 신동엽은 포스트식민주의에 대한 제국주의의 수탈을 "큰 마리 낙지, / 그 큰 마리 낙지 주위에 / 수십 수백의 새끼 낙지들이 꾸물거리고 있었다."(「금강」에서)라며 '낙지발'로 풍자했었다. 김응교, 「시집 『아사녀』와 '낙지발'-시인 신동엽 연구(5)」(영남대 민족문화연구소, 『민족문화논총』 2009년 12월)를 참조바란다.

유발시키며 소비자들 간의 상호비교와 자극을 통해서 경쟁적 소비심리를 부추키게 된다. 갈브레이스Galbraith는 이러한 현상을 그의 명저 『풍요한 사회』The Affluent Society에서 '의존효과'라고 불렀다. 즉, 한 사람의 욕망의 충족이 동시에 타인의 욕망을 자극시킴으로써 욕구가 사회적 관계 속에서 확대되어 간다고 본다.

그리고 이 시대의 전쟁은 무기의 전쟁이 아니라, '전지구적 소비성을 쟁취하는 전쟁'이다. 이른바 문화전쟁의 시대를 겪고 있는 것이다. 헐리우드 '문화'로 전세계를 제패한 스필버그 감독의 「쥬라기 공원」Jurassic Park, 1993이 예시하듯이, 문화전쟁은 대포 없는 싸움이다. 민족문화도 이제 부가가치를 극대화 하기 위해 적극적으로 상품화해야 한다는 '경영 마인드'가 모든 문화영역에 필수적으로 개입되기 시작한 것이다.

4. 창조적 문화

우리는 이 글에서 문화이론의 간단한 역사와 문화의 다섯 가지 요소를 살펴보았다.

첫째, 문화의 인위성이다. 원시 시대에는 인간이 당장 필요로 하는 문화의 인위성 외에 다른 것을 생각할 겨를이 없는, 문화의 인위성이 지배하는 시대였다.

둘째, 문화의 집합성이다. 이 집합성은 타자의 집합성을 통해 우리의 집합성을 확인하는 거울Mirror 이론의 원리가 되기도 한다. 타자의 집합성은 끊임없이 타자를 통해 우리를 비쳐보는 반면거울이자 반성 reflection의 장치이다.

셋째, 문화의 변화성이다. 최근 오지奧地에서 살아가는 부족사회의 전통과 관습을 비교적 소상히 소개하는 「다큐멘터리 극장」, 연예인들의 오지체험을 위주로 꾸며지는 「도전 지구탐험대」 등이 인기를 끌고 있다. 우리는 이제 너무도 쉽게 티벳, 터키, 중국, 아프리카, 남미, 캄보디아, 베트남 등등의 타문화에 대한 무수한 정보를 접할 수 있다. 이런 오지에 가는 태도 중의 하나는 우리가 잃어버린 과거의 고향, 그러니까 현대인이 겪어보지 못한 잃어버린 낙원에 대한 강한 향수nostalgia가 스며있을 것이다.

넷째, 문화의 이데올로기 우열주의다. 앞에서 말한 오지 탐험 시리즈는 한편으로는 이데올로기적 만족감을 주기도 한다. 일종의 모성회귀본능母性回歸本能도 있으나, 다른 한편으로는 이제 우리는 근대를 성취했다는 오만傲慢을 탐닉하는지도 모른다. 이러한 자세는 서구 제국주의의 모방일 수도 있다. 이렇게 오지 탐험 시리즈는 변해버린 혹은 사라져버린 고향에 대한 그리움과 동시에 제국주의적 상상력이라는 양면성이 동시에 작용하고 있다는 혐의를 갖고 있다.

다섯째, 문화의 소비성은 서로 얽히고 동시에 작용하기도 하면서 복합적으로 우리의 삶에서 체험된다. 오늘날의 소비 사회의 문화의 소비성 그 자체가 하나의 이데올로기로 숭엄하게 존경받는 시대가 되었다.

이러한 문화적 속성의 상호의존성inter-dependancy은 시대에 따라 어떤 요소가 크게 확대되기도 한다. 원시시대에는 문화의 인위성이 강조되었었고, 제국주의 시대에는 문화 우열주의가 강조되었고, 현대는 전지구적 소비성이 강조되고 있다.

이제 문화를 안다는 것은 단순히 무슨 영화 한편을 보았다는 뿌연 환상이어서는 안된다. 산업사회의 대중문화 현상을 비평적으로 꼼꼼히 읽어 분석하고, 스스로 창조의 주체가 되어 새로운 문화양식을 개척해가는 과정이 필요하다.

사이비 문화양식이 되기 십상인 신자본 이데올로기의 확산은 마치 폭포수처럼 우리 머리 위로 퍼부어지고 있다. 비판적이고 창조적인 자세로 임하지 않으면, 그 폭포수의 폭력에 우리는 자신도 모르게 파괴되거나 떠내려 갈 수도 있다. 낡은 비닐우산 같은 아마츄어리즘은 무용지물일 때가 많다. 음악인 빅토르 하라 · 김순남 · 윤이상, 미술가로 케티 콜비츠 · 오윤 · 박수근,문학인으로 마야코프스키 · 파블로 네루다 · 조명희 · 밀란 쿤데라, 영화인으로 에이젠슈타인 · 장 뤽 고다르 · 스파이크 리 · 마틴 스콜세스, 그리고 이론가로 브레히트 · 그람시 · 알튀세르 · 르페부르 · 알랭 바디우 · 슬라보예 지젝 같은 인물들은 그 폭포수를 거슬러 올라간 창조적 문화인들[22]이었다. 문화전쟁의 시대에

---

22 이 인물들의 예술 세계는 김응교 편저 『심장은 탄환을 동경한다 - 불멸의 예술가 18인』(민글, 1993)에 평전으로 모아져 있다.

은폐된 진실을 드러내 역사적 예술을 남긴 예술가들은 단순히 문화를 수동적으로 받아들이지 않고, 스스로 창조의 주체가 된 이들이다. 물줄기마저 바꿀 수 있는 역동적인 저항, 혹은 늘 긴장되어 있는 창조성, 아니 그 폭포수를 즐기며 거슬러 올라가는 예술가를 만나야 할 때다.

19세기 유럽의 장르 페인팅에는

왜 후지산이 가끔 등장하곤 할까?

시민사회로 이동하면서 세계 곳곳에서 일어났던

풍속화 열풍, 그리고

자포니즘과 한류란 무엇일까?

자포니즘, 55면을

부 한류와 자포니즘 미학

에두아르 마네(Edouard Manet:1832~1883) 역시 우키요에의 영향을 받아 그린 「피리 부는 소년」은 우키요에의 영향을 강하게 받은 작품이다. 2003년 도쿄에서 [마네전]을 했을 때, 바로 이 그림이 도쿄에 온다고 많은 사람들이 우에노 현대미술관에 모였다. 그림 밑에는 "우키요에의 영향을 받은 작품"이라고 짧게 설명이 붙어 있었다. 모델은, 마네와 보들레르의 친구인 근위대 사령관이 데려온 소년 기병이었다

3

자포니즘과 한류

마네, 「에밀 졸라의 초상화」 1867~8, 146.3/114cm.
오른쪽 위에 사무라이 그림이 주목된다.

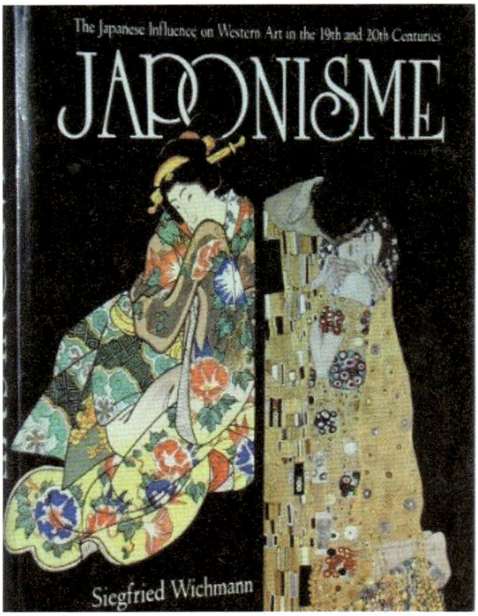

푸치니의 오페라 「나비부인」 1904 이 나오기 훨씬 이전, 유럽은 이미 일본의 이국적인 미학에 매료된 상태였다. 19세기 서양미술 전반에 영향을 미쳤던 일본문화의 영향을 자포니즘Japonisme이라고 한다.

내가 자포니즘이라는 단어를 처음 알게 된 것은 에밀 졸라 때문이다. 글 쓰는 이들이 한번쯤 겪을 에밀 졸라의 소설에 나도 한동안 매료되어 있었다. 강직한 인품을 강조하는 듯 검정색 외투를 입고 있는 그림 「에밀 졸라의 초상화」를 모사한 작은 엽서는 오랫동안 내 서재에 모셔져 있었다. 그런데 졸라만 보다가 그 배경을 보니 일본 화풍의 그림이 있었다. 이 그림을 위해 졸라가 여덟 번이나 찾아간 곳은 화가 마네의 아틀리에였는데, 그 방에 걸려 있는 몇 개의 그림은 무엇일까? 오른쪽에 사무라이가 그려진 우끼요에浮世畵와 왼쪽에 나무 가지에 앉은 새가 그려진 일본 병풍, 마네의 방에는 왜 우키요에가 걸려 있었을까? 지금도 도쿄에서 가끔 열리는 기획전 '자포니즘과 서양미술'의 의미는 무엇일까?

유럽으로 간 우키요에

우키요에는 무로마치 시대부터 에도 말기(14~19세기)까지 약 200년간, 에도라는 특정한 도시에서 우키요浮世, 곧 '이 세상'의 풍속을 소재로 하나의 유파를 형성했던 화가들의 그림을 말한다. 우키요에浮世繪, 1603-1867는 일반적으로는 목판화木版畵를 뜻한다. 전국시대를 지나 평화가 정착되면서, 에도의 활기찬 분위기는 수준 높은 서민문화가 성장할 수 있는 원동력이 됐다. 우키요에는 자연스레 유곽의 모습이나 기녀, 가부키, 스모, 신흥세력인 무사, 벼락부자, 상인 등 서민들의 향락과 당대의 풍속을 담아냈다. 삽화가 많은 대중소설 우키요소시浮世草子 등의 읽을거리와 더불어 유행하면서 우키요에는 더욱 대중화됐다. 대중의 미적 관심을 반영해온 우키요에는 메이지明治시대1868~1912에 들어서면서 사진이나 제판, 기계인쇄 등이 유입되면서 쇠퇴했다.

한 문화가 다른 문화가 충돌을 일으킬 때 한 문화가 다른 문화를 흡수 통합하기도 하지만, 때로는 서로 융화融和해 전혀 새로운 양식의 문예양식이 나타날 때가 있다. 우키요에와 서양미술의 만남은 새로운 문예양식을 생산해낸 하나의 열풍이었다.

1867, 1878년의 프랑스 파리 만국박람회에서 일본의 칠기漆器 도자기 등이 전시되었다. 이 물건들을 유럽으로 보낼 때 일본 사람들은 당시 흔해빠진 우키요에로 포장하기도 하고, 운반되는 도중에 깨지지 않도록 도자기 밑의 종이로 접어넣기도 했다. 일본에서는 서민 여자나 어린이들의 장난감 정도로 취급되었던 이 싸구려 그림을 본 유럽인들은 자신들이

그려온 그 때까지의 그림과는 다른 대담한 묘사와 구도에 빠져들었다.

자포니즘의 도화선 역할을 한 이는 만국박람회에 통역 담당을 했던 하야시 타다마사林忠正, 1853-1906라는 젊은이였다. 파리에 일본 미술품 가게를 열었던 그는 일본 그림을 계속 유럽에 소개했다. 파리 인상파를 일본에 소개하고 아울러 우키요에의 해설을 발표하기도 했던 그의 글은 현재 5권의 전집에 모아져 있다. 그의 가게에서 파리의 화가들은 우키요에나 부채나 일본 기모노 천을 사들여 갔는데, 1890년에서 1901년 10년간 히야시의 가게에서 15만여점에 달하는 우키요에가 팔렸다고 한다.

모네, 고흐, 마네와 자포니즘

'빛의 화가들'이라 불린 모네, 고흐, 마네 등 인상파 화가들은 우키요에의 강렬한 색채, 과감한 시점처리, 빼어난 소묘력, 상징적인 화면구성에 매료됐다. 당시 유럽의 화가들은 대상을 있는 그대로 그렸었다. 반면에 우키요에는 어떤 형태를 좀 강하게 강조하거나 간략하게 그리는 화법으로 대상을 추상적인 기호처럼 느끼게 했다. 이른바 '낯설게 하기'가 철저하게 구현되었던 것이 우키요에였던 것이다. 유럽 화가들은 우키요에를 통해 새로운 상상력의 정원으로 입장했던 것이다.

옆의 다리 그림의 화풍은 분명 서양 유화이다. 다리는 서양 다리가 아니라, 일본풍 다리라는 것을 알 수 있다. 파리 교외의 자기 집에 아예 일본식 정원과 일본식 태북교太鼓橋를 만든 화가는 바로 클로드 모네Claude Monet, 1840-1926였다. 지금도 모네의 생가를 가면 그 다리가 있다. 그는 이 다리를 보며 여러 장의 유화를 남겼다. 우키요에는 자연과 단절된 색, 사물과 사물의 구별이 뚜렷한 색을 썼었다. 이에 비해 모네의 다리 그림은 아직 다른 일본적이기보다는 자연의 빛 자체를 드러내는 프랑스 인상파의 그림이었다.

방안을 우키요에로 가득 채울 정도로 열렬한 수집광이었던 모네는 집 안에도 많은 우키요에와 일본 부채, 병풍 따위를 걸어 놓고 자신의 영혼속에 일본적 감수성이 스며들도록 했다 .

Monet Claude, 「일본 의상의 여자」(La Japonaise, 1874년)

우키오에의 영향을 받은 또다른 작품은 모네가 자신의 연인 카미유에게 기모노를 입혀서 그린 그림이었다. 마치 제멋대로 던져 놓은 듯한 일본 부채들이 더덕더덕 붙여진 벽을 배경으로, 동양인으로 변신한 것을 즐기는 듯한 정중앙에 서 있는 인물의 포즈 역시 일본풍이다.

고흐의 여인도

빈센트 반 고흐Vincent van Gogh, 1853-1890도 우키요에의 영향을 많이 받았다. 화상畵商이었던 고흐의 동생 테오는 우키요에를 수집하였고, 고흐는 그 그림들에 매료되었다. 고흐는 우키요에에 많이 등장하는 화려한 머리 장식의 게이샤, 눈이 하얗게 쌓인 후지산, 그리고 알지 못할 붓글씨 한자까지도 흉내내며, 여러번 모작하기까지 한다. 붓글씨를 우수꽝스럽게 흉내낸 고흐의 엉뚱한 그림은 그가

고흐의 우키요에 모작

얼마나 일본풍에 열광하고 있는지를 역설적으로 증명하고 있다. 고흐는 우키요에를 거의 표절한 듯한 그림을 여러장 습작했다. 일본의 우키요에 판화版畫를 접한 고흐는 그때까지 램브란트와 밀레 풍風의 어두운 화풍에서 일약 밝은 화풍으로 바뀌게 되었다고 고백하기도 했다. 고흐의 대표작 「해바라기」 등에 등장하는 강렬한 색채에서 우리는 우키요에의 영향을 읽을 수 있다.

이 글 맨 앞에 소개했던 「에밀 졸라의 초상화」를 그린 에두아르 마네 Edouard Manet: 1832~1883 역시 우키요에의 영향을 받았다. 파리에서 유복한 법관의 아들로 태어난 그는 인상주의의 개척자였다. 처음엔 아버지의 반대로 견습선원으로 있다가 1850년 겨우 퀴튀르의 아틀리에에 들어갈 수 있었다. 그후 살롱에 여러번 출품했으나 그의 작품은 대단히 이색적이며 혁신적인 작품이었기에 여러 차례 낙선했다. 역시 살롱에서 낙선했던 그림 「피리 부는 소년」이 책 53면 그림은 우키요에의 영향을 강하게 받은 작품이다. 2003년 도쿄에서 열린 '마네전'에는 많은 사람들이 바로 이 그림을 보기 위해 우에노 현대미술관에 모였다. 그림 밑에는 "우키요에의 영향을 받은 작품"이라고 짧게 설명이 붙어 있었다. 모델은, 마네와 보들레르의 친구인 근위대 사령관이 데려온 소년 기병이었다.

회색 배경에 모자를 쓰고 붉은 바지를 입은 소년이 얼굴을 정면으로 향한 채 피리를 불고 있다. 마네의 다른 그림에 비해 공간의 깊이가 거의 없고 인물의 윤곽과 색채에 포인트를 주고 있는 그림이다. 손과 뒷꿈치를 빼고는 그림자가 전혀 없는 소년은 배경과 단단히 붙어 있는 것 같다. 실제적인 배경을 버리고 대담하게 평면화를 시도한 혁신적인 작품이다.

이러한 기법을, 벨라스케스의 작품에서 배웠다고 마네가 편지를 남겼지만, 우키요에의 영향도 간과할 수 없다. 마네는 우키요에에서 단순한 구성이 오히려 주제를 힘 있게 해준다는 점을 배웠다. 마네는 우키요에처럼 검은색, 붉은색, 흰색의 뚜렷히 대별되는 색조로 인물의 실루엣을 처리하고 있다. 이 그림은 우키요에처럼 원근법이나 수평 감각을 배제하고, 종이를 바른 듯 '없어진 배경', 161/97cm의 캔버스에 소년의 실재감만 돋아보이게 하고 있다.

그런데 이 그림은 1866년의 국전에 출품했지만 낙선되었다. 이 그림이 낙선되자 소설가 에밀 졸라가 자청해서 변호에 나섰다. 그러한 관계 속에 탄생한 것이 이 글 맨 앞에 소개한 「에밀 졸라의 초상화」였다. 36세가 된 마네가 28세의 에밀 졸라에게, 당시 사면초가四面楚歌가 된 자신을 도와준 졸라에게 우정의 표상으로 그려준 작품이다.

자포니즘과 한류

도자기 포장지로 쓰였던 우키요에는 19세기말 유럽에서 자포니즘이라는 문화적 사조로 확산됐다. 이후 자포니즘은 일본 문화 자체를 상징하는 단어로 확장되었다.

프랑스의 인상주의 작곡가 드뷔시는 우키요에를 보고 교향곡 「바다」를 완성했고, 영화 몽타주 이론의 대가인 에이젠 슈테인S.M. Eisenstein 감독도 샤라쿠의 팬이었다. 가부키, 하이쿠 등 일본 전통 예술에 각별한 관심을 지녔던 에이젠 슈테인은 1929년 발표한 논문 「통일을 넘어서-몽타주와 일본문화」에서 "샤라쿠가 시간의 동시성에서 표현하고자 했던 것을 영화에서는 단지 시간의 경과 속에서 표현하고 있는 것에 지나지 않는다"고 주장했다. 그의 영화를 보면서 우리는 우키요에처럼 강렬한 장면 변화와 굵은 영상을 느끼게 된다. 이후 자포니즘은 이른바 '일본풍'을 의미하게 되었고, 오늘날 서양인 사이에 일본문화가 동양을 대변하는 고급문화로 인식되는 계기가 됐다.

자포니즘은 영향은 아직도 서양의 패션이나 그림에 남아 있다. 자포니즘은 일본의 문화, 경제, 정치가 총체적으로 전달된 하나의 문화양식을 말한다. 자포니즘을 떠올리며 우리의 한류를 생각해보는 것은 단순한 관념적 비교는 아닐 것이다.

최근 한류韓流가 중요한 키워드로 주목받고 있다. 아시아를 넘어 서양에까지 한국문화와 브랜드가 확산되고 있다. 한류가 음악, 영화 등과 같은 대중문화만이 아니라, 음식 · 한글 · 문학 등으로 퍼져나가기 위해서 문화에 대한 폭넓은 이해와 지원이 요구된다.

4
한류와 문화콘텐츠
_ 아시아를 잇는 메디아

1980년대 한국에서는 민주사회를 열망하면서 정치사회학에 관계된 책이 베스트셀러였다. 영상매체가 집중적으로 발전하던 1990년대에는 영상학과, 미디어학과, 문예창작학과가 인기를 얻었다. 이어서 2000년대에는 이러한 학과들을 통합한 '문화콘텐츠'라는 전공이 새로운 학과로 조명받고 있다. 이른바 다른 학문들이 공동연구interdisciplinary studies하여 하나의 생산적인 문화 상품을 만들어 내는 전공이다.

이제 전 세계는 물론 아시아에서도 문화콘텐츠는 아주 중요한 산업으로 각광받고 있다. 자연nature의 상대어였던 문화cultura는 자본주의에 들어가면서 상품product이 되었다. 문화가 상품과 결합한다는 의미에서 컬덕트Cul-duct라는 말도 생겨났다. 이제 문화는 개인적인 차원에서 돈과 연결되는 정도를 넘어, 공동체에 이익을 가져다 주는 종합적인 산업으로 커져가고 있다.

1992년 허리우드 영화 「쥬라기 공원」은 한국 문화계에 엄청난 충격을 주었다. 이 영화 한편의 매출액은 8억5000만 달러로 현대자동차 150만 대를 수출한 것과 같은 금액이었다. 그 해 현대차의 실제 수출량은 그 절반도 안 되는 64만 대였다. 할리우드 영화산업은 항공우주산업, 군수산업, IT산업과 함께 미국의 국부를 지탱하고 있다. 거의 이 시기부터 한국 사회에서 문화콘텐츠라는 단어가 생겨났다. 쥬라기 공원은 21세기의 새로운 국가경쟁력으로 문화산업의 중요성을 알려준 영화였다. 문화콘텐츠 산업은 굴뚝 없는 공장이며, 미래의 전략산업인 것이다.

「쥬라기 공원」을 넘어서는 문화콘텐츠로는 「해리 포터」가 있다. 일자리가 없어 극도의 가난 속에서 생활 보조금으로 생활하던 영국인 주부 조안 롤링Joan Kathleen Rowling이 집 근처 카페에서 판타지 소설을 썼는데 그것이 바로 「해리 포터」였다. 이 작품은 소설로 만들어지고, 영화로, 컴퓨터 게임으로, 캐릭터 산업으로, 나아가 미국에 해리포터 공원이 세워지면서 성공적인 문화콘텐츠의 모델을 보여주고 있다.

사실 '문화콘텐츠'라는 단어는 한국에서 쓰는 용어이다. 이를 미국에서는 entertainment industry라 부르고, 일본에서는 엔터테인먼트 비즈니스라고 부른다. 문화콘텐츠란, 말 그대로 문화예술과 과학기술이 결합했다는 의미다. 영어로는 culture과 technology의 결합으로 이루어진 'CT'라는 약자를 쓴다.

문화산업은 '연극, 공연, 영화 등 전통적인 예술과 미디어를 기반으로 한 문화상품의 생산, 유통, 소비와 관련된 산업'이다. 한국의 문화예술진흥법에 의하면 "문화예술의 창작물 또는 문화예술용품을 산업의 수단에 의하여 제작, 공연, 전시, 판매하는 일"이라고 규정하고 있다.

이러한 문화 산업의 특징은, 첫째, 영화, 게임, 애니메이션, 만화, 캐릭터, 음악/공연, 인터넷/ 모바일콘텐츠. 방송 등 스토리가 있는 문화를 기반으로 한다. 둘째, 문화콘텐츠 상업은 고부가가치 산업이다. 탄탄한 스토리만 있으면 만화로, 영화로, 게임으로, 그리고 캐릭터 산업으로, 나아가 국가 이미지까지 바뀌는 파급효과가 크다. 말그대로 원소스 멀티유스OSMU : One Source Multi-Use라는 복제성이 강하다. 셋째, 시장규모가 크다. 세계 문화산업의 연평균 성장률은 2003년 기준 5,2%로, 전체 평균경제성장률 3.2%를 훨씬 상회하고 있다.

중세시대는 종교가 큰 힘을 갖고 있었다. 1차 2차 세계대전 이후 냉전시대에는 군사력이 승부처가 되어 왔었다. 앨빈토플러Alvin Toffler는 20세기 중반부터 중요시 되는 컴퓨터 정보사회를 '제3의 물결'이라고 불렀다. 그런데 21세기는 문화산업이 중요하게 부각되고 있다. 얼마 전에 타계한 미래학자 피터 트러커Peter Drucker는 "21세기는 문화산업에서 각국의 승패가 결정될 것이고 최후 승부처가 바로 문화산업"이라고 선언했다.

한류와 영상문화콘텐츠

1997년 여름경에 중국에서 한류寒流라는 단어가 바뀌어 한류韓流,

Korea Wave로 사용되어 왔다. 지난 10년간 한류는 아시아를 관통하는 하나의 담론이 되었다. 처음에는 중국에서 개화하여, 이후 베트남, 싱가포르를 거치면서 점점 그 영향력이 커져 갔다. 일본에서는 1999년 도쿄국제영화제 개막작품으로 초청된 한국 영화 「쉬리」를 시작으로 한국 붐이 시작되었다. 2002년 월드컵을 계기로 제작된 '프렌즈'는 한국과 일본의 최초 드라마 공동제작 작품이 되었다. 2003년 4월부터 일주일에 한번씩 밤 10시에 위성방송인 NHKBS에서 방영했던 「겨울연가」가 폭발적인 인기를 얻으면서, 일본과 아시아, 그리고 중동의 이집트에 이르기까지 한류라는 단어는 순식간에 퍼져 나갔다. 한류 전개 과정에서 볼 때 일본은 뒤늦은 편이었다. 하지만 가장 직접적이고 폭발적인 효과를 가져다 주었다.

영화에서도 「쉬리」1999에 이어, 「공동경비구역 JSA」2000, 「친구」2001, 「엽기적인 그녀」2001 등이 연이어 성공했다.

한류韓流가 거세다지만 톱스타 몇 명에 의존해서는 한계에 직면하게 될 것이다. 콘텐츠의 질이 폭넓고 깊이가 있어야 하며, 이를 위해 인문학이 뒷받침돼야 한다. 「대장금」의 유행도 이영애 혼자만의 성과가 아니라, 문학과 역사와 철학에 밝은 작가 김영현이 있었기에 가능했다.

한류는 드라마, 영화, 대중가요의 순서로 퍼져나갔다. 그런데 문화권에 따라 좋아하는 작품과 배우가 달랐다. 가령 중국어 문화권에서 인기를 얻었던 「순풍 산부인과」는 일본에서 전혀 관심을 얻지 못했다. 중국어권에서 한류 스타는 안재욱과 김희선인데, 일본에서는 전혀 다른 배용준, 장동건, 원빈, 이병헌이 '한류 사천왕'으로 주목 받았다. 가수도 중국에서는 안재욱, 장나라, 강타가 주목받은 데 비하여, 일본에서는 보아, 비, 동방신기, 카라, 소녀시대가 주목받고 있다.

백제 한류, 조선통신사 한류

그런데 최근의 한류가 한일교류사에서 처음 있던 일은 아니다. 한국과 일본 사이에는 끊임없이 문화적 교류가 있어 왔기 때문에, 최근의 한류는 3차 한류라 할 수 있겠다.

1차 한류는 일본의 아스카 문명을 만든 백제문화다. 이미 이전 285년에 왕인박사가 논어와 천자문을 전해 주었고, 근초고왕 때 아직기가 일본 태자에게 한자를 가르쳤다. 이후 아스카 시대는 백제 성왕이 긴메이 천황에게 불교를 전해주던 552년부터 시작하여, 7세기 전반까지를 말한다. 당시 정치의 중심이 나라분지 남쪽 아스카지방에 있었기 때문에 '아스카'라고 부른다.

고대국가의 토대를 갖추는 쇼토쿠 태자는 '백제 이주민'의 외손으로, 백제 이주민의 협력을 얻어 백제의 기술자와 스님을 모셔다가, 일본의 불교문화를 꽃피웠다. 쇼토쿠 태자는 불교를 크게 일으키기 위하여 607년에 법륭사를 건립하였다. 이 절은 670년 화재로 전소하여 다시 재건된 세계에서 가장 오래 된 목조 건축물이다. 일본 제1급의 국보인 호류사法隆寺의 본존인 석가 3존상, 약사여래좌상도 백제인의 후손의 작품이다. 602년 도래한 백제 승려 간로쿠는 뒤에 승정이 되었으며, 법륭사의 초대 주지로 임명되었다.

『속일본기』에 "아스카 지역은 도라이진渡來人, 당시 백제인이 거의 다 점유하고 있다"고 써있듯이 백제인은 아스카 문화 창건에 종요로운 역할을 했다.

2차 한류는 조선통신사朝鮮通信使에서 비롯되었다. 조선통신사는 1607년부터 1811년까지 12차례에 걸쳐서 이루어진 한일 교류 답사기였다. 토쿠가와 이에야스德川家康는 국내의 안정을 도모하기 위해 조선과 더 이상 전쟁을 원하지 않았다. 그래서 적극적으로 조선과 우호관계를 회복시키고 싶어했다.

조선에서 출발한 300~400여 명에 이르는 통신사 일행뿐만 아니라 쓰시마 번에서 차출된 호위무사와 안내인, 일꾼을 포함하면 2000여명에 이르는 행렬이 한꺼번에 움직여 당시 일본사회를 떠들썩하게 만들었다. 통신사들이 서울에서 모여 부산까지 이동하는데 대략 2개월 정도, 국왕과 지방의 환송연을 포함하여, 짧게는 8개월 길게는 2년이 넘는 오랜 여정이었다.

커다란 가마에 올라앉아 있는 조선통신사 ⓒ 국립중앙박물관 소장

당시 조선통신사들은 '국빈'으로서 융숭한 대접을 받았다. 당시에는 왕이나 탈 수 있었던 커다란 가마에 올라앉은 조선통신사의 모습은 이를 대변한다. 5~6시간이 소요될 행렬을 보려고 일본사람들은 도시락을 준비하여 아침부터 연도에 몰려 들었다. 일본의 여인들은 기모노를 펼쳐 조선통신사의 글, 요즘으로 말하면 '사인'을 받기도 했다. 양국의 지식인들은 밤이 새는 줄도 모르고 숙소 등에서 한자로 필담을 나눴다.

서로 글을 주고받으면서 통신사 일행은 오늘날 한류의 마중물이라 할 수 있는 긍정적인 이미지를 남겼다.

조선통신사의 성격이 임진왜란 이후 진정한 양국간의 친선을 도모하기 위한 것인지, 도쿠가와 막부가 자신의 권력의 정당성을 강화시키기 위해 조선통신사를 이용한 것인지 여부 등에 대한 다양한 해석도 있지만, 정치적인 의미와 상관없이 조선통신사가 일본에 지울 수 없는 이미지를 남겼다. 그래서 에도는 물론이고 일본 전국에서 큰 환영을 받았던 조선통신사 열풍은 그 후 각 지역의 마쓰리祭り, 축제 문화 속으로 스며들어가 오늘날까지 남아있다. 히로시마, 오사카, 도쿄 등지에서는 매년 당시 조선통신사들에게 제공했던 향토음식 자료전을 열고, 조선통신사 행렬을 재현하는 행사도 열고 있다.

1차 백제 한류, 2차 조선통신사 한류가 만들어낸 긍정적인 이미지 위에, 1970년대 이후 믿을 수 없는 경제성장과 민주화 과정, 그리고 예술과 스포츠 등 거의 모든 분야에서 세계에 두각을 나타내는 한국의 발전 상황이 최근 한류의 잉걸불이 되었던 것이다.

국가 이미지를 바꾼 문화콘텐츠, 한류

한류의 파급효과로 일본인들이 한국을 방문하면서, 새로운 문화콘텐츠로 주목받고 있는 것은 서울을 중심으로 벌어지고 있는 공연 문화들이다.

1970년대만 해도 한국을 방문하는 일본인은 거의가 남성이었다. 그것도 성적 소비를 위한 이른바 '기생관광'이 주를 이루었었다. 1988년 당시 한국을 방문한 전체 일본인 관광객 중 여성의 비율은 약 14%에 불과했었다. 그런데 2004년 일본에서 「겨울연가」 가 폭발적인 인기를 얻고나서, 한국을 방문하는 남성과 여성의 비율은 순식간에 역전되었다. 이후 일본인, 중국인, 아시아인의 한국방문은 폭발적으로 늘어났다. 여행사들은 「겨울연가」 촬영지인 남이섬과 춘천의 준상이네 집 등을 관광일정에 넣었다.

아울러 「대장금」 촬영지 역시 관광객들의 주요 방문 코스가 되었다. 「대장금」 셋트장은 서울과 떨어진 경기도 양주에 위치하고 있다. 필자도 2006년 이후 외국인을 안내하여 몇 번인가 간 적이 있는데, 일본, 대만, 중국, 필리핀, 러시아인 등 외국 관광객이 끊이지 않고 방문하고 있었다. 이렇게 「겨울연가」의 홍행으로, 전혀 알려지지 않았던 춘천과 남이섬이 조명되고, 「대장금」으로 인해 양주 일대에 새로운 관광지가 생겨났다.

「난타」가 새롭게 각광을 받기 시작한 것도 「겨울연가」와 「대장금」 촬영지를 돌아 보고나서 돌아가려는 관광객들의 눈을 사로잡았기 때문이다. 10년 가까이 장기 공연을 하고 있는 「난타」는 한국의 샤머니즘 리듬을 기반으로 하는 농악, 그 농악의 기본 요소인 사물놀이를 부엌용기로 연주하는 퍼포먼스다. 이 「난타」는 1999년 스코트랜드 에딘버러 패스티발에서 최고 평점을 받은 뒤, 브로드웨이 등 세계 시장에 유통되는 문화상품이 되었다. 한국을 방문하는 외국인들을 위해 여행사들은 난타 공연회사와 합의하여, 마지막날 「난타」를 보도록 프로그램을 내놓고 있다. 여행에 지친 여행객들은 마구 두드리는 퍼포먼스를 보면서 여행에

지친 스트레스를 풀어 버리는 것이다. 매년 9월 한국을 방문하는 와세다대학 한국답사여행단도 마지막날 「난타」를 본다. 「난타」는 서울 정동과 압구정동 두 군데에 상기 공연장을 갖고 매일 공연하고 있다.

「난타」를 이을만한 문화상품으로는 「점프」가 있다. 태권도에 쿵후, 18계 등 여러 무술과 함께, 아찔한 애크러뱃 묘기가 곁들인 「점프」는 배우들의 동작이 호쾌하기 이를 데 없다. 2003년 초연 이후 40만 명이 관람했다. 2006년 9월 서울 종로에 전용관까지 생겼다. 평일에도 두 번씩 막을 올린다. 이를 위해 5개 공연팀이 가동된다. 해외에서의 활약은 더 화려하다. 런던 웨스트엔드 한복판 피콕극장에서 향후 5년간 공연할 예정이다. 올해는 6일 시작돼 70일간 계속된다. 2005, 2006년 에든버러 축제에 나가 두 번 모두 1900개 출전작 중 '박스오피스 넘버 원'에 올랐다. 작년 말 영국왕실주최 공연에 초청된 23개 팀 중 아시아팀으로 유일했다. 공연 후 찰스 왕세자 부처夫妻가 출연진을 극찬해 화제가 됐다.

이외에 '비보이 공연'으로 이루어진 공연이 서울에서 유행하고 있다.

비보이의 원조는 미국이지만 최근 세계대회에서 한국인들이 연거푸 우승한 것이 계기가 되어 세계에서 1위한 비보이 멤버들이 춤으로 연극을 하는 공연이 유행하고 있다.

그런데 「난타」, 「점프」, 「비보이」는 모두 무언극無言劇 형식을 택하고 있다. 한국어로는 세계에서 통하지 않기에 어쩔 수 없는 선택이었다. 그러나 대사를 없앤 극은 스토리 라인이 빈약하기 마련이다. 빈약한 스토리 라인은 「난타」와 「점프」류의 최대 고민이다.

한국 문화콘텐츠의 가능성

첫째, 유교정신을 바탕으로 한 한국인의 교육열은 문화콘텐츠 산업을 위한 튼튼한 밑거름이다. 베스트셀러 『문명의 충돌』을 냈던 사무엘 헌팅톤Samuel P. Huntington은 로렌스 해리슨Lawrence E. Harrison과 함께 쓴 『문화는 중요하다』Culture Matters: How Values Shape Human Progress, 2000의 영문판 서문에 이렇게 썼다.

> 나는 가나와 한국의 1960년대 초반 경제자료들을 검토하게 되었는데, 1960년대 당시 두 나라의 경제 상황이 아주 비슷하다는 사실을 발견하고서 깜짝 놀랐다. 무엇보다 양국의 1인당 GNP는 비슷했으며……(중략)…… 30년 뒤 한국은 세계 14위의 경제 규모를 가진 산업강국으로 발전했다……(중략)…… 반면 이런 비약적인 발전이 가나에서는 이루어지지 않았다. 가나의 1인당 GNP는 한국의 15분의 1수준이다.

이런 엄청난 발전의 차이를 어떻게 설명할 수 있을까? 물론 여러가지 요인이 작용했겠지만, 내가 볼 때에는 '문화'가 결정적인 요인이라고 생각한다. 한국인들은 검약, 투자, 근면, 교육, 조직, 기강, 극기정신 등을 하나의 가치로 생각한다.

고등학교에서 『영화』 교과서를 배우고, 다양한 영재교육 제도가 있고, 대학에서 문화콘텐츠나 미디어학부가 주목되고 있는 한국은 문화콘텐츠를 활성화하기 위한 인식이 합의된 상태다.

둘째, 세계의 선두를 보여주는 한국의 정보사회력은 한국 문화콘텐츠에 가능성을 주고 있다. 2004년 11월호 《뉴스위크지》 에 따르면, 한국은 인터넷 이용자가 1000명당 551.9명으로 스웨덴에 이어 세계 2위이다. 한국은 문화콘텐츠산업의 인프라 와 디지털기술 등으로 세계 기술을 선도하고 있다.

21세기는 디지털시대이다. 고전시대에 신이 시공간을 초월해 존재해 있듯이, 이제 사회는 컴퓨터 콘텐츠가 어느 곳에나 존재하는 '유비쿼터스ubiquitous 문화시대'로, 고전적인 국토 개념을 초월하는 시대가 되었다. 국토 크기가 일본의 10분의 1 크기에 불과한 한국이 일본이나 중국에 뒤지지 않는 존재감을 주는 이유는 '유비쿼터스의 국토'크기가 크기 때문이다.

셋째, 일본과 아시아와 끊임없이 교류하려는 한국 문화인의 인식이 새로운 가능성을 열어주고 있다.

현대문화는 서로 다른 사고, 개념, 아이디어, 기법, 방법론, 철학, 미학 등이 서로 퓨젼fusion, 컨버젼스convergence 하는 융합현상을 통해, 더욱 창의적인 결과물이 되고 있다. 창의적인 '잡종'hybrid 교류를 통해 다른 문화와 사상이 자유롭게 소통하며 기발한 작품을 만들어 내는 것이다.

허리우드 영화를 첨병으로 하여 세계 문화콘텐츠 시장 70%를 점유하고 있는 미국, 그 뒤를 이어 게임과 캐릭터, 만화산업으로 2위의 자리를 지키고 있는 일본에 이어, 한국은 '문화콘텐츠 강국'에 오를만한 잠재력을 충분히 갖고 있다. 이미 '한류'를 통해 그 가능성이 증명되었다.

아시아의 공생과 제3의 한류

1997년 중국에서 시작된 한류는 아시아에 한국이라는 존재를 알렸다. 2002년 이른바 욘사마(배용준)와 함께 상륙한 일본에서의 한류는 개별적인 드라마와 배우를 우상으로 부각시켰다. 그러나 이 시기에는 한국과 특정 배우를 알렸을 뿐, 이러한 현상은 오랫동안 일본에 살고 있는 자이니치[1]의 삶을 개선시키지는 못했다. 자이니치가 더욱 소외감을

1 일본에서 태어나 자란 한국인 혹은 조선인을 한국에서는 '재일在日조선인', '재일한국인', '재일교포'로 표기한다. 이 책에서는 재일조선인 존재의 경계인境界人적 특성을 살려내기 위해 '자이니치'로 표기한다.

느꼈던 시기일 수도 있겠다.

이제 2010년 이후 한류는 한국이라는 나라나 특정 배우만을 부각시키는 단계를 넘어, 아시아 공동체를 위해 공헌하는 새로운 형태로 거듭나야 할 것이다.

이를 위해서는 첫째, 지금까지 서로 작품을 교환하는 단계는 계속 유지하되, 둘째 단계로 '함께' 문화콘텐츠를 '만들어 나가는' 시기가 되어야 할 것이다. 대중가요계에서는 이미 이를 추진하고 있다.

세계적으로 주목받는 가수 보아 등을 배출하고, 한류의 성공적인 모델을 보여주고 있는 한국의 'SM엔터테인먼트'의 경영전략을 연구하기 위해, 2006년부터 하버드대학 경영대학원MBA 50여명이 방문하고 있다. 2007년 6월 7일에도 이들이 방문했는데, SM엔터테인먼트의 이수만 이사는 "이제 한류는 세계로 나가야 하고, 이를 위해 중국 시장이 중요하며, 일본과 한국과 중국이 힘을 합쳐 3차 한류 합작 회사를 만들 예정이다"라고 했다.

이제 아시아의 문화콘텐츠는 이제 아시아를 넘어 세계화globalization라는 큰 틀에서 성장하고 있다.

무엇보다도 한국과 일본, 그리고 모든 아시아인의 문화 콘텐츠가 세계평화를 창조하는 '피이스 메이커'peace Maker가 되기를 바란다. 또한 아시아의 모든 공동체가 주인공이 되는 시기가 되어야 할 것이다.

가령, 영화 「파이란」 2001을 예로 들 수 있겠다. 이 영화는 출감하자마자 건달 생활로 돌아가는 못 말리는 양아치 강재(최민식)와 중국에서 온 불법체류자인 파이란(장백지) 사이에서 일어나는 이야기를 담고 있다.

출감한 강재는 한심하게 살아간다. 친구 용식(손병호)은 조직의 보스가 돼 있지만 강재는 나이트클럽 삐끼 신세를 면치 못한다. 그러다가 강재에게 예기치 않은 일이 발생한다. 오래 전 위장결혼한 여인 파이란이 죽었다는 것이다. 파이란의 주검을 찾아가던 강재는 얼굴 한 번 본 적 없는 자신을 '세상에서 가장 친절한 남자'라고 믿어 준 파이란의 편지와 사진을 보고 마음이 흔들리기 시작한다.

이 영화는 한국의 하류인생과 중국에서 온 불법체류자의 이야기를 주제로 삼고 있는데, 이것은 사실 동아시아의 문제이기도 하다. 이 영화의 원작 소설은 아사다 지로淺田次郎의 『러브레터』다. 파이란 역을 맡은 여배우는 중국의 장백지張柏芝다. 감독은 한국인 송해성이다. 동아시아 삼국의 예술가가 지혜를 모아, 동아시아가 현재 문제로 삼고 있는 문제를 영상화했다는 것은 대단히 중요한 의미를 갖는다.

나아가 한류 때문에 소외받는 '조선' 국적의 자이니치도 이 문화 흐름의 주인공이 되어야 할 것이다. 가령, 일본에서 차별받는 마이너리티 자이니치의 삶을 담은 이즈츠 카츠유기井筒和幸 감독의 영화 「박치기」パッチギ, 2004, 2007 시리즈도 의미 있는 작품이다.

「파이란」, 「박치기」 같은 작품과 함께 이제 한류는 아시아의 문화 르네상스를 일으키고, 아시아가 평화공동체가 되는 데에 기여하기를 바란다.

5

색 · 음식 · 문화콘텐츠

색은 이데올로기다

1940년에 발표된 김사량1914~1950의 소설 「풀이 깊도다」의 주인공 박인식은 '브나로드 운동'으로 산속 화전민의 위생 조사와 의료를 위해 찾아온 의학도다. 첩첩 산중 깊은 산속, 사람들을 모아 놓고 시국강연하는 시골 회당에서 박인식은 중학교 시절 조선어를 가르치던 코휴지 선생을 본다. 늘 코를 훌쩍이고 조금 모자라는 이 조선어 선생은 1938년 4월에 조선어가 금지된 뒤, 산골 면장의 심부름을 하고 있었다. 면장이 엉터리 일본말로 "흰 옷을 입지 말라"고 연설하면, 코휴지 선생은 그 말을 통역하고 있었다.

> "조선인들이 가난해진 건 흰옷을 착용했기 때문이다. 경제적으로나 시간적으로나 낭비이기 때문이다. 즉 흰옷은 빨리 더러워지므로 돈이 들고 세탁하는 데도 시간이 든다"

실상 흰옷은커녕 흙빛의 누더기 옷을 입고 있던 산골 사람들 앞에서 코휴지 선생이 쉴새없이 통역했던 내용은 '색의장려'色衣奬勵 운동이었다. 당시 총독부에서 조선인이 흰색을 입는 것을 금지했다. 겉으로는 경제성을 강조했으나 사실 '백의민족'白衣民族이라는 민족주의 관념을 말살하는 정책이었다. 코휴지 선생은 장날 먹물과 붓을 든 채 흰옷 입은 사람들 옷에 먹물을 끼얹었다.

3, 4년이 지나고 코휴지 선생이 어디로 갔는지 묘해진다. 코휴지 선생은 색의장려 운동을 한다며 화전민 마을로 들어갔다가 소식이 끊겼다. 당시 조선에는 흰옷을 입고 살면 구원을 얻는다는 백백교白白敎가 있었다. 1923년 우광현禹光鉉이 세운 백백교는 조선을 구원하는 길을 흰옷을 입으면 된다고 믿었던 종말론적인 이단이었다. 종말에 살아남기 위한 피난소를 53개소나 설치했던 이들의 존재는 1937년 백백교 간부들이 신도 314명을 살해하면서 세상에 알려졌다. 박인식은 코휴지 선생이 백백교 신도 앞에서 흰옷을 입으라고 "조선어로 하는 사이에 뒤에서 두 사람이 덮쳐 죽이지 않았을까"『金史良全集1』(東京, 河出書房新社, 1973) 생각하는 것으로 소설은 끝난다.

이 이야기는 색色에 대한 극단적인 입장을 보여주고 있다. 총독부가 색의장려 운동으로 흰옷을 입지 말게 하려 했던 것이 민족주의 말살정책이었다면, 백백교가 흰옷을 입어 구원을 받으려 했던 것은 종말론적인 신앙이었다. 이렇게 색은 집단의식을 표명한다.

한국인은 가족을 '식구'食口라고 표현한다. 한국인에게 먹는다는 의미가 중요한 이유는 먹는 행위에 음양오행설이 뿌리 깊게 스며 있기 때문이다. 필자는 어릴 때 "다섯가지 색깔을 매끼니 꼬박꼬박 먹어야 한다"는 말을 질리도록 듣고 자랐다. 다섯가지 색깔이 무엇인지 늘 궁금했었다. 음식에도 색이 있는가? 건강과 무슨 관계가 있는가?

한국인은 음식의 맛과 색에 음양오행陰陽五行의 원리를 지켜 왔다. 이 원리는 자연과 인간을 동일시해왔던 사고방식이다. 음양은 남과 여, 청색과 적색으로 상징되며, 목·화·토·금·수의 오행은 색과 맛, 계절과 방위, 인체 부위 등과 짝을 이루고 있다. 색에 대한 생각은 인간의 몸과도 연결되어 있다. 그것을 표기하면 다음과 같다.

인(仁)	청(青)	간장(肝腸)	신맛	동(東)	청룡	목(木)	봄(春)
의(義)	백(白)	폐(肺)	매운맛	서(西)	백호	금(金)	가을(秋)
예(禮)	적(赤)	심장(心腸)	쓴맛	남(南)	주작	화(火)	여름(夏)
지(智)	흑(黑)	신장(腎腸)	짠맛	북(北)	현무	수(水)	겨울(冬)
신(信)	황(黃)	위장(胃腸)	단맛	중(中)	황룡	토(土)	토용(土用)

도표를 보듯이 청색의 야채를 먹으면 간장에 좋다고 한다. 또한 붉은 음식을 먹으면 심장에 좋고, 검정 생선을 먹으면 신장에 좋다고 한다. 노란 야채를 먹으면 위장에 좋다고 한다. 어른이 아이에게 오미오색을 먹으라고 가르쳤던 것, 그리고 한의사가 약에 앞서 먹어야 할 음식을

■ 오장육부와 5가지 색깔 음식

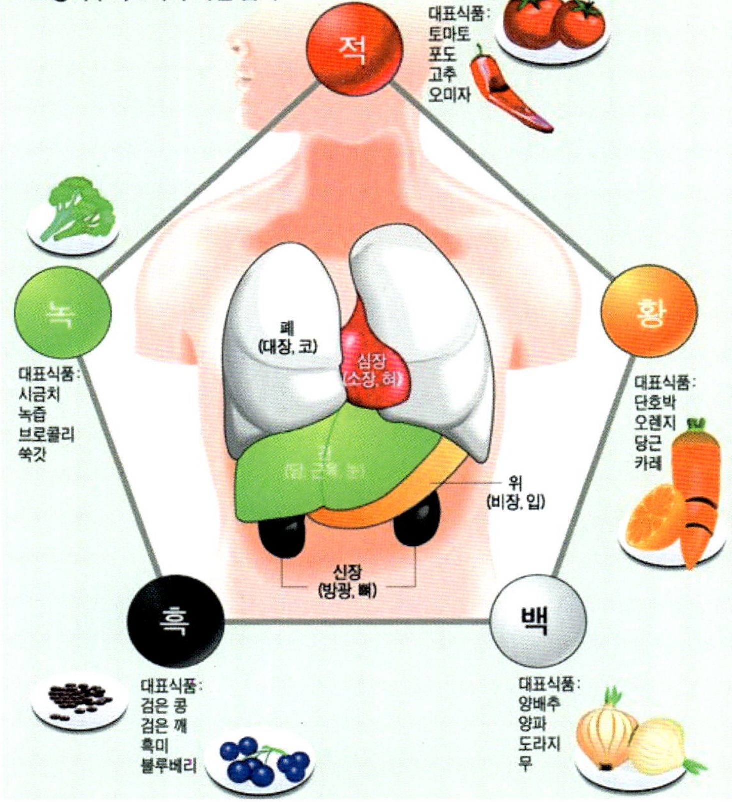

지정해주는 이유는 이렇게 음양오행설의 약리작용이 중요하기 때문이다. 신맛이 나는 음식은 간을 도와 힘살을 튼튼하게 한다. 쓴맛은 심장을 도와 신명나게 한다. 단맛은 소화기를 도와 입맛을 돋우고 살찌게 한다. 매운맛은 폐를 도와 생기를 돌게 한다. 짠맛은 신장을 도와 정력을 갖게 한다. 곧 색은 인간의 오장五臟에 직접 영향을 미친다. 그래서 흔히 신장이 약하고 스태미나가 부족한 사람들은 검은 깨나 검은 콩을 먹어야 한다고 한다. 중요한 것은 밸런스다. 오색五色 음식 중 어느 한 가지만을 편식할 경우 특정한 병을 유발할 수 있다고 한다.

오훈채五葷菜라고 하는 한국의 나물은 다섯 가지 색깔의 음식을 먹으면 다섯 가지 덕을 모두 갖추게 된다는 말이다. 가난했기에 나물을 먹었던 것은 아니다. 왕도 오훈채를 먹었다. 입춘이 되면 왕은 신하들에게 오훈채를 선물로 내렸다. 오늘날 한국식당에 있는 나물은 실상 왕의 음식이었던 것이다. 나물을 캐고, 무치고, 먹으면서 우주의 생명력과 교감하는 「오색 나물 문화」는 과거에 끝나는 것이 아니라 현재에도 한국 문화에 깊이 뿌리박혀 있다. 이어령이 인용했듯이, 이 나물 채집 문화는 21세기 미래 문화의 모델이라고 마셜 살린스는 『석기시대 의 경제학』에서 강조한 바 있다. 살린스는 인간이 풍요에 이르는 방법에는 두 가지가 있는데, 하나는 생산성을 계속 향상시키는 것과 반대로 욕구 자체를 최소화해 적은 물질을 가지고도 만족하는 삶이라고 했다. 이어령은 "한국인의 오색 나물 문화는 터질듯한 욕망을 절제하며 무욕무결無慾無缺, want not, lack not에서 행복을 찾는 문화"라고 말했다.

붉은 김치

원래 김치는 붉은 색이 아니었다. 그래서 옛날에는 배추의 흰색 때문에 '백채'白菜라고도 했었다. 백제인 수수고리須須許理가 일본에 오이를 발효

하는 기술을 가르쳐 주었다는 기록이 『고사기』에 나온다고 하는 정대성 교수는 그것이 지금 나라츠케楢つけ의 기원이라고 말한다. 옛 문헌을 보면, 고려시대의 옛 김치는 일본의 나라츠케와 그 맛이 별 차이가 없었다고 한다.

일본 고문헌에는 고추가 한국에서 왔다고 써 있으나, 한국의 고문헌 『지봉유설』芝峰類設, 李睟光 著, 1614에는 "남만 일본에는 큰 독이 있다. 왜국에서 처음 고춧가루"가 왔다고 써 있다. 고춧가루는 16세기 유럽에서 일본 큐슈로 전해졌고, 그것이 1592년 임진왜란 때 한국에 전해졌다가, 그것을 다시 도요토미 일본군이 일본에 갖고 갔다정대성, 『焼肉・キムチと日本人』 PHP研究所, 2004. 이렇게 김치는 일본에서 온 고추로 인해 그 맛과 색깔이 결정적으로 변하게 되었고, 18세기에 이르러 조선반도 전체에 고추가 들어간 김치가 정착되게 된다.

그런데 왜 한국인은 옛 백채에 붉은 고추를 넣었을까? 붉은 색 립스틱은 에로티시즘의 상징이고, 붉은 피는 기독교에서 구속의 상징이다.

한국인에게 붉은 색은 어떤 의미가 있는가?

톡 쏘는 맛 때문일 수도 있으나, 붉은 색이 한국인이 찾던 색이었기 때문이라는 의견이 일반적이다. 음인 귀신을 양의 기운이 물리칠 수 있는데, 그 양의 기운은 붉은 색에 있다고 옛 한국인은 믿어 왔다. 겨울 동지가 되면 양의 색인 붉은 팥죽을 쑤어 먹고, 대문과 담벼락 집안 곳곳에 뿌려, 몸과 집안에 숨어있는 잡귀를 내쫓고 새해를 맞이하려고 했다. 잔치 때는 붉은 팥을 올린 시루떡도 즐겨 먹었다. 이러한 전통이 지금까지 이어져 제사나 고사를 지낼 때는 꼭 팥고물을 올린 시루떡이 빠지지 않는다. 우리는 기쁠 때 "이게 웬 떡이냐!"라고 말한다. 이 떡은 붉은 시루떡을 말한다. 시루떡은 비일상적인 축제 때 만들어지기 때문에 축복을 상징하는 것이다.

아이가 태어나고 1년이 지나면 돌잔치를 할 때도 붉은색의 수수경단과 백설기가 같이 올려진다. 붉은 떡은 아이의 액운을 물리치기를 바라는 것이고, 하얀 백설기는 아이가 깨끗하고 순수하게 성장하기를 기원하는 것이다. 이렇게 붉은 색과 흰색을 좋아하는 민족성이 김치를 만들어내는 결정적인 계기가 된다.

김치 또한 5색이다. 배추는 백색이고, 파는 푸른색이고, 고춧가루의 붉은 색이다. 배추속잎과 생강 · 마늘은 황색이다. 녹각이나 젓갈은 검은 색이다. 오색의 음양오행설에 따른 김치는 유산 발효식품으로 독특한 신맛이 있고, 고추의 매운맛, 양념과 과일의 단맛, 소금의 짠맛, 채소들의 쓴맛이 어우러져 오행의 오묘한 맛을 지니게 된다. 김치의 유산균이 내장에 들어가면 장의 노화를 막아 장수할 수 있고,

마늘에 있는 비타민B는 피부 노화를 막으며, 혀끝에 자극을 줘서 엔돌핀 소위 '쾌감호르몬'을 분비시켜 늘 기분 좋은 긍정적 인간형을 만든다고 한다정대식, 위 책, 163-173면.

2001년부터 자위대의 정식 메뉴로 김치가 오르고 있다. 이제는 외국 어디에 가더라도 김치가 있다. 김치는 어느 음식과도 어울리는 이유는 김치 안에 다섯 가지 맛이 있기 때문이다. 느끼한 고기와 함께 먹을 때 맛과 술안주로 먹을 때의 맛이 다르다. 2006년 미국의 건강전문지 『Health』는 일본의 콩요리와 함께 김치를 세계의 5대 전통 건강식으로 선정했다.

대장금과 한국요리

특히 2003년 SARS가 아시아를 휩쓸었을 때, 그해 중국에 한국 김치 수입이 갑자기 6배로 늘어났다. 확실히 밝혀진 연구 결과는 없었지만 김치가 SARS를 막기에, 한국에는 SARS가 번지지 않았다는 말이 퍼졌기 때문이다. 이때 김치가 중국과 아시아에 급격히 퍼지면서, 한국 음식에 대한 관심이 극대화 되었다. 이때 때맞추어 나온 드라마가 「대장금」이었다.

2004년 처음 방영된 MBC 드라마 「대장금」은 당시 한국에서 43.7%로 최고 시청율을 넘어섰다. 일본이나 동남아시아는 물론 2007년 현재까지도 터키, 이집트, 이란 등 30여개국에서 상영되고 있다. 대장금의 인기는 여러 가지로 해석된다.

첫째, 「대장금」에는 인간의 다양한 갈등이 존재한다. 장금이를 시기하는 최 씨 일족들과의 사이에서 벌어지는 갈등, 그리고 드라마가 더 확장되면 의녀醫女 장금이를 가로막는 남자 의관들 사이의 갈등은 매회마다 궁금증을 더하게 하여 중독되게 만든다.

둘째, 「대장금」은 갖은 고초를 겪으며 정상에 이르는 성공담 Success Story이다. 장금이는 명예도, 재산도, 권력도 타고 나지 못했지만, 온갖 노력으로 어려움을 극복하고 성공한다. 이런 부분이 시청자들의 공감을 자극한다.

무엇보다도, 셋째, 음식이 약이라는 한국인의 음식문화이다. 대장금은 인간의 희로애락이 나타나지만, 이 갈등의 원인이 되는 것은 궁중음식이다. 이 드라마에서 음식은 사람을 살리기도 하고, 죽이기도 한다. 드라마 「대장금」이 아시아의 한류 팬에게 인기를 얻었던 원인에는, 아시아인들이 공유하고 있는 의식동원醫食同源의 식문화食文化 철학이 있다.

그런데 「대장금」의 후반부는 의료 드라마지만, 전반부는 「요리 드라마」라고 할 수 있다. 처음 「대장금」의 제작발표회 때 이영애는 "「대장금」은 누구나 좋아하는 김치같은 드라마가 되었으면 한다"는 말했다. 그 말이 예언이라도 되듯이, 대장금과 함께 오색의 한국 음식이 전세계로 뻗어나가는 계기가 되고 있다. 앞서 말했듯이 바로 1년 전 SARS 사건이 있었을 때 김치와 한국 요리에 대한 관심이 극대화 되었고, 그것을 소재로 하는 「대장금」은 마치 비밀을 풀어내는 이야기처럼 아시아인들의 주목을 받았던 것이다. 조사에 의하면 대장금이 방영된 지역의 한국식당 매출은 급상승 했다고 한다.

「대장금」에는 붉은 김치가 등장하지 않는다. 이야기는 임진왜란 전의 일이고, 고추가 들어온 것이 임진왜란 직전이다 보니 이 드라마에 나오는 궁중요리에는, 붉은 팥 색 외에, 붉은 색이 거의 나오지 않는다. 그러나 아시아인들은 이미 김치를 넘어 한국 요리에 관심을 갖고 「대장금」을 사랑하기 시작했다. 여기서 우리는, 인간에게 좋아하는 붉은 색, 그 색으로 만든 김치, 그리고 그 음식을 주제로 만든 드라마가 이어지고 있는 것을 발견한다. 먹는 행위는 단지 그것으로 끝나지 않고, 문화콘텐츠로 이어져 경제적 부가가치를 이루고 있는 것이다.

붉은 악마, 레드 이코노미

2002년 6월 한일월드컵 때 서울 시청에 모인 수십만명의 응원단 「붉은 악마」는 세계의 이목을 끌었다. 그 기세가 너무 강하여 혹자는 '파시즘의 가능성'이 보인다고 지나친 염려를 하기도 했다. 이 응원단의 기대에 한국 축구는 4강 신화를 이루었다. 4강 신화가 중요한 것이 아니라, 한국인의 고정관념이 해체되었다는 것이 중요하다. 붉은 색은 한국인에게 공산주의나 파업하는 노조원들이 머리에 두른 붉은 띠를

연상케 하는 부정적인 이미지였다. 그런데 이 일을 계기로, 붉은 색은 파괴적인 색깔이 아니라, 폭발적인 창조를 낳는 열정적인 색으로 인기를 끌었고, 붉은 악마 응원단의 티셔츠는 불티나게 팔렸다. 국민정서가 붉은 악마와 더불어 탈정치적 탈이념쪽으로 움직였던 것이다. 시인 김지하는 이 풍경을 '유월개벽'六月開闢이라고 표현했다. 그 배경이 되는 사건으로 이미 2000년 6월 15일 김대중 전 대통령이 북한의 김정일을 만나면서, 시대는 급격히 탈이념으로 회귀하고 있었고, 이로 인해 「붉은 악마」라는 응원단은 오해없이 자연스럽게 태동했던 것이다. 아닌게 아니라, 이탈리아 전 때는 붉은 악마는 「1996, AGAIN」이라는 카드섹션으로, 1966년 이태리에 이겼던 북한의 승리를 남한이 이어야 한다고 표현했다. 이렇게 「붉은 악마」는 남과 북의 통일 지향을 표현했다.

이 월드컵을 계기로 한국 경제는 1998년의 외환위기를 완전히 극복했다. 현대경제연구원은 이 기간의 경제성장을 연구하여 「레드 이코노미red economy의 의미와 시사점」이란 보고서를 발표했다. 이 보고서는 'RED'의 의미를 끈기있고Resilient, 열성적이며Enthusiastic, 역동적인Dynamic 동력이라고 긍정적으로 평가했다. 이러한 '레드 이코노미'의 열정으로 당시 김대중 정부는 외환위기를 극복했다고 평가하고 있다. 그러나 이러한 시각은 비판을 받기도 한다. 열정적인 감정적인 것으로 소모적인 이념논쟁에 집착할 수도 있고, 빨리 끓었다 금방 식어버리는 「냄비 근성」이 될 수도 있다고 비판도 있다.

RED의 문화콘텐츠

한국 음식에 있는 다섯 가지 색깔은 음양오행의 철학에 기반을 두고 있다. 특히 붉은 색은 악을 퇴치하는 색으로 김치에 들어갔고, 그것이 하나의 문화콘텐츠로 이동하여 붉은 악마와 대장금과 레드 이코노미를 만들어 냈다는 것을 생각해 보았다.

'붉은 색-김치-한국음식-대장금-대장금 테마 파크 관광방문'으로 이어지는 순환적인 문화콘텐츠가 현재 한류의 기본적인 코드code가 되었다. 이러한 흐름은 단지 한국의 민족주의적인 좁은 목표에만 몰두한다면 한계가 있을 것이다. 일본과 중국의 음식문화와 문화콘텐츠와 교류하면서 서로 물꼬만 터준다면 아시아의 문화 르네상스 시대는 더욱 넓은 무대를 만들어 갈 것이다. 한국인의 붉은 색에 관한 열정, 그 음식들이 일본과 세계인의 문화에 기여하는 방안을 더욱 생각해야 할 때이다.

6

와비사비

_ 고독·빈궁·자연을 즐기는 와비사비

그윽한 집과 초가지붕

와세다대학 오오쿠마 강당 옆에, 너른 잔디가 펼쳐진 일본식 정원이 있다. 바람 솔솔 한껏 쉬고 싶은 날, 잔디에 앉아 도시락을 먹는 학생들에게 이 잔디밭은 고즈넉한 추억으로 남는다. 이 정원을 찾는 많은 방문객들은 거대한 로얄 리갈 호텔을 배경으로 사진 찍고 돌아간다. 정작 중요한 것을 잊어 버리고.

바로 정원 구석 숲속에 있는 허술한 집 한 채. 판자집 같이 엉성하게 엮어진 누추한 집. 강진의 다산 유배지 건물이 더 화려하고 멋지게 느껴질 정도로 소박한 집 한 채…… 그늘 속에 있어 잘 보이지 않는 그 집 옆으로 이끼 낀 냇물 흉내만 내고 흐르고 있다. 어느 정도의 축축함과 적막감이 근저根底에 흐르고, 화려한 아름다움을 꺼리는 집이다. 정원 쪽에서는 이 집이 잘 보이지 않지만, 이 집 다다미 방에서 정원은 풍경화마

냥 정답다.

간지소完之莊라는 이 집은 이 정원에서 중요한 역할을 하고 있다. 이 집은 가장 중요하고 국제적인 손님이 올 때 문을 열어, 손님을 모시는, 전통적인 다다미방을 갖춘 집이다. 클린턴 대통령이 와세다대학을 방문했을 때도 로얄 리갈 호텔이 아닌 이 허술한 집 다다미방에서 식사를 했다고 한다.

실은 일본의 저택에는 이러한 허술한 집이 한 채씩은 있다. 교토의 화사한 금각사나 은각사에 가면, 흔히들 연못 한 가운데 번쩍이는 금과 은이 붙여진 멋진 집만 사진 찍고 돌아온다. 그런데 정작 그 집을 감상하는 언덕 위 작은 집은 누군가 설명해 주지 않으면 그저 함바집으로 생각하고 지나치기 일쑤다. 옛날 사람들은 바로 이 집에서 금각사와 은각사를 내려다 보며, 차 한잔을 그윽하게 마시며 정원을 감상했었던 찻집이었다.

10여년전 가마쿠라에 처음 갔을 때도 나는 이 집과 같은 집을 많이 보았다. 처음 들른 절은 가마쿠라 역에서 서쪽으로 걸으면 보이는 삼나무길 계단이 인상적인 엔가쿠지円覺寺다. 1282년 여몽麗蒙 연합군의 침입으로 죽은 병사들의 넋을 위로하기 위해 지은 사찰이다. 그런데 나는 이 절에서 한국에는 보기 드믄 초가지붕의 절을 보았다. 이 절 맞은편에 있는 도케이지東慶寺에서도 초가지붕 절을 보았다. 특히 이 절에는 초가지붕 아래 종이 달려 있어 특이했다. 그러고 보니 가마쿠라에는 초가지붕에 덮인 절이 많았다. 이 초가지붕 절은 불교적인 무상관無常觀의 짙은 그늘을 드리우는 듯 했다.

초가지붕 절집에서 난생 처음 차잎을 절구를 곱게 갈아 물에 섞은 '맛차'抹茶 · 가루차를 마셨다. 일본의 차문화는 가마쿠라 시대 승려 에이사이榮西가 송나라에서 차문화를 들여 오면서 시작됐다. 그는 1191년에 맛차 제조법과 묘목을 들여와 전했으며, 당시 주로 사찰에서 마시던 차는 상류층은 물론 서민의 기호품으로 번져나갔다. 지금의 커피같은 기호식품이었다. 초가지붕의 절집 곁에서 맛차를 마시는 분위기는 정말 독특했다. 딸랑 딸랑, 실바람에 실려오는 방울 종소리 들으며 맛차를 마시는 마음에 끝모를 평안이 밀려 왔다.

"이거 형용할 수 없이 평안하고 그윽하네요."
동행했던 오오무라 마스오 교수님(와세다대)께서 한마디 하셨다.
"이런 분위기를 바로 와비사비라고 하지요."
내가 와비사비라는 말을 처음 들은 것은 바로 이때였다.

손님을 검소한 방에서 조용히 모시는 전통, 절의 건물도 초가지붕으로 씌우는 그늘진 분위기…… 조금 풀어 표현하자면, 간소簡素의 정신 혹은 가난함과 외로움을 즐기는 풍류정신이라고나 할까?

다도의 은근한 멋

쉽게 말하자면, "고독과 빈궁함, 자연의 정취를 있는 그대로 즐긴다"고 말할 수 있겠다. 예스럽고 한적한 정취를 의미하는 와비사비わびさび는 일본의 다도茶道에도 중요한 정신적인 미의식으로 기능했다. 와비사비는 중세 전국戰國시대의 전란을 거쳐, 그후 모모야마桃山시대의 현란하고 화사한 번영을 지나 이윽고 도달한 경지라고 할 수 있다.

그 원류는 센노리큐千利休, 1522~1591까지 거슬러 올라간다. 센노리큐는 오다 노부나가와 도요토미 히데요시의 30년간의 정권을 말하는 아즈치 모모야마安土桃山, 1573~1603 시대 때 다도의 대가다.

날마다 싸움이 전개되는 전국시대였다. 전쟁터에 나가기 전에 마음을 집중하기 위해 무장武將들은 다실茶室에 가서 침묵을 즐기곤 했다. 노부나가나 히데요시도 리큐의 차를 아끼고 사랑했다. 조용한 다실에서 차를 우려내는 데 집중하며, 마음을 차분하게 하고, 자기자신과 마주하여 정신을 갈고 닦는 구도의 길을 리큐는 전했다. 이 경지가 바로 '와비' 곧 조용하게 맑고 가라앉은 정조를 즐기는 것이다. 리큐는 엄숙하고 따뜻하며 동시에 속된 데가 없이 깔끔한 차를 '와비차'わび茶라고 했다.

다도에는 '이치고이치에'一期一會라는 말이 있다. "모든 만남은 일생에 딱 한번 있으니, 상대에게 최선을 다하라"는 뜻이다. 두 번 다시 못 만난다는 마음으로 최선을 다해서 차를 대접하는 마음, 그것을 위해서는 보다 좁은 공간에서 차를 대접해야 한다고 생각했던 리큐는 다실 문을 겸손히 허리를 굽히고 들어가게 낮게 만들고, 다다미 한 장 반 정도의 작은 방을 구상했다. 하지만 이러한 리큐의 소박한 정신은 조선정벌을 나서며 팽창주의로 치달았던 도요토미 히데요시와 마찰을 일으켰고, 마침내 리큐는 69세의 나이에 죽임을 당했다.

앞서 와세다대학이나 저택 한 구석이나 언덕에 있다는 허술한 차집은 바로 리큐의 그러한 정조를 느끼기 위한 조용한 공간이다. 비좁은 곳의 쓸쓸함 속에서 깊이 있는 마음의 교제를 나누고자 하는 공간인 것이다.

지금도 일본인은 차를 즐겨 마신다. 서양 음료에 밀려 다도의 위기론이 거론되기도 하지만, 차의 성분과 효능에 대한 과학적 재평가가 이뤄지고 국민의 건강 관심이 높아지면서 인기가 되살아났다. 자동판매기에서 캔음료로 널리 팔리고 있으며 맛차를 넣은 아이스크림도 인기를 끌고 있다.

하이쿠, 생략의 멋

독특한 정형시 하이쿠俳句에서도 와비사비 미학은 중요하다. 원숙하고 은근한 멋을 의미하는 와비사비 미학이 하이쿠의 작풍이 된 것은 마쓰오 바쇼松尾芭蕉, 1644~1694 때부터이다. 가령,

마츠오 바쇼 동상

가는 봄이여　　　行く春や
새 울며 물고기의　鳥啼き魚の
눈엔 눈물이　　　目は涙

를 읽어 보자. 어찌 보면 무의미를 지향하는 것 같으나 이 시에는 깊은 맛이 숨겨져 있다. 이 하이쿠는 봄이 지나가는 순간에 정처없이 하늘을 떠도는 새도 울고, 물 속 물고기도 눈물 흘린다고 쓴다. 시가 되기에는 너무도 짧은 17음절 속에 바쇼는 일상과 세월의 무상함을 담아내고 있다. 읽는이에 따라서는 물고기 눈의 눈물을 한없는 이별의 눈물로 공감할 수도 있고, 돌아오지 못할 길을 떠나는 나그네의 눈물로 해석할 수도 있다.

바쇼는 이상적인 하이쿠俳句가 되려면, 한적함을 뜻하는 '사비'さび, 가벼운 일상을 의미하는 '카루미'軽み, 심오한 깊이가 있어야 한다는 '호소미'細み가 있어야 한다고 말했다. 이 시의 한적함, 가벼운 일상,

심오한 깊이가 모두 담겨 있다. 여기에는 자잘한 이해利害나 번거로운 인간관계를 초월한 아름다운 순간이 담겨 있다.

하이쿠의 생략기법 역시 와비사비와 관계있다. 독자는 자신의 상상력으로 생략된 공간을 채워야 한다. 하이쿠는 미완성의 암시다. 하이쿠는 독자의 상상력에서 완성된다. 이러한 태도가 하이쿠적 커뮤니케이션이다. 메시지에 집착하지 않고, 서로 마음을 열어 정답을 찾기보다는 여러 의견에 귀 기울이는 태도이다. 차를 마시며 대화를 나눌 때 느끼는 분위기와 비슷하다.

'와비'わび란 가난함이나 부족함 가운데에서 마음의 충족을 끌어내는 미의식의 하나이다. 서글프고 한적한 삶에서 아름다움을 느끼고, 탈속脫俗에까지 승화되는 경지, 바로 가난함貧의 미의식이다. 모든 것을 버리고 인간의 본질을 붙잡으려는 정신이다. '사비'寂, さび란 한적한 곳에서도 더없이 깊고 풍성한 것을 깨닫는 미의식이다. 단순한 호젓함이 아닌, 깊이 파고드는 고요함, 그 속에서 한없는 깊이와 넓이를 깨닫는 미의식이다.

영화, 침묵과 정지의 아름다움

일본의 뛰어난 애니메이션이나 영화에서도 이러한 '차분하고 깊은 멋'을 만나곤 한다.

미야자키 하야오宮崎駿 감독의 「센과 치히로의 행방불명」이나 「모노노케 히메」 같은 일본 애니메이션을 볼 때, 우리는 월트 디즈니 애니메이션과는 왠지 다른 정지된 화면과 침묵의 아름다움을 느낄 때가 있다.

장면이 빠르고 세세하게 지나가는 미국 애니메이션과 달리, 일본 애니메이션은 가끔 화면의 정지되면서 침묵의 공간이 형성되곤 한다. 물론 처음에는 경제적인 이유로 그림 숫자를 줄이다 보니, 디즈니랜드 영화보다 일본 만화영화의 인물 움직임이 부자연스럽게 보였으나,

이러한 경제적인 이유가 나중에는 오히려 일본의 미학을 살리는 요인이 되었다. 오랫동안 영상이 정지되어 있을 때, 마치 정물화를 감상하듯이 일본 애니메이션에 빠지게 되는 것이다.

비교컨대, 디즈니 애니메이션을 보는 관객은 수동적의 태도가 되는데, 일본 에니메이션을 볼 때는 관객이 능동적으로 상상하며 참여하게 된다고 한다. 디즈니 만화영화는 수동적인 팬을 양상하며 강력한 계몽주의적 담론을 재생산하는 반면, 일본 애니메이션은 능동적인 관객을 훈련시키

는 열린 텍스트를 전제하면서, 중독성 있는 메시지를 세뇌시킨다. 바로 정지와 침묵의 공간이 있기에 관객이 그 사이를 상상력으로 메우면서 생기는 능동적 현상이라 할 수 있겠다. 이 또한 와비사비 미학이 자연스럽게 녹아들어간 현상이라고 할 수 있겠다.

한국인들이 보면 왜 울까 싶을 정도로 일본인들이 눈물 흘리며 보던 「철도원」이라는 영화가 있었다. 평생 눈발이 날리는 호로마이 역을 지키는 주인공 오토는 아이가 아파도, 아내가 병원에서 죽어가도, 기차 하나만 바라보고 산다는 영화다. 오토는 철도시간에 맞추느라 딸과 아내의 죽음조차 보지 못했다. 철도부의 관리에서 이제는 스키장에 취직하게 된 동료 스기우라와 달리 오토의 삶은 너무나 적적하기만 하다

이러한 오토의 삶을 보며 눈물 흐리는 일본인 관객의 마음에는 무엇이 있을까? 삶의 중심에서 완전히 비켜나간 여백과 같은 오토의 삶에 무슨 매력이 있기에 이 영화를 보며 그리도 많은 사람이 울었을까? 그것은 바로 와비사비 정조 때문이다. 힘 빠지고 쓸쓸한 아름다움은 이 영화에서 중요한 기능을 한다. 젊은 청년이었던 오토가 반백의 노인이 되어 쓸쓸히 기차를 기다리는 모습은 와비사비의 절정을 보여준다. 보잘 것 없는 한적함과 가난 속에서 가난함에서 제 자리를 지켰던 오토를 보며, 그 쓸쓸함에 감동의 눈물 흘렸던 것이다.

또는 1990년대 일본 문화의 부활을 알린 기타노 다케시北野武 감독의 「하나비」1997나 「소나티네」1993에서도 와비사비 미학은 이용되었다.

화면이 갑자기 건너뛰면서 이야기가 과감히 생략되거나, 그럴 때마다 감독 자신이 그린 그림이 끼어들어 화면이 오래간 정지되고 침묵의 공간을 만들어내거나 하곤 한다. 이 또한 와비사비 미학이랄 수 있겠다.

와비사비와 동양문화

와비사비의 미학은 수필, 와가和歌 하이쿠, 회화, 조각, 건축, 정원 유리, 도자기, 차도茶道, 음악, 무도 뿐만 아니라, 일상 언어에서도 나타난다. 가령 안녕하세요는 일본어로 "곤니찌와"今日は인데, 우리말로 직역하면 그저 "오늘은…" 하고 여운을 둔 말에 불과하다. 뒷말이 어떻듯 인사가 되는 것이다. 일종의 생략과 여운을 즐기는 것이다.

하지만 패전 후 일본은 와비사비와 반대의 길을 걸었지만, 도쿄라는 대도시를 둘러싼 시타마치下町 지역은 옛날 그대로 보존되어 있어서 옛날 전차도 볼 수 있다. 분명히 일본인들은 옛것의 그윽함을 즐기고 있는 것이다. 그 그윽함을 한번 경험하면 그립기까지 하다. 나 역시 가끔 가마쿠라의 맛차가 그립고, 시타마치에서 살 때 다다미방 건초 냄새가 코끝에 어른거리곤 한다. 그 그윽함은 돈으로도 환산할 수 없는 가치이다.

나는 와비사비 미학이 일본만의 독특한 문화라고 생각하지는 않는다. 동양문화 곳곳에 그러한 요소는 숨어 있다. 그러기에 서로 와비사비를 통해 대화할 가능성이 있다.

첫째, 가난과 고독에 찌들어 사는 것이 아니라, 그것을 오히려 풍성하게 받아들이는 와비사비의 미학은 우리의 풍류風流와도 통한다. 가령 지금은 잊혀져가는 한恨의 문화도 그러하다. 한스러움을 남에게 탓하지 않고 판소리나 마당극으로 만들어낸 우리 선인들의 지혜도 그러하다. 고독과 자연과 빈궁함을 즐기는 강진에 있는 다산 정약용 유배지 건물도 와비사비 미학과 통한다. 인간의 고독과 빈궁함은 이렇듯 오히려 넉넉함을 만들어 내곤 한다.

둘째, 와비사비의 미학은 다른 동양 문화와 대화할 여지를 준다. 거대함과 신선함과 떠들썩함이 근대화의 키워드로 되어 있는 이 시대에 와비사비의 미학을 회복함은 동아시아 공동의 집을 만드는 검소한 태도가 아닐까 생각해 본다.

이제, 다소 비좁아 보이는 공간에서 당신을 모시려는 일본인이 있다면, 정성을 다해 와비사비의 마음으로 대우하는 것으로 받아들이고, 마음껏 그윽한 분위기를 누리시기를.

동네 입구에 있던 한반도의 **솟대는**

일본에 가서 **어떻게 '토리이'로 변하는가?**

솟대와 토리이, 127면을

3부 이야기의 문화콘텐츠

7장 왜 놀부보쌈인가?

_ 한국 「흥부전」과 일본 「혀 잘린 참새」

8장 아기장수와 잇순보시의 정치적 무의식

_ 한국 「아기장수설화」와 일본 「잇순보시」

7

왜 놀부보쌈인가?

_ 한국 「흥부전」과 일본 「혀 잘린 참새」

1. 민담과 타자이해

한국에 간 일본인 유학생들은 '놀부보쌈'이라는 식당 이름에 한번쯤 궁금해한다. 놀부가 무엇인지? 「홍부와 놀부」를 읽고, 용서할 수 없는 놀부와 홍부가 어떻게 함께 사는지? 심술쟁이 놀부가 어떻게 '놀부보쌈' 같은 좋은 이미지로 바뀌었는지 의아해한다.

외국인의 궁금증은 문화교육의 첫단계가 된다. 그 궁금증을 함께 풀다 보면, 그 자체가 한국 문화를 설명하는 기회가 된다. 놀부보쌈과 「홍부와 놀부」를 통해 한국문화[1]를 설명하면 효과가 있다는 것을 필자는

1 일본에 소개된 「흥부전」은 金聲律 · 田中梅吉 『興夫傳』(大阪 : 大阪屋號書店, 1927), 洪相圭 역주 『沈清伝 · 興夫伝』(東京 : 高麗書林, 1975), 申在孝 『パンソリ』(姜漢永 · 田中明 역주, 東京 : 平凡社, 1982) 등을 참고했다.

여러 번 확인했다. 특히 「홍부와 놀부」를 일본의 「혀 잘린 참새」舌切り雀와 비교해서 일본인에게 설명하면 더욱 의미있는 결과를 얻을 수 있다. 두 작품은 세계 각국어로 번역되어 자국의 문화를 알리는 역할을 하고 있다. 두 작품을 비교 연구하는 것은, 자국은 물론이고 타자의 문화를 이해하는 첫 길이 될 것이다.

이 글의 연구 목적은 첫째, 한국의 「홍부와 놀부」와 일본의 「혀 잘린 참새」에 나타난 상징과 인물 비교를 통해 두 나라의 문화를 분석하는 것이다. 둘째, 비교를 통해 한국문화를 설명하는 방법을 정리해 보려 한다.

셀 수 없는 판본으로 변형을 거듭했고, 지금까지 소설·만화·연극·뮤지컬·컴퓨터 게임 등으로 패러디parody 되고 있는 두 이야기를 연구하기 위해, 비교 이전에 연구대상이 될 텍스트를 정하는 것은 쉽지 않다. 방대한 판본을 모두 검토하는 것은 이 글의 목적이 아니다. 가장 일반적으로 알려져 읽히고 있는 판본을 연구 대상으로 삼으려 한다.

「홍부전」은 『신재효 판소리 사설집』강한영 교주, 연세대학교인문과학연구소, 1969을 중심으로, 「홍부가 창본」김봉호 편, 『판소리 창본집』, 백문사, 1991, 강도근·박봉술 「홍부가(송만갑 판)」이국자, 『판소리 연구』,정음사, 1987를 연구대상으로 삼으려 한다.

「혀 잘린 참새」는 13세기 설화집 『우지슈이 모노가타리』[2]宇治拾遺物語,

2 197개의 이야기가 실려 있는 중세의 설화집 『우지슈이 모노가타리(宇治拾遺物語)』는 1212~21년경에 누군가에 의해 편집된 것으로 추정된다. 중세의 설화집이 헤

1212~21, 岩波書店, 1960에 「참새의 보은 이야기」雀報恩事라는 이름으로 처음 그 원형이 기록되어 있다. 이후 셀 수 없이 변형된 이야기들이 많은 책에 실려 있다. 그중 가장 일반적으로 알려진 원형은 『桃太郎 · 舌きり雀 · 花さか爺』関敬吾 지음, 岩波書店, 1956와 『민화의 여행』民話の旅, 永田義直지음, 芸艸堂, 1976에 실려 있는 판본이다.

몽고의 「박 타는 처녀」와 「홍부전」의 일치성을 설명한 최남선의 「몽고의 홍부 놀부」1922 이래로 「홍부전」에 대해 셀 수 없는 연구[3]가 이루어졌다. 「혀 잘린 참새」는 연구사는 물론 판본 연구[4]만 해도 쉽게 정리할 수 없는 문헌사를 갖고 있다. 연구사만을 써도 두 작품은 단행본 이상의 연구과제가 된다. 그래서 연구사보다는 필요한 대목에서만 중요한 연구를 인용하려고 한다.

2. 이야기의 기원 · 포맷 · 현대성

기원 : 작자미상의 공동창작

두 작품 모두 누군가에 의해 만들어져 입말로 구전口傳되었다가, 글로

이안[平安] 왕조의 귀족문화에 대한 동경이나 불교적인 교훈을 주제로 편찬되었는데 『우지슈이 모노가타리』는 희극적이며 해학적이다. 「도깨비 혹 따오기(鬼のこぶ取り)」·「허리 굽은 참새(腰折り雀)」 등 설화가 실려있다.

3 김홍규, 「판소리 研究史」, 조동일 · 김홍규 편 『판소리의 이해』, 창작과비평사, 1978.

4 小池藤五郎 「記録と基礎として 『舌切り雀』説話の研究」 『立正大学科学研究所年報』 (立正大学科学研究所, 1970)

옮겨져 알려진 작품이다. 그만치 많은 사람이 창작 과정에 참여했기에 특정 집단의 생각에 담겨 있다고 할 수 있겠다.

지금까지 「흥부전」의 근원에 대해서는 고유설화, 고유설화와 외래설화의 혼합, 몽골설화, 불교설화라는 네 가지 갈래로 추론되었다. 그 중에도 가장 가까운 근원설화로 지목되어 온 몽고의 「박 타는 처녀 설화」를 보자.

어떤 처녀가 창하窓下에서 바느질을 하고 있는데 거기 한 마리 허리 부러진 제비가 첨하檐下에서 떨어졌다. 처녀는 불쌍히 생각하여 적赤 백白 청靑 흑黑 황黃의 오색五色 실로 발을 묶어 주었다. 제비는 좋아라고 공중空中으로 날라 가더니 조금 있다가 어디서인지 박씨 한 개를 물고 와서 처녀 앞에 두고 갔다.

처녀는 그것을 뜰에 심었더니 얼마 못 되어 이삭이 나고 가지가 돋고 하여 박이 열렸다. 박이 점점 자라나서 성숙하였을 때에 처녀는 그것을 따서 꼭찌를 따고 본 즉 그 속에 쌀이 가뜩 차 있었다. 그것으로 밥을 지어 먹었다. 날마다 박 속에서 쌀이 나오므로 처녀의 집은 부자가 되었다. 이웃집에 심사 좋지 못한 처녀가 있어 그것을 선망羨望하여 제 집 첨하에서 제비를 끄집어 내려 일부러 허리를 짤라서 전 처녀와 같이 오색五色 실로 묶어 주었더니 그 제비도 공중으로 날라 가서 역시 박씨를 갖다 주었으므로 그 처녀는 이웃 처녀보다 더 많은 보물을 얻도록 빌면서 그것을 심었다. 역시 가지가 돋고 박 한 개가 열렸으므로 이웃 처녀보다 크게 박 아가리를 따고 본 즉 그 속에서 큰 뱀 한 마리가 기어 나왔으므로 그 처녀는 기절하였다.[5]

한국과 몽골의 문화적 유사성은 너무 많다. 칭기스칸의 10대조인 보포차르의 어머니가 빛을 받아 세 아들을 낳았다는 신화와 고구려의 주몽 설화, 공기놀이 · 자치기 · 굴렁쇠 굴리기 · 몽골인들의 식탁에 자주 오르는 신선로, 신부 얼굴에 칠하는 연지臙脂 등 몽골문화와 유사성을 갖는 우리 문화는 너무 많다. 하지만 어느 쪽에서 먼저 이야기가 만들어졌는지를 밝히는 것은 쉽지 않다. 손진태는 「홍부전」의 기원에 대해 "이것도 몽고의 그것이 조선에 수입되었다고 하기보다는 원대元代에 허다許多히 몽고蒙古에 귀화한 고려여성들을 통하여 몽고에 전파된 것이 아닐까"[6]라는 설을 내놓는다.

사실 「홍부와 놀부」 이야기는 누가 언제 처음 지었는지 모른다. 1870년 고종高宗때 동리桐里 신재효申在孝, 1812~1884가 떠돌던 이야기를 판소리 「박타령」이라는 제목으로 창화唱化했다. 그는 열두마당 판소리를 정리했는데 「박타령」은 그중의 하나였다. 신재효가 정리한 「박타령」은 현재 중요 무형문화재 제5호로 등록되어 있다. 작품의 명칭은 「박타령」 · 「박홍보가」 · 「홍보가」 등의 판소리계와 「홍부전」 · 「연의 각」 · 「장홍보전」 등의 소설계로 다르게 나타나는데 현재 조사된 이본의 수는 37종이다.

또한 「홍부전」은 설화적 구조와 유형에 따라, 악하고 착한 형제가 등장하는 '형제선악담'兄弟善惡譚, 동물이 사람에게서 은혜를 입으면 반드시 보답한다는 '동물보은담'動物報恩談, 박 속에서 한없이 물건이 나오듯

5 손진태, 『韓國民族說話의 硏究』, 을유문화사, 1947, 137~138면.
6 손진태, 같은 책, 138면.

어떤 물건에서 한없는 재물을 쏟아내는 '무한재보담'無限財寶譚의 세 유형으로 나누어져 왔다.

「혀 잘린 참새」도 작가와 연대 미상의 민담이다. 일본에서는 한국의 '옛날이야기'民譚에 해당되는 이름은 '무카시바나시'昔話다. 일본의 전래 동화 '무카시바나시'는 장르 개념이 있기 오래전부터 사용되어 온 명사이고, 할머니 할아버지 입으로 구전되어 내려 왔다는 개념이 강하다. 물론 문헌으로 전승된 경우도 포함한다. 가령 무로마치室町 시대부터 에도江戸 시대 초기에 만들어진 아녀자와 노인을 위한 소박한 이야기 모음책인 『오토기조시』御伽草子[7]에는 옛날 이야기昔話로 알려진 「분쇼조시」文正草子 「하치카즈키」鉢かづき 「니주시코」二十四孝 「잇슨보시」一寸法師 「우라시마타로」浦嶋太郎 등이 들어 있다. 『오토기조시』御伽草子처럼 문헌에 의해 전승되어 온 이야기들도 그 시초는 누군가의 입에 의해 만들어졌으며 '무명無名 작가'에 의해 재창작되었다는 의미에서 무카시바나시의 연구대상이 된다.[8]

무카시바나시는 한국의 전래동화처럼 "옛날 옛적 한 곳에 할아버지 할머니가 살았습니다"라는 상투적 문구로 시작되는 경우가 많은데 「혀

7 『오토기조시(御伽草子)』는 전란으로 인해 하극상이 만연하고, 문학의 전승자도 귀족과 승려에서 점차 일반 민중으로 바뀌어 가는 중세문학에서 근세문학으로 이어지는 과정에서 나타난다. 남북조의 기코모노가타리(擬古物語)에 이어 근세 초기의 가나조시(假名草子) 이전까지 성행한 300여편의 이야기를 말한다. 통속적이고 알기 쉬운 내용의 『오토기조시』는 중세 이후 무사계급과 서민층이 사회의 전면에 등장하면서 크게 유행했다.

8 関敬吾, 『日本の昔話』(東京:日本放送出版協会, 1977), 63~67면.

잘린 참새」가 대표적인 작품이다. 「혀 잘린 참새」는 「복숭아 도령」桃太郎, 「원숭이와 게의 싸움」猿蟹合戰, 「꽃 피우는 할아버지」花開爺, 「딱딱 산」かちかち山와 함께 '5대 오토기'御伽, 동화[9]로 말해지고 있다. 문헌에 따르면 모두 15세기 무로마치室町 말엽부터 18세기 에도 시대江戶時代 중엽에 걸쳐 확립되었다. 최인학 교수는 819명의 일본인에게 앙케이트를 조사하여, 일본인이 좋아하는 민담은 1위 「모모타로」에 이어 2위 「혀 잘린 참새」, 3위 「잇순보시」, 4위 「딱딱 산」 순서[10]라는 결과를 보고했다. 이렇게 「혀 잘린 참새」는 일본인의 대중적 인기를 누리는 이야기다.

중요한 것은 한국의 「홍부전」이나 일본의 「혀 잘린 참새」가 구전 과정에서 수많은 무명 작가에 의해 수정되면서, 전승되어온 적층문학積層文學이라는 점이다. 전승傳承과정에서 수많은 사람들의 생각과 해석이 들어갈 수밖에 없다. 민담은 단순한 공상의 소산이 아니라, 민담은 현실생활의 반영이며, 혹은 사회생활을 주요내용으로 해서 성립된 것이다. 따라서 옛날 이야기에서 우리는 당시 시대와 지역과 민족이라는 특정공동체의 의식구조를 엿볼 수 있는 것이다.

형식 : 비슷한 포맷

두 작품은 모두 비슷한 포맷을 갖고 있다. 일단 두 작품의 내용을 구성에 따라 분리하여 본다. 먼저 「홍부전」을 보자. 번호는 필자가

9 武田正, 『日本昔話の伝承構造』(東京:名作出版, 1992), 232면.
10 崔仁鶴, 『韓日昔話の比較研究』(東京:三弥井書店, 1995), 322면.

달은 것이다.

① 충청 · 전라 · 경상 3도道의 어름에 심술쟁이 형 놀부와 착한 아우 흥부가 살았는데, 놀부는 부모의 유산을 차지하고 흥부를 내쫓았다.

② 아내와 자식들과 함께 쫓겨난 흥부는 움집을 짓고 가난하게 산다.

③ 어느날 놀부 집으로 쌀을 구하러 갔으나 매만 맞고 돌아온다. 부부는 품팔이를 해봐도 먹고 살 길이 없어 대신 매를 맞으려 하나 그것도 안 된다.

④ 다리가 부러진 제비를 흥부가 싸매주자. 이듬해 봄 박씨 하나를 물어다 준다.

⑤ 흥부는 그 박씨를 심었는데, 박 속에서 금은보화가 나와 큰 부자가 되었다.

⑥ 놀부가 그 소식을 듣고 제비 새끼의 다리를 일부러 부러뜨려 날려 보냈다.

⑦ 이듬해 놀부는 제비가 가져다준 박씨를 심었는데, 그 속에서 온갖 몹쓸 것이 나와 집안이 망한다.

⑧ 흥부는 놀부에게 재물을 주고, 뉘우친 놀부와 형제가 화목하게 산다.

한편 「혀 잘린 참새」舌切雀는 다음과 같다.

① 옛날 할아버지와 할머니가 살았는데, 할아버지는 참새를 귀여워하며 키웠다.

② 할머니는 세탁을 하는데, 참새가 풀을 먹어 버렸다. 화가 난 할머니는 참새의 혀를 잘라 버린다.

③ 혀 잘린 참새는 울면서 산으로 간다. 할아버지가 돌아와서 할머니에게 사정을 듣고 실망한다. 참새를 걱정한 할아버지는 다음날 산으로 떠나 참새를 발견한다.

④ 완전히 나은 참새는 할아버지께 감사한다며 진수성찬으로 대접한다. 대접을 실컷 받은 할아버지는 날이 저물자 돌아가려고 한다.

⑤ 참새는 궤짝 두 개를 선물한다. 할아버지는 "늙어 걷기도 힘드니 가벼운 쪽을 가지겠네"하고 작은 궤짝을 가지고 집에 왔는데, 그 안에 보물이 가득 있었다.

⑥ 할머니는 그것을 보고 "왜 큰 궤짝을 받아 올 것이지, 그 속에 더 많은 보물이 들어 있을 텐데" 라고 하자 할아버지는 "그런 말하면 못쓰오." 하고 타이른다.

⑦ 다음날 할머니도 산에 가서, 참새를 만나 음식을 대접받는다. 돌아갈 때 두 궤짝을 내놓자 할머니는 "나는 몸이 건강하다"며 큰 궤짝을 받아 집으로 돌아온다.

⑧ 집에 들어와 궤짝을 열자, 뱀 돌멩이 등이 잔뜩 들어 있었다.[11]

「혀 잘린 참새」는 지역에 따라 다른 점이 많다. 가령 「참새의 보은 이야기」雀報恩事, 『우지슈이 모노가타리(宇治拾遺物語)』의 심술 할머니가 받은 것은 박이었는데, 이후 판본에서 상자つづら로 바뀐다. 그리고 ③이

11 『桃太郎 · 舌きり雀 · 花さか爺』(関敬吾 지음, 岩波書店, 1956. 68~71면) 『民話の旅』(永田義直 지음, 芸艸堂, 1976. 140~143면), 한국어 번역본은 이시이 모모코가 지은 그림책 『혀 잘린 참새』(김난주 옮김, 비룡소, 2002) 등이 있다.

지역에 따라 다르다. 가령 소와 말을 많이 기르는 고베가 있는 효고현兵庫縣에서 전래된 판본에서는 참새를 만나기 위해 할아버지가 소와 말을 씻은 더러운 물을 마시는 장면이 삽입되기도 한다.

두 작품이 ④번까지가 전개 부문이라면,⑤번에서 두 사람 중에 한 사람이 복을 받는 장면이 「흥부전」과 「혀 잘린 참새」에서 동일하게 나타난다. 또한 이야기가 지루해질 중간쯤에 노래가 삽입되는 것도 두 작품 모두 같다.

[흥부전] 진양 시르릉 시르릉 톱질이야. 에이여루 당기여라 톱질이야
이 박을 타거든면 아무것도 나오지 말고 밥 한통만 나오거라,
에이여루 당기여라 톱질이야.
시르릉 시르릉 당기여라, 톱질이야.[12]

[혀 잘린 참새] 혀 잘린 참새야, 오라 오라 오너라
혀 잘린 참새야 어디 갔니, 어디로
(舌切雀 来い来い来い / 舌切雀 どこへ行った。)[13]

위 노래들은 대칭되는 두 인물이 모두 한번씩 부른다. 흥부가 박을 자를 때도 부르고, 놀부가 박을 자를 때도 부른다. 할아버지가 참새를 찾으러 갈 때도 부르고, 할머니가 참새를 찾으러 갈 때도 부른다. 이로

12 「흥부가(송만갑 판)」,이국자, 『판소리 연구』, 정음사, 1987, 231면.
13 永田義直、『民話の旅 · 西日本編』, 141면.

인해 작품은 음악성을 띠고 재미있게 된다.

⑥, ⑦번에서 욕심쟁이가 복을 차지하려고 애쓰는 장면이 두 작품에서 동일하게 나타난다. 결말부 ⑧은 판본에 따라 그 결말이 많이 다르다. 그 결말을 간단히 권선징악勸善懲惡이라 할 수 있겠으나, 「혀 잘린 참새」는 판본에 따라 많이 다르다. 할머니가 뱀에게 먹히기도 하고, 죽기도 하고, 뱀에 놀라 방에서 기어나오기도 한다. 반면 「홍부전」은 모든 판본에서 '홍부는 놀부와 함께 행복하게 살았다'는 화해형으로 끝난다.

두 작품은 이만치 그 구조가 비슷하기도 하고 차이도 있다. 그런데 비슷하다는 이유로 「홍부전」이 일제 시대 때 내선일체內鮮一體 교육을 위해 교과서에 실려 있었다는 연구[14]는 주목된다. 1915년에서 1921년에 걸쳐 전6권으로 간행된 『普通學校朝鮮語及漢文讀本』에 「혹부리 영감」과 「홍부전」이 실려 있다. 이렇게 「홍부전」은 「혀 잘린 참새」를 연상시키며, 그 유사성이 강조되어 내선일체의 이데올로기에 동원되기도 했다.

현대성 : 다시 만들어지는 이야기

「홍부전」을 모르는 한국인이 있을까? 「혀 잘린 참새」를 모르는 일본인이 있을까? 한국인과 일본인은 누구든 그림책, 인형극, 만화 등으로 어린 시절에 이 작품들을 대한다. 두 작품 모두 교과서에 자주 실리는

14 김용의, 「민담의 이데올로기적 성격」, 『日本硏究』 14권, 중앙대학교 일본연구소, 1999.

고전이다.

「홍부전」의 계보系譜에서 중요한 것은 등장인물 홍부와 놀부가 각자 선인과 악인으로 대표되는 전형典型이 되었다는 사실이다. 한국근대소설에서 구두쇠로 꼽히는 인물들 가령 염상섭 장편소설 『삼대』1931의 조의관, 이기영 장편소설 『고향』1936의 안승학, 김남천 장편소설 『대하』1939의 박성권, 채만식 장편소설 『태평천하』1938의 윤직원은 모두 놀부의 변형이다. 이 '놀부형 인간'들은 거짓 족보를 만들어 양반이 되려 하거나, 여색과 몸보신 그리고 재산모으기에 혈안이 되어 있다. 이들 소설들은 놀부 이미지를 강화하고 확대하여 1930년대 천민자본주의에 대한 풍자 혹은 적개심을 드러내고 있다.

이러한 고정관념을 바꾼 작품은 최인훈의 「놀부뎐」(『한국문학』, 1966. 봄호. 현암사)이다. 그는 옛 이야기를 패러디parody 한다. 유산을 상속받은 놀부는 애써 5년 만에 큰 부자가 된다. 한편 사기꾼에게 속은 홍부는 알거지가 되고 만다. 게다가 홍부 자식들은 게으르기 짝이 없다. 어느날 놀부는 홍부가 돈을 물쓰듯 한다는 소문을 듣고 홍부집에 가서 자초지종을 캐묻는다. 이에 홍부는 제비 다리를 고쳐 주었다는 얘기를 하지만, 놀부는 거짓말 마라고 윽박지른다. 홍부는 산에서 온갖 보화가 들어 있는 큰 철궤를 발견해 가져왔다고 사실대로 말한다. 고생하여 돈을 벌었던 놀부는 제자리에 갖다 놓으라고 한다. 홍부와 놀부는 철궤를 지고 산으로 가다가 관원에게 잡힌다. 그 궤는 봉고파직한 전라감사가 숨겨뒀던 것인데, 없어지자 나졸을 매복해 뒀다가 이들을 잡은 것이다.

결국 이들은 옥에서 온갖 수모를 겪다가 죽고 만다는 내용이다.

「홍부전」이 조선시대 농민들의 꿈을 담았다면, 최인훈의 「놀부전」은 1960년대의 욕망을 형상화했다. 당대 4·19, 5·16 등 큰 사건과 60년대 근대화 작업은 '돈이 인생의 전부' 라는 천민자본주의의 확산을 불러일으켰다. 최인훈은 황당하기도 하고 허무하기도 한 「놀부뎐」을 통해 변모된 사회상을 이야기하려 했다. 홍부와 놀부를 모두 죽게 하여 천민자본주의의 비인간성을 고발했던 것이다.

이청준의 판소리 동화 『홍부가』파랑새 어린이, 2005도 주목된다. 이청준은 신재효의 「박타령」등 여러 판소리 창본에서 재미있는 장면을 선택하여 재창조한다. 매 맞고 돌아온 홍부가 절망에 빠졌을 때 스님이 나타나 집터를 잡아 준다는 일화는 신재효 판본에 나오는 대목이다. 놀부가 담장 밖으로 집어던진 다섯 번째 박통에서 나온 금은보화는 박봉술 창본에 나오는 이야기다. 이외에 『Hungbu and Nolbu』글송이, 2001 같은 영어교재들도 많이 나와 있다.

「혀 잘린 참새」 역시 여러 방식으로 재창조되었다. 전쟁기였던 1937년 고단샤講談社에 발간된 그림책 시리즈다. 이 그림책 시리즈는 일본의 민담과 영웅들 등 당시 최고의 디자인으로 제작되었는데, 그중에 『舌切雀』가 있다. 특히 주목되는 것은 책 뒤에 실린 「후방에서 제1의 책무는 자제 교육에 있어銃後第一のつとめは子弟の教育にあり」라는 글이다.

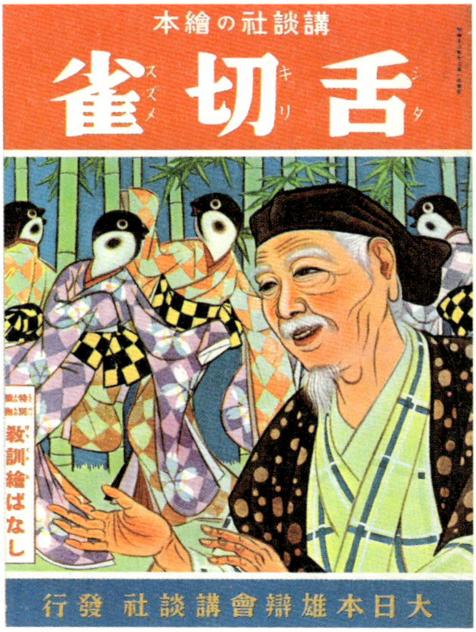

고단샤 본 「혀 잘린 참새」(1937)

"이 때에 어린이들 단련시키라. 이 때 어린이를 강하고 밝고 현명하게 인도하라"는 것은, 식자識者가 말하시는 것입니다. 그림책도 이 점을 깊게 고려해서, **모두 일본정신日本情神에 빛나는 재료를 선택해 놓았습니다.** 따라서 이것을 보는 아이는, 자신도 모르는 사이에 그 혼을 닦아, 반드시 훌륭한 인물이 되리라 확신합니다.[15]

일본정신을 깨닫게 하기 위해 이 책을 만든다는 말이 주목된다. 이후 "아이가 잘 되면, 집이 더 밝아집니다. 따라서 일본국日本國은 더욱 강성해 집니다."라는 말이 이어진다. 이렇게 옛날 이야기는 군국주의 일본정신에 충성하는 아이를 키우기 위해 이용되었다. 당시는 아동도 '황국국민'皇國國民으로 호명되었던 시기였다. 이 그림책 시리즈는 옛날 이야기만 있는 것이 아니라, 당시 전쟁 영웅들을 미화한 그림책과 같이 판매하고 있었다. 위의 책 뒷부분에 보면, 전쟁 영웅을 찬미하는 그림책 「충용미담」忠勇美談, 또한 중일전쟁을 미화한 「지나사변미담」支那事變美談

15 『舌切雀』(講談社, 1937).

중일전쟁 등 전쟁 영웅들의 무용담을 미화하는 1937년판 일본 그림책

같은 책이 소개되어 있다. 그리고 그 광고문에는 "이 그림책에는, 용감한 일본 육군, 해군, 공군의 눈부신 활약을 눈으로 보듯이 묘사한 명화가 가득 차 있습니다"라고 써 있다. 당시 아이들은 언젠가는 일본의 군인이 되어 대동아공영권의 용사가 될 '황국국민'[16]이었다. 이렇게 당시 일본의 그림책은 고전을 통해 일본정신을 교육시키고, 직접적으로 전쟁 영웅들의 무용담을 교육하는 내용이었다. 옛날 이야기가 군국주의에 이용되었던 것이다.

이에 비해 다자이 오사무太宰治, 1909~1948가 소설집 『오토기조시』御伽草子, 1945를 통해 다른 시각으로 옛날 이야기를 펼쳐 보인다. 태평양전쟁 말기의 폭격을 피해 방공호 속에서 두려워 하는 딸아이를 위해 「혹부리 영감」등 전래동화를 읽어 준다. 그 동화들은 작가의 상상력과 만나 쏠쏠한 재미와 기지가 번뜩이는 동화소설로 탈바꿈한다. 이 소설집은 민담을 새롭게 해석하여 별개의 이야기로 창작[17]한 책이다. 바로 이 소설집에 패러디 단편소설 「혀 잘린 참새」가 실려 있다.

할아버지는 쓸모없는 남자이고 무능한 사람이었다. 할아버지는 모자란 가장으로 할머니에게 무시를 받는다. 그렇다고 우울한 가장은 아니다. 날아든 참새를 귀여운 첩 삼아 살아가는 세상에서 빗겨난 아웃사이더이다. 할머니는 하녀로 있다가 결혼했기에 할아버지의 모든 시중을 들어준

16 김응교 「이찬의 일본어 시와 친일시」, 『이찬과 한국근대문학』(소명출판, 2007. 117~123면)을 참조 바람.

17 太宰治 『太宰治全集』第 7 劵, 東京: 筑摩書房, 1975, 297면.

다. 할아버지는 할머니가 아닌 참새와만 진정한 대화를 나눈다. 할머니는 참새 소리가 젊은 아가씨의 목소리라는 것을 알고 질투를 느껴 혀를 자른다. 할아버지는 참새를 찾아 숲에 가서 만나고 벼이삭을 선물로 받아 집으로 돌아온다. 할머니는 숲 속의 참새 집을 찾아 참새의 선물인 금은보화가 담긴 고리짝을 지고 오다가 얼어 죽는다. 할머니가 지고 온 금은보화 덕분인지는 모르나, 할아버지는 높은 관직을 얻는다. 그리고 그 모든 노고는 할머니 덕분이라는 대화체로 끝맺는다. 이 소설에서는 지금까지 '선인(할아버지) / 악인(할머니)'라는 도식을 해체시켜 버린다. 다자이의 「혀 잘린 참새」에는 악인과 선인이라는 경계를 없애고, 상생相生을 염원하는 결론이 그려진다. 그의 이러한 태도는 전쟁에 대해 반대하는 의도로도 읽힌다.

일본의 무카시바나시(이야기)는 뮤지컬로 만들어지기도 했다. 1975년 신주쿠 기노쿠니야 홀에서 초연 후 30년동안 600회 이상 공연을 한 뮤지컬 「야마비코」Tales of The echo, 메아리가 싱가포르(95년), 중국(2000년), 뉴욕(2002년), 베트남(2003년), LA/샌프란시스코/뉴욕(2004년), 서울(2005년) 등 해외공연을 해왔다. 이 뮤지컬은 베스트셀러 작가 아리요시 사와코가 9개의 일본 전래동화를 하나의 이야기로 묶어 만든 창작 뮤지컬이다. 소녀가 옛날을 그리워하며 무심코 던진 '야호'라는 메아리를 통해 「모모타로」桃太郞, 「카치카치야마」딱딱산 이야기, 「토끼와 거북이」, 「나그네와 말」, 「여우와 너구리」, 「우라시마타로」浦島太郞, 「선녀와 어부 이야기」, 「원숭이와 게 이야기」, 「꽃 피우는 할아버지 이야기」등의 이야기가 이어지며, 소녀는 순수한 마음을 염원하며 살게 된다는 내용을 담았다.

또한 애니메이션 「오토기조시」2004도 총 24편으로 만들어졌다. 시대극 분위기에 맞는 미술적 효과와 정적인 배경화면이 아름다운 만화영화다. 니시쿠보 미즈호가 감독을 담당하며, 공각기동대SAC의 각본을 맡은 사쿠라이 케이키가 구성과 각본을 맡았다.

이렇게 「홍부전」과 「혀 잘린 참새」는 무명 작가들의 공동창작, 그리고 비슷한 형식, 마지막으로 현재까지도 대중적 인기를 누리고 있다는 점이 유사하다.

3. 상징비교와 문화이해

샤머니즘의 상징, 제비와 참새

한 민족에게 전해지는 민담에서 동물 상징은, 그 민족이 일구어 온 문화적 틀에서 이해해야 한다. 그 민족이 살아온 자연적 환경이나 역사에 따라, '동물'에 대한 평가가 달라진다. 이렇게 민담에 나오는 동물 상징은 그 나라의 고유한 문화를 나타내는 표상表象이다. 우리는 동물 상징을 분석하여, 공동체의식을 파악할 수 있다. 그런 의미에서 「홍부전」의 제비와 「혀 잘린 참새」의 참새는 한국인과 일본인의 공동체의식을 나타내는 상징이라 할 수 있겠다.

첫째, 「흥부전」의 제비나 「혀 짤린 참새」의 참새는, 모두 '인간 세상에 내려온 신의 전령傳令'이다. 한국의 마을 입구에는 장승, 솟대, 서낭당이 있다. 이른바 마을을 지켜주는 마을 지킴이들이다. 이중에 솟대 위에는 새가 앉아 있다. 마을 입구에 놓이는 솟대는 마을의 안녕과 수호, 그리고 농사의 풍년을 위해 마을 사람들이 당제 때 마을 입구에 세우는 신앙대상물이다. 몽골과 시베리아 샤머니즘에서는 성스런 나무divine tree, 서낭목가 서낭당때로는 성황당 마당 중심에 놓여 있는데, 솟대 역시 성스러운 역할을 했던 상징물이다. 높은 이 고목古木을 통해서 하늘의 신과 인간의 마음이 통한다고 고대인들은 생각했다.[18] 「혀 잘린 참새」의 참새는 역시 같은 의미를 갖는다. 한국과 일본은 모두 몽골 샤머니즘의 영향을 받아 새가 신의 전령으로 표현되었다는 것은 앞에서 서술한 바 있다.

솟대

한반도에서 건너간 사람들에 의해 문명이 시작된 아스카 문명에서도 새는 여러 가지로 표현되어 있다. 일본 관서지방의 도시 나라奈良에

18 높이 솟은 나무는 비단 원시종교인 샤머니즘 뿐만 아니라. 기독교의 높은 교회 첨탑, 불교의 탑 등 거의 모든 종교에서 그 변형을 볼 수 있다. 몽골 샤머니즘의 솔로모드와 한국의 솟대, 내몽골 촌락의 수호신 고목(古木)인 샹싱과 한국의 장승은 모두 유래가 같다. 이것들은 라캉(J. Lancan, 1901~1981)이 말한 남성권력 팔루스(phallus)와도 통한다.

일본의 토리이

있는 아스카飛鳥에 대해 살펴보자. 한반도에서 바다를 일본으로 건너간 사람들, 이른바 '도라이진'渡來人은 신성한 지역을 정하고, '솟대'를 세웠다. 그리고 그 지역을 날아가는 새, 즉 아스카飛鳥라고 불렀다. '하늘을 나는 새' 비조飛鳥, 아스카는 창공에 드높이 세운 장대끝에 날아와 앉아 편히 쉬면서 고국땅 천신天神의 복된 전갈을 지상에 알려주는 사자使者였다. 이 솟대가 큐슈에서 관서지역을 거쳐, 관동지역으로 가면서, 나무 끝에 있던 새가 사라지고, 두 개의 기둥 위로 나무가 가로 얹어져 오늘날 어느 진자神社에서나 볼 수 있는 토리이鳥居로 변한다. 새가 없어진 대신, 정면에서 보면 날개끝을 위로 치켜든 모양의 '토리이'는 한자 그대로 '신의 전령인 새토리, 鳥가 있다이루, 居る'는 말이다. 이렇게 일본의 토리이는 솟대에서 연유되었다.[19]

나무 끝에 새가 있다는 것으로 속세와 성스러운 터전을 구분했던 것이다. 이렇게 샤머니즘 세계에서 새가 신과 인간을 오가는 전령傳令의 임무를 갖고 있다는 점에는 「홍부전」의 제비나 「혀 잘린 참새」의 참새는

19 諏訪春雄(編) 『巨木と鳥竿』(東京:勉誠出版、2001), 大和岩雄, 『秦氏の研究』(東京:大和書房, 1993), 大和岩雄 『日本にあった朝鮮王国』(東京:白水社,1993), 大和岩雄 『神々の考古学』(東京:大和書房,1998)

그 기능이 유사하다.

둘째, 두 이야기에서 제비와 참새는 복을 가져다 주는 존재다. 본래 새 자체가 신의 복을 전해주는 전령으로, 솟대 위에 상징적으로 앉아 있다.

> 솟대는 장대와 그 위에 앉힌 새로 구성된다. 새는 오리, 갈매기, 기러기, 따오기, 해오라기, 왜가리, 까마귀 등 여러 가지로 나타나지만 거의 대부분은 물새이자 철새라는 점에서 공통점을 보이며, 그 대표적인 새는 오리이다. 물론 장승과 마찬가지로 마을의 주신으로 모셔지기도 하지만 대개는 하위신의 신격을 나타낸다.[20]

여기서 솟대 위에 앉아 있는 새는 대부분 '철새'라는 점이 주목된다. 여기에는 봄이 빨리 오기를 바라는 농경사회의 바램이 담겨 있다. 제비는 철새다. 제비는 3월 삼짇달에 맞춰 와서 봄을 알려주고, 음력 9월 9일에 강남으로 떠나 겨울의 시작을 알려 준다. 그래서 "제비가 빨리 오면 풍년이 든다"는 속담이 있다. 제비가 빨리 오면 그만치 봄이 빨리 오고, 그만큼 일조량이 길어져 벼농사가 잘된다는 오랜 경험에서 생겨난 속담[21]이다. 인간이 사는 집 처마에 둥지 틀고 살다가 먼 여행을 떠나려는

---

20 주강현, 『굿의 사회학』, 서울, 웅진출판, 1992, 147면.
21 김종대, 「제비」, 『우리 문화의 상징체계』, 다른세상, 2001, 365~366면.

피곤한 제비의 다리가 부러졌다는 설정은 「흥부전」 작가가 어느 정도 자연의 순리를 깊히 파악하고 있었는가를 보여준다.

특히 제비는 비가 오는 것을 알리는 새다. "제비가 목욕을 하면 비가 온다", "제비가 물을 차면 비가 온다"는 말은 오랜 경험에서 나온 말이다. 비가 내리기 전에 저기압이 되는데, 이때 곤충들은 몸이 젖는 것을 막기 위해 땅으로 내려 온다. 이 때문에 제비도 먹이를 찾으려고 어쩔 수 없이 따라 내려오는 것이다. 그 모습을 보고 "제비가 땅을 스치며 낮게 날면 비가 온다"는 과학적인 사실이 되었다. 까만 제비가 날개를 펴면 긴 꼬리와 함께, '제비족'이라는 말이 생긴만치 제비는 멋지다. 제비는 보통 처마밑에 집을 짓고 알을 낳고 새끼를 키우기 때문에 사람들에게 환영을 받는다. 암수 한수가 새끼를 함께 키우고, 한쌍이 울기 때문에 소리도 듣기 좋다. 이러한 제비는 총명한 영물靈物 혹은 길조吉鳥로 보였을 것이다.

이에 반해 「혀 잘린 참새」에서 나오는 참새는 일본인에게는 무엇보다도 친밀한 새다. 첫 장면부터 친밀한 참새를 그려낸다.

옛날이었습니다. 할아버지와 할머니가 살고 있었습니다. 할아버지는 산에 풀 깎으러 갔습니다. 산에 간 할아버지가 도시락을 나무가지에 걸쳐 놓았는데, 참새가 와서 도시락을 먹어 버렸습니다. 할아버지가 도시락을 먹으려고, 도시락을 열어보니 참새가 자고 있었습니다. 할아버지는 참새를 귀하게 키웠습니다. "오총, 오총"이라 부르며 키웠습니다.(まあ、昔がありました。爺と婆とがありました。爺は山へ柴刈り

に行きました。山へ行って、爺が弁当を木の枝につっておくと、雀が來て弁当を喰ってしまいました。爺が弁当を喰おうと思って、弁当をひらいて見ると雀が寢ていました。爺は雀をとらえて大事に育てました。「おちょん、おちょん」と呼んで育てました。)[22]

참새는 농사를 위해 해충을 잡아 먹기도 한다. 슬픔에 젖어 있는 사람들과 함께 놀아주는 새다. 『고지기』古事記의 「아메노 와카히코 이야기」天若日子物語를 보면, 울고 있는 딸을 위해 아버지인 신神이 여러 새를 내려보내, 딸과 함께 춤추며 놀게 하는데 그 새 중에 참새가 있다.[23] 또한 에도시대 때는 참새 등 작은 새를 키우는 것이 유행이었다. 일본 전통 무용 중에 참새와 노는 참새춤 즉 스즈메오도리雀踊도 있다. 사람 곁에 쉽게 볼 수 있는 참새는 여러 민담「腰折れ雀」「雀孝行」「雀の仇討」「雀酒屋」「雀とり話」에서 복을 가져다 주는 존재로 등장한다. "곡식을 쪼아먹는 새"이기에 곡영신적穀靈神的 존재[24]이면서 착한 새로 인식되었다. 그래서 일본의 동물설화 182화 중에 41회 등장하는 원숭이에 이어, 참새는 19회 등장하여 등장동물 빈도순위[25]에서 2위를 차지하고 있다.

하지만 참새는 농작물을 망치는 농부의 적이었다. 불교의 영향으로 무사 외에 육식을 삼가하던 일본인들[26]은 근대에 들어서면서 참새를

---

22 関敬吾 編 「舌きりの雀」『桃太郎 · 舌きり雀 · 花さか爺』, 東京:岩波文庫, 1596, 68면. 번역은 인용자.

23 日本風俗史学会, 『日本風俗史事典』, 東京:弘文堂, 1994, 5면.

24 『日本昔話事典』, 東京:弘文堂, 1977, 484면.

25 김용의 「한일동물설화의 비교연구(1)」, 『일본어문학』, 한국일본어문학회, 2001, 97면.

없애기 위해서 야키토리焼き鳥 혹은 쿠시야키串焼라는 참새 구이 요리를 장려하게 되었다. 이렇게 참새는 일본인들에게 친근하면서도 귀찮은 존재였다. 「혀 잘린 참새」에서 참새는 할아버지에게는 사랑스러웠고, 할머니에게 귀찮은 존재였다.

셋째, 두 이야기에서 제비와 참새는 신의 사신이기에 선악을 관장한다. 흥부와 놀부는 제비의 판단에 따라 복을 받거나 벌을 받는다. 그런데 그 벌을 주는 방법이 두 작품이 각기 다르다.

> ① 아니리 이렇듯 발원發願했것다. 그때에 놀보 제비도 강남을 들어가 강남 대왕전에 현신하고 놀보의 전후 죄상罪狀을 낱낱이 아뢰이니, 대왕이 듣고 크게 노하여 이르기를, "천하에 죽일 놈을 여태껏 두었구나" 그 즉시 보수포報讐匏 박씨를 내어 주면서 "이것 갖다 놀부 놈에게 주고 그놈의 원수를 갚아라" 저 제비 받아 물고 삼동三冬을 기다리는듸, 그때에 놀부놈은 제비를 바라고 기다리것다.[27]

> ② "혀 잘린 참새야, 할머니가 왔다."라고 하니,

---

26 "귀족 사회는 아침과 저녁 두 끼로 형식화됐고, 살생금지령에 따른 식육금지 때문에 영양실조가 발생했다. 얼마 후 귀족들의 형식적인 식사 풍습 등을 혁파하는 무가정신이 다시 대두되었다. 무사는 항상 심신을 단련하여 전쟁에 대비하지 않으면 안 되었기 때문에 사냥 등이 부활하였고, 부식으로 고기를 먹을 수 있도록 식사 관습이 바뀌었다. 삼식주의(三食主義)도 정착되어 무가의 시대가 이루어졌다."(김응교, 「살아있는 요리 박물관을 가다」, 『일본 문화의 힘』, 윤상인 외 지음, 동아시아, 2006. 213면.)

27 김봉호 편, 「흥부가 창본」, 『판소리 창본집』, 백문사, 1991,146면.

"잘 오셨어요"라고 하며,

접대실로 맞아들이더니 대접을 극진히 하였다. 돌아오려는 때에,

"할머니, 선물을 드리려 하는데 어느것이 좋은가요?"하고 묻는다.

"그럼, 큰 것으로 다오."

그리하여 할머니는 큰 고리짝을 겨우 짊어지고 왔다.

「舌切雀や、婆さんが来たじょ。」と言うと「よう来ておくれた」と

座敷へ通して、ご馳走をしてくれた。そして、帰る時に、

「お婆さん、お土産をあげようと思うが、どっちがええか。」と聞くので、

「ほな、大きい方をもろうていぬるわ。」

と、お婆さんは大きなつづらを、やっと背負って帰っていった。[28]

①「홍부전」에서는 제비가 궁전에 들어가 제비대왕에게 놀부의 죄상을 고하고, 제비 대왕은 놀부 사건을 악행으로 판단하고, '원수를 갚는 박'인 보수포報讐匏 씨앗을 제비에게 준다. 놀부는 그래도 피할 방도가 있었다. 박을 심지 않고, 또한 크게 자란 박을 자르지 않는다면 처벌을 피했을 것이다. 그러나 놀부는 참을 수 없는 욕심으로 계속 연이어 박을 타면서 고배를 마시게 된다. 반면 ②「혀 잘린 참새」는 참새가 두 가지 고리짝을 제시하였고, 그 고리짝에서 뱀, 도마뱀, 도깨비가 쏟아져 나와 욕심꾸러기인 할머니가 스스로 몰락하게 한다. 할머니가 욕망에 따라 큰 고리짝을 선택하는 것은 놀부와 다르지 않다.

그런데 ①의 제비와 ②의 참새가 다른 것은 미운 상대방을 대하는

28 永田義直,『民話の旅 · 西日本編』, 142면.

방법이다. ①에서는 처벌을 그대로 표현하여 한국인의 직정直情적인 마음을 그려내고 있다. ②에는 어디에도 직접적인 처벌을 언급하는 대목이 없다. 말그대로 자신의 속마음인 혼네本音를 직접적으로 드러내지 않은 일본인의 타테마에建て前 문화가 문장에 잘 표현되고 있는 것이다.

서민 생활의 상징들 : 뱀, 풀, 소, 말

「홍부전」에서, 뱀은 지붕에서 제비를 떨어뜨려 다치게 하는 부정적인 존재다. 사실 한국 민담에서 징그러운 뱀이 부정적인 의미만을 갖지는 않았다. 마을에서 뱀신이 보여지는 등 상서로운 존재가 될 때도 있었고, 허물을 벗고 새로 태어나는 뱀은 재생 혹은 영생의 상징으로 표현될 때도 있었다.[29] 「홍부전」에서 뱀은 부정적인 사건을 유발시키는 불길한 존재다. 그저 자연적인 재앙의 의미이다.

「혀 잘린 참새」는 더욱 잔혹한 장면이 나온다. 세탁하던 할머니가 풀糊, のり을 아먹은 참새의 혀를 잘라 버린 것이다. 값싼 풀을 았다고 참새를 혀를 자른 할머니의 마음은 잔혹하기만 하다. 혀를 자르는 장면은 전국시대戰國時代의 참혹한 형벌을 반영하는 것이 아닐까?

그런데, 왜 풀을 먹었다고 그렇게 잔인하게 혀를 잘랐을까? 풀이라 하면 접착제만 생각하는데, 풀에 대해 몇 가지 다른 생각을 해볼 수 있겠다.

---

29 한국 민담에 나타난 뱀 상징에 대해서는, 김종대, 「뱀」(같은 책, 212~235면)을 참조.

풀 먹는 참새. 1937년 고단샤 판

첫째, 풀은 의류와 관계 있다. 할머니가 빨래할 때 풀のり을 옆에 두었던 것으로 볼 때, 세탁물을 빳빳하게 하려는 쓰이던 풀이었을 것이다. 기모노에 풀을 먹여 빳빳하게 했던 것은 비단 근대뿐만 아니라, 헤이안平安시대, 무로마치室町 시대에도 있었다. **둘째, 풀은 일본 음식의 역사와도 관계가 있다.** 일본 밥의 역사 볼 때, 풀과 같은 죽お粥은 너무 많다. 물을 타서 묽게 만든 '히메 밥ヒメ飯'은 씹는 맛이 느껴지는 밥에 비해 거의 죽처럼 부드럽다고 해서 여자姫 같은 밥이라고 표현했다. 무로마치 시대 말에 나타난 미소みそ도 처음엔 낫또를 넣어 풀처럼 만들어 먹었다. 이처럼 풀 같은 죽かゆ은 일본의 주된 음식이다. **셋째, 풀의 일본어 발음 '노리'のり는 법法의 발음이기도 하다.** 그래서 참새가 '노리를 먹었다'는 것은 '법을 어겼다'는 말로 해석할 수도 있다는 것이다. 참새가 법을 어겼기에 혀를 잘린, 즉 말舌할 권리를 빼앗긴 상징이 아닌가 추론[30]하기도 한다.

이처럼 풀은 접착제, 의류를 위한 도구, 음식 등으로 쓰이는 귀한 음식의 상징이었다. 풀은 당시 서민 생활의 한 부분이었다. 그것을 참새가 먹으니 할머니가 화가 났을 법 하다. 어느 지역에서는 참새가 풀이 아니라, 작고 달디단 경단단고, 団子를 먹었다[31]고 전해지는데, 그것 역시 풀과 마찬가지로 식생활 용품을 먹은 경우가 된다. 따라서 풀이 되든 경단이 되든 참새를 통해 당시의 중요한 식생활과 풍습을 드러내는 것이다. 할아버지가 혀가 잘려 떠난 참새를 찾다가 소와 말이 나오는 장면도 재미있다.

"소먹이꾼이여, 소먹이꾼이여, 우리집 혀 잘린 참새의 간 곳을 아는가?"

"아는 건 알고 모르는 건 모르오. 하지만, 이 물통에 있는 소 씻은 물 세 그릇 마시면 가르쳐 드리죠."

"그 자리에서 할아버지가 목동의 말대로 세 그릇의 물을 마시자, 목동의 말,

---

30 海野弘、「糊」『雀はなぜ舌をきられたか』, 東京:講談社, 1986, 9~164면.

31 永田義直、『民話の旅 · 西日本編』,136면.

"저쪽으로 가면 말먹이꾼이 있지요. 그 말먹이꾼에게 물어 보시오."

그래서 할아버지가 말먹이꾼에게 가서 다시 물어 보았다.

"이 봐요, 말먹이꾼아, 말먹이꾼아, 우리집의 혀 잘린 참새의 간 곳을 아는가?"

"이 말 씻은 물 세 그릇 마시면, 알려 드리죠."

할아버지가 그 자리에서 세 그릇을 마시자,

"그러면, 저쪽에 대나무 숲이 있지요. 거기서 베를 짜고 있으니, 가 보시오."

「牛追いどん、牛追いどん。うちの舌切雀はどこに行ったか、知らんかの」

「知っとることは知っとすし、知らんことは知らん。けどなの、この桶に牛の洗い水三ばい飲んだら、教えてやるかな。」

さっそくお爺さんは、この言葉通り飲むと、牛追いはこう言った。

「向こうへ行ったら、馬追いどんがおるけ。その馬追いどんに聞け」

そこでお爺さんは、その通り行ってみると、馬追いどんがおったので、聞いてみた。

「のう、馬追いどん、馬追いどん。うちの舌切雀は、どこへ行ったか知らんかの。」

「その馬の洗い水を、三ばい飲んだら、教えて聞くかしょ。」

お爺さんはそこで、また三ばい飲むと、

「それ、あの向こうに竹藪があっての、そこで機織りよるさかい、行ってみたい。」[32]

---

32 永田義直、『民話の旅 · 西日本編』, 141면. 번역은 인용자.

한글 번역문만 읽으면 어느 지역인지 알 수 없으나, 일본어로 읽으면 할아버지의 대화 상대인 소먹이꾼과 말먹이꾼이 모두 사투리를 쓰고 있는 것을 볼 수 있다. "知っとることは知っとすし、知らんことは知らん" 표현은 전형적인 효고현兵庫県 사투리다. 물론 소와 말은 중세시대의 신화나 신앙과도 관계가 있다. 그리고 농민에게 중요한 가축이다. 그런데 특히 위 판본이 전승된 효고현은 옛부터 지금까지 소 기르는 지역으로 유명하다. 지금도 유명한 '고베 와인'http://www.kobewine.co.jp/은 포도와 소를 함께 길러, 포도 껍질을 먹고 자란 소고기를 바베큐로 하여 포도주를 마시는 관광지로 유명하다. 「혀 잘린 참새」이야기가 효고현에서 전승되는 과정에서 소먹이꾼과 말먹이꾼 이야기가 삽입된 것으로 추정된다.

란생卵生의 변형, 박

흥부를 기쁘게 한 박,
놀부의 가슴을 서늘케 한 박,
박은 한국의 메시아였던 것이다.33

「홍부전」의 박은 특별한 의미를 갖는다. 일본의 다른 이야기에서도 박이 나온다. 13세기 설화집인 『우지슈이 모노가타리』宇治拾遺物語,

33 이어령 『흙속에 저 바람 속에』, 문학사상사, 2002, 238면.(일본어판 『韓国人の心』, 東京:学生社, 1982. 237면)

1212~21, 岩波書店,1960에 실린 「참새의 보은 이야기」雀報恩事를 보면, 수박이 아니고, 박으로 되어 있다. 「허리 부러진 제비」腰折り雀에는 박이 나온다. 그리고 수박도 나온다. 시네마현에서 전래되어 온 이야기를 보면, 할머니가 허리 뼈가 부러진 제비를 치료해 주었더니 다음해 제비가 씨앗 하나를 가지고 왔는데, 그 씨앗을 심었더니 커다란 수박이 열렸다고 한다. 할머니가 수박을 잘랐더니 수박 씨앗이 모두 목공이 되어 할머니를 위해 집을 지어 주었다고 한다.[34]

황패강 교수는, 일본의 신화에서 박이 나오는 것은 한국 신화의 영향으로 고구려 주몽처럼 알에서 태어나는 '란생卵生의 변형'[35]으로 보고 있다. 일본의 민담 「모모타로우」桃太郎에 나오는 복숭아桃도 알의 변형이고, 「홍부전」의 박 역시 '란생의 변형' 중의 하나라는 것이다. 「홍부전」은 처음부터 한번도 바가지가 바뀐 적은 없었다. 희망도 없는 홍부가 제비의 다리를 고쳐주고, 그 덕에 박씨를 받았는데, 그야말로 '대박'이 터진다.

홍부의 첫 번째 박에서는 죽은 사람을 살리는 환혼주還魂酒 등 불로초, 불사약 등 귀한 술과 약재들이 나온다. 두 번째 박에서는 자개 함롱, 삼층장, 동래반상, 안성유기 등과 『동문선습』, 『사략』, 『통감』, 『논어』, 『맹자』등이 나온다. 열심히 공부하면 신분이 변화되었던 당시의 상황을 나타내고 있다. 세 번째 박에서는 벼 5천석 등 온갖 곡식이 쏟아져

34 田中瑩一, 「日本民話に見る日本人の生活感情」, 『초등교육연구』, 부산대학교 초등교육연구소, 1996, 381면.

35 황패강, 『일본신화의 연구』, 지식산업사, 1996, 70면.

나온다. 가난한 농민들이 바라던 식의주食衣住가 모두 쏟아져 나온다.

이야기의 절정에서 박이 등장하는 것은 그만치 박이 당시 꼭 필요한 용품이었기 때문이다. 바가지는 "박을 켜서 두 쪽으로 낸 그릇이다. 더운 것을 담아도 뜨겁지 않고 물에 뜨기 때문에 쇠붙이그릇으로는 못할 많은 기능을 한다."[36] 이어령은 좀더 철학적으로 설명한다.

> 슬픔이요 때로는 분노이기도 한 그 가난의 공간에 박넝쿨이 올라가면 주거공간은 생산공간으로 바뀌고 한맺힌 공간은 또한 낙원처럼 심미적인 공간으로 바뀌는 것이다……(중략)……박의 역설은 그것만이 아니다. 모든 열매는 그 열매 속에 그 값어치를 간직한다. 그러나 유독 박만은 열매 속을 다 도려내고 그 빈 껍데기만이 남게 될 때 비로소 바가지가 되어 제 구실을 한다. 실實보다 허虛, 이것이 바가지의 생활이념이다……(중략)……여러가지 다목적 기능을 띠게 된다. 샘에 띄우면 두레박이 되고 뒤주 속에 넣으면 됫박이 되어 도량형기의 구실을 한다. 크기와 형태를 이용하면 어떤 용기도 다 대신할 수 있다. 종지도 되고 사발도 되고 놀이판이 벌어지면 막걸리를 퍼 마시는 술잔과 춤추고 노는 탈바가지가 되기도 한다. 바가지가 깨어져 더 이상 쓸 수 없게 되면 그때는 거름을 퍼내는 똥바가지가 되어 다시 또 요긴하게 쓰인다. 어떤 남루한 가난도 박의 역설 앞에는 무력했다. 그래도 가난이 쓰라리면 한국인들은 자라는 박을 보고 흥부의 박을 생각하며 부자가 되는 것이다.[37]

---

36 이훈종, 『민족생활어사전』, 한길사, 1992, 289면.

명문이기에 조금 길게 인용했다. 일본에서도 박을 쓰기는 하지만 한국만치 다양한 용도로 쓰지는 않는다. 보다 중요한 것은 「흥부전」의 절정에서 박의 기능이다. 특히 박에서 나오는 물건들은 당대 현실에서 유용한 것이며, 놀부의 박에서 나온 인간 군상들 역시 당시 실재하는 인물이었다. 흥부에게 박은 '대박'이었고, 놀부에게 박은 '쪽박'이었다.

놀부의 첫째 박에서는 상제喪制가 나와 제물祭物 값을 요구한다. 둘째 박에서 무당이 나와 굿판 비용을 달라며 조른다. 박에서 나온 이들은 수백 수천의 거지떼, 풍각쟁이패, 사당패, 초라니패, 짐꾼들과 양반들이 섞어 있었다. 이 인간들은 바로 놀부에게 수모를 받아 망했던 인물, 곧 하층 유랑민들이었다. 이들은 놀부가 추구했던 자본의 방식, 똑같은 자본의 논리로 놀부를 망하게 한다.

이렇게 현실의 박은 낭만적이고 환상적이지만 해결의 수법은 지극히 현실적이다. 이렇게 박을 통해서 무명의 작가는 디테일 면에서 조선 후기 경제적 실상을 반영한다.[38] 구체적인 일상 용품들 하나하나가 지루할 정도로 길게 나열된다. 치밀하고도 현실감 있는 디테일로 민담적 구조를 탈피하고 조선 후기의 세태를 명확히 반영하고 있는 것이다. 이만치 박은 「흥부전」에서 한국인의 심성을 알리고, 당대 사회를 디테일하게 묘사하는 기능을 한다.

---

37 이어령, 『한국인의 손, 한국인의 마음』, 디자인 하우스, 1996, 57면.

38 권순긍, 「조선후기 경제동향과 빈부갈등-『흥부전』」, 『한국고전소설』, 숨비소리, 2006, 307~308면

4. 놀부 한국학

놀부 / 흥부

놀부에 대한 골계적滑稽的 표현은 「흥부전」 미학의 백미이다. 놀부의 인간성은 자신을 되돌아 보는 교육적 도구로 사용되어 왔다. 먼저 놀부의 악행을 보자.

[잦은몰이] 놀부 심사心思 복작시면, 대장군방大將軍方 벌목伐木허고,
삼살방三煞方에 집 짓게 하고, 오귀방五鬼方에다 이사 권코,
계골計骨할 제, 벼 감추며, 불난데 부채질,
소대상小大喪에 제청祭廳 치고, 야장夜葬할 제 왜장 치고,
혼대사婚大事에 패싸움줄, 다 된 혼인婚姻 파헤치며,
장場에 가면 억매 흥정, 회상 술값 억지 쓰기,
미나리꽝에 소 몰아 넣기, 고추밭에 말 달리며,
애동 호박에 말뚝 박고, 늙은 호박에 똥 칠하고
똥 누는 놈 주저앉히고, 우는 아이는 똥 먹이고,
길 가운데 허방 놓고, 애밴 부인婦人 배통 차고,
술잔든 놈 멱살 잡고, 소경보면 인도引導하여 개천開川에다 밀어넣고,
길 가는 과객過客 양반兩班 재울듯이 붙잡았다 해지면 내쫓고,
옹기甕器 짐으 작대기 차고, 앉는 이는 다리 걸고
앉는 이는 다리 걸고, 이 아픈 놈 빰치고,
배 앓는 놈은 간질이고, 모자帽子위에 돌 던지고

다담상茶啖床에 흙 퍼붓고, 제주병祭酒瓶에는 개똥 넣고,
사주병蛇酒瓶에 오줌 싸고, 새 망건網巾 편자 끊고,
새 갓 보면 땀때 떼고, 짚신 보면 앞총 끊고,
앉은뱅이는 태껸하고, 곱사등이는 뒤집어 놓고 다듬잇돌로
눌러 놓고,
절름발이는 딴죽 치며, 수절과부 모함하고,
물 인 계집 입 맞추고, 여승女僧 보면 겁탈劫奪하고,
이웃집 늙은이가 잠이 곤히 들었을 제
훌떡 벗겨진 이마를 대 꼭지로 탁 때리고 먼산 보고 웃음
웃네[39]

판소리 「홍부전」은 처음엔 '아니리'로 천천히 배경 설명을 하다가, 곧 빠른 '잦은몰이'로 숨차게 전개된다. 놀부 심술 타령이라는 대목인데, 거의 50여가지 심술이 나열된다. 상상하기도 힘든 악행을 일삼는 이가 놀부다. 여기서 선인은 영원한 선인이고, 한번 악인은 영원한 악인이다. 놀부의 인간성에 대한 평가는 「홍부전」 연구의 주제가 되어 왔다. 김태준은 『조선소설사』1939에서 '선인=홍부/악인= 놀부'라는 전형적인 구도[40]를 고착시켰고 이후 이러한 의견은 일반적인 의견이 되었다.

「홍부와 놀부」라는 제목이 암시하듯 이미 제목에서 누가 옳은지 가치 평가를 하고 있다. 가령 『춘향전』을 보면, 분명 이몽룡과 성춘향의

39 김봉호 편, 「홍부가 창본」 『판소리 창본집』, 백문사, 1991, 112~113면.
40 김기동 『이조시대 소설론』(1959), 신기형 『한국소설발달사』(1960).

사랑 이야기인데, 남존여비男尊女卑를 근본으로 삼았던 조선 사회에서, '이몽룡전'이라고 하지 않고, '춘향전'이라고 했던 것과 마찬가지다. 「흥부전」의 주인공은 흥부밖에 없었다. "형과 아주 달라 부모에게 효도하고 어른에게 존경하며, 이웃과 화목하고 친구에게 신의 있어, 굶어서 죽게 된 사람에게 먹던 밥을 덜어주고, 얼어서 병든 사람 입었던 옷 벗어주기, 늙은이의 짊어진 짐 자청하여 저다주고, 남의 집에 불이 나면 세간 지켜주고, 길에 보물이 빠졌으면 지켜 섰다 임자 주기, 청산에서 백골 보면 깊이 파고 묻어주며, 수절과부 보쌈하면 쫓아가서 빼어 놓기, 애잔한 놈 횡액 보면 달려들어 구원하기, 길 잃은 어린아이 저의 부모를 찾아주"는 흥부만이 「흥부전」의 주인공이었다. 그런데 어느 순간부터 주인공이 바뀌기 시작한다.

이러한 전통적 평가는 1950년대에 주왕산의 『조선고대 소설사』1950를 통해 비판된다. 주왕산은 흥부를 "형제간의 의리만을 찾아 형만을 의존하려는 생활의식은 다 저 유교교리에 중독되어 생산방면에서 유리된 까닭" "흥부는 형도 의존할 수 없게 되면 요행을 바라 힘 안 들이고 박씨 같은 것을 얻어 졸지에 부귀를 누리고 싶어하는 인물"이라고 혹평했다.

이후 60년대 말 이후 흥부가 비판되고 놀부가 재평가되기 시작했다. 조동일은 흥부는 몰락 양반의 표상으로, 놀부는 신흥하는 천부賤富의 표상으로 보았다. 따라서, 흥부와 놀부 사이의 갈등은 이미 있어 온 사회·문화와 앞으로 있어야 할 사회·문화 사이의 갈등으로 볼 수 있다는 것이다. 조동일에게 흥부는 구질서의 표상이고, 놀부는 새 질서의 표상이었다. "홍부가 지닌 몰락 양반의 무능을 조롱하며 놀부의 진취적인 능력에 친근감을 갖는 관점은 상인을 중심으로 하는, 대두하는 새 세력의 입장이라 할 수 있다"[41]며 놀부의 입장을 두둔하였다. 조동일의 견해에 대하여 이론異論을 제기한 이는 임형택이다.

임형택은 놀부를 경제적 이익 때문에 가부장적 윤리까지 거부했으며 사회윤리마저도 파괴한 인물로서 결국 '무한한 이익 추구열' 때문에 자멸했다고 했다. 즉 박을 켜면서 엄청난 손실을 입지만 결코 중단하지 않는 점은 노름꾼 심리, 요행심이라는 것이다. 이에 비해 흥부는 재물을 갖고 형제간에 다툴 수 없어서 순순히 물러서는 성인이었으며 생활을 위해 양심이 허락하는 범위에서 필사적으로 노력했다는 것이다. "흥부를 무기력하며 게으르고 현실에 어두운 자로 보아 넘긴 태도에 대해서도 수긍할 수 없다"[42]고 한다. 또한. 애초에 박속을 지져 먹고 바가지는 팔아서 쌀을 얻으려고 했을 뿐 놀부 같은 사행심은 없었다는 점을 지적했다. 그는 흥부의 승리는 양심과 성실이 승리한 것이며 놀부의 패배는 반사회, 반도덕적 이기주의의 패배로 이는 사회모순에 대한 서민층의 준열한 재판이었다고 결론지었다. 조동일과 임형택의 대립된 입장[43]은 이후 서대석 등의 학자들에 의해 이어졌다.

41 조동일, 「興夫傳의 兩面性」 『啓明論叢』5집, 대구:계명대학교, 1969, 18~23면.

42 임형택, 「흥부전의 역사적 현실성에 관한 연구」, 『文化批評』 통권4호, 亞韓學會, 1962. 12. 15. 818면.

43 이상택, 「흥부 놀부의 인물평가」, 장덕순 외 『한국문학사의 쟁점』, 집문당, 1986, 540~549면.

놀부 보쌈, 포스트 모던시대의 욕망

실제 한국에서 「홍부전」을 교실에서 아이들과 토론할 때 어떤 현상이 일어나고 있을까? 놀부가 악인이라고 말하는 학생 수는 줄고 있다고 한다. 이강엽 교수는 「홍부전」을 학생들에게 가르쳤을 때, 그 반응은 이전과 다르다며 "홍부는 고생고생하다가 끄트머리에 가서야 겨우 잘 살게 되고, 놀부는 잘 살다가 잠시 망했지만 곧 동생 홍부의 도움으로 다시 잘 살게 됩니다. 만약 세상이 이렇다면 나라면 놀부를 하겠다. 뭐하러 홍부를 해요?"[44]라고 적고 있다. 실제 서울 시내 초등학생들의 보고서는 최근 놀부상이 얼마나 변해 있는가를 보여준다.

흥부는 가난한 자신의 처지에서 발전하려는 의지가 없었다. 더 잘해 보려는 노력도 의지도 없이 **벼락치기 부자가 된 흥부**와 지금도 충분하지만 더 갖고 싶은 마음에 죄를 짓게 된 놀부. 그런 두 사람을 착하다, 나쁘다라고 단정할 수는 없다.(서울 용동초6, 김소라)

흥부가 별 노력을 하지 않고 부귀영화를 얻는 것은 복권 당첨과 비슷하다고 할 수 있다. 자신이 땀 흘려가며 벌지 않은 돈은 가치가 없다.이야기가 더 길었다면 흥부는 스스로 절제할 줄 모르고 마음이 변할 것이다. 흥부의 부귀영화는 땀흘려 일해서 얻은 게 아니기 때문이다.(광주 마재초5, 범진석)

주인공을 단순히 착하다, 나쁘다 라고 평가하는 것보다 **흥부는**

---

44 이강엽, 「다시 생각하는 '권선징악'」, 『강의실 밖 고전여행』, 평민사, 1998, 177면.

'무책임한 사람', 놀부는 '현실에 만족하지 못하는 욕심쟁이'라고 표현하는 게 더 효과적이다.(경기 하남초6, 이학준)[45]

아이들의 토론에서 흥부는 예전과 달리 '벼락치기 부자','복권 당첨자', '무책임한 사람'으로 평가되기도 한다. 따라서 놀부에 대한 비판도 일방적이지 않고 흥부와 함께 비판하거나, 혹은 놀부가 칭찬되기까지 한다.

첫째, 놀부는 입지전적인 인물로 재평가 되고 있다. 놀부는 조선후기, 상업이 발전하면서 신분제도가 의미 없게 될 무렵, 재산의 중요성을 인식하여 큰 부자가 된다. "물 좋은 논에 모를 붓고, 구렁논에 찰벼하고, 살진 밭에 면화하기, 자갈밭에 서숙 갈고, 황토밥에 참외 놓으며, 비탈밭에 담배하기, 토옥한 밭에 팥을 갈아, 울콩 불콩 청대콩이며, 동부 녹두 기장이며, 참깨 들깨 피마자를 사이사이 심어"두는 놀부는 분명 부지런한 농민이었다. 조선 후기에 이루어진 이앙법(모내기)의 보급은 농업 경제를 발전시켰으며 농민들의 노동력을 절감시켰다. 이에 따라 광범위한 농작지를 경영하는 경영형經營型 부농富農이 나타났다. 놀부는 바로 경영형 부농이었다. 부모님이 남겨준 재산을 동생에게 한푼도 주지 않고 혼자 챙겼기에 착하지는 않지만, 분명 똑똑하다는 농민이었다.

둘째, 놀부는 합리적인 경영 마인드를 갖고 있었다고 한다. 그의 '냉철함'은 현대에 사는 우리에게 필요한 덕목이기도 하다. 놀부가

---

45 안선모, 「흥부와 놀부 입장서 생각을」, 『조선일보』, 2005년 9월 5일.

동생의 부탁도 거절할 만한 판단력은 오늘의 시대에 필요하다고도 한다. 놀부가 부자가 된 것은 당시 묘자리를 잘 잡았다든지 하는 풍수의 영향[46]이 아니다. 놀부는 오히려 '남의 선산先山에 투장偸葬하기, 야장夜葬할 때 왜장치기, 지관地官을 보면 패철佩鐵 깨고, 계골計骨할 때 뼈 감추기' 등 당시의 풍습을 정면으로 조롱한다. 놀부는 철저히 현실적이고 합리적이었다. 나아가 벤처정신이 있었다고 한다. 개척자정신이 있었기에, 실패는 했지만 박을 끝까지 잘라보는 시도를 했다는 것이다.

이렇게까지 놀부에 대한 관념은 역전되었다. 최근 잘 팔리는 아동도서 중에 『놀부는 어떻게 부자가 됐나요?』삼성당, 2002라는 책도 있다. 이 책은 아이들에게 어떻게 하면 돈을 벌고 모을 수 있는가를 짧은 이야기로 가르치는 책인데 책 내용 중에 놀부 이야기는 한편도 없다. 단지 '놀부는 어떻게 부자가 됐나요?'라는 한마디로 이 책은 손님의 이목을 끄는 것이다. 이러한 현상은 현재 한국사회가 얼마나 탈계몽주의로 향하고 있는지를 보여주는 예라고 할 수 있겠다. 이러한 시대적 욕망을 간파하고 나선 것이 바로 주식회사 놀부다. 이 회사는 놀부에 대해 새로운 이미지를 내놓는다. 이 회사는 놀부를 "매우 창조적 인간형"이라면서 혁신적인 브랜드 해석을 내놓는다.

---

46 정출헌 교수는 「심청전」, 「흥부전」에 나타나는 풍수담은 필수적인 작품 내적 요소로 기능하기 보다는, 당대의 민중적 색채를 드러낸 것이라고 분석한다. 흥부가 '선영의 음덕'으로 부자가 되었다고 놀부에게 했던 말도 풍수사상에 대한 믿음이라기보다 의례적인 겸사로 읽는다. 정출헌, 「고전소설에 삽입된 풍수담의 양상과 그 의미」, 『고전소설사의 구도와 시각』, 소명출판, 1999, 337~346면.

첫째, 놀부는 생명력이 있는 살아있는 인물이며, 현실적인 인간형입니다. 흥부는 의지하려는 성향인데 비해, 놀부는 홀로 서려 합니다. 이러한 독립적이고 자주적인 삶을 지향하며, 자기자신이 주인이 되어 세상을 살아가야 한다는 근대의 인간주의 정신이 깃들어 있습니다.

둘째, 놀부는 적극적인 행동으로 자기 가능성을 추구해 가려는 의지력이 있습니다. 앉아서 어떠한 일이 생기길 바라는 것이 아니라, 자신의 욕구를 찾아 나서는 굳은 의지가 엿보입니다.

셋째, 놀부는 행동하는 인간형입니다. 놀부의 태도는 수동적인 것이 아니라 능동적인 것이며 받아들이는 것이 아니라 쟁취하는 것입니다. 놀부는 제비가 보이지 않으면 찾아다니고, 제비다리를 직접 부러뜨리고, 끝내 박씨를 얻고야 마는 의욕적인 인물입니다.

넷째, 놀부는 좌절하지 않는 끈질긴 인간형입니다. 놀부는 박을 타면서 온갖 재앙을 경험하지만, 그것에 굴하지 않고 끝까지 박을 타고야 마는 인물입니다. 흔히 위기 속에서 인물이 난다고 하듯, 이러한 인간형이야말로 후일을 도모하며, 위기 속에서 재도전을 할 수 있는 역량을 갖추었다고 할 수 있습니다.[47]

이러한 적극적인 해석으로 '놀부 보쌈'이라는 브랜드는 국내는 물론

---

47 주식회사 놀부(http://www.nolboo.co.kr/)는 세계화 전략에 나서고 있다. '놀부집 항아리갈비'의 일본 진출은 한국 상품의 세계화 전략유형으로 '다원주의'와 '범세계주의'의 복합형이라고 볼 수 있다. 다원주의(Polycentricism)는 현지에 맞게 인원충원, 원부자재 및 부품조달, 금융 등을 현지화하는 전략이며, 범 세계주의(Geocentricism)는 맥도널드처럼 인종, 지역, 언어, 문화 등을 초월해 공통된 상품 또는 표준화된 상품을 세계로 생산 판매하는 전략을 말한다. 이것은 드라마 『대장금』의 '한류(韓流)' 열풍과 맞물려 가속도가 붙고 있다. 일본에서는 2006년 6월 삿뽀로에 가맹1호점 개점을 시발로 퍼져가고 있다.

전세계로 퍼지고 있는 성공적인 한식韓食의 이미지다. 1987년 5월10일 신림동 뒷골목의 5평 점포에서 시작하여, 한국 전통의 맛과 고객 서비스에 대해 꾸준히 연구를 거듭하여, 주식회사 놀부는 창업 20주년이 되는 2006년 현재, 놀부명가, 놀부보쌈, 놀부부대찌개, 놀부집 항아리갈비, 솥뚜껑삼겹살, 시골상차림 놀부집, 놀부유황오리진흙구이, 놀부순대국밥점 등의 아이템으로 전국에 약 600여개의 가맹점을 경영하고 있다.

주식회사 놀부는 기업 이미지 CIPCoporate Identity Program를 놀부 이미지로 만들어 홍보하고 있다. 놀부 이미지는 오복五福을 기원하는 정신으로 만들어졌다고 한다. 즉 장수를 기원하는 수壽, 부귀영화를 상징하는 부富, 행복을 의미하는 희喜, 자손의 번성을 뜻하는 자子, 조상과 부모에 대한 효孝의 정신을 길상문양으로 시각화하여 상징화했다[48]고 한다.

놀부
NOLBOO RESTAURANT

놀부의 심볼마크 중 길상문양(吉相紋樣)은 우리 조상들의 정신적인 상징인 오복을 상징하는 의미가 들어 있습니다.

즉, 장수를 기원하는 수(壽), 부귀영화를 상징하는 부(富), 행복을 의미하는 희(喜), 자손의 번성을 뜻하는 자(子), 그리고 조상과 부모에 대한 효(孝)의 정신을 바탕으로 하여 한국의 정서를 대변하고 한국음식과 문화를 개발하고 지켜 나가고자 하는 놀부의 의지를 표현하는 것입니다.

ⓒ 주식회사 놀부 홈페이지

48 「외식산업의 성공적 CIP전략 -(주)놀부의 CIP개선방안을 중심으로」『經友論集』 31권, 충남대학교 법경대학 경영동우회, 2000.

이른바 놀부 음식을 먹으면 다섯 가지 복이 굴러온다는 의미를 표출시켰는데, 그것이 상업적으로 성공했던 것이다. 놀부 보쌈은 한국의 민담이 시대에 따라 얼마나 다르게 해석되고 있는가를 보여주는 역설적인 증거다.

정情의 결말, 한류 드라마

「홍부전」은 형제 이야기이지만. 일본의 「혀 잘린 참새」는 옆집의 마음씨 나쁜 할머니가 등장한다. 다나카 에이이치田中瑩一에 의하면, 한국의 민담에는 '옆집 할아버지형'이 거의 없고 '형제형'이 많다고 한다. 그래서 한국에서는 생활 감정으로서 가족 또는 친척과의 관계를 소중히 생각하고 있지만, 일본에서는 이웃과의 관계를 한층 중시하는 경향이 있는 것 같다고 한다. 일본에서는 「혀 잘린 참새」등을 통해 가르치기를, "먼 곳에 있는 친척보다는 가까이 있는 남이 좋다"는 속담으로 처세훈을 중시하고 있다[49]고 한다. 그는 '이웃집 할아버지형'의 일본 민담으로 「개 이야기」, 「떼어낼 것인가 붙일 것인가」를 예로 설명한다.

한국의 '형제 이야기형'은 「홍부전」처럼 해피앤딩을 통해 형제애를 강조한다. 물론 「혀 잘린 참새」와 달리 해피앤딩으로 끝나는 일본의 민담도 있기에, 일본의 모든 민담이 차가운 인간관계를 보여준다고 말할 수는 없다. 또한 한국 고전소설이 모두 헤피 엔딩으로 끝나는 것은 아니다. 『홍부전』, 『춘향전』, 『심청전』, 『옹고집전』등은 개과천선

49 田中瑩一,「日本民話に見る日本人の生活感情」, 『초등교육연구』, 부산:부산대학교 초등교육연구소, 1996, 381면.

이나 화합으로 끝난다. 반면 『유충렬전』, 『사씨남정기』는 악에 대해 강력히 응징한다.[50] 「혀 잘린 참새」를 별개로 치더라도 분명히 「홍부전」은 죄 지은 자를 쉽게 용서해주는 정情의 세계를 분명히 보여주고 있다. 이를 통해 「홍부전」은 홍부의 착한 심성과 순박미가 이야기 전체를 관통하고 맺도록 만들어져 있다.

여기서 우리는 「홍부전」이 한류 드라마들이 원형原型이 되었다는 것을 확인할 수 있다. 첫째 「홍부전」은 한恨으로 시작했다가 정情으로 끝나는 한국 샤머니즘의 해원굿과 닮아 있다. 이것은 「춘향전」도 샤머니즘의 해원굿을 원형으로 하고 있다. 한국에서 성공한 드라마는 이렇게 훈훈한 정情의 해피엔딩 결말을 갖고 있다. 둘째는 철저히 가족이 등장하는 한류 드라마와 닮아 있다. 일본인이 보았을 때 한류 드라마는 거의 가족과 관련된 위기에서 시작되고, 해결되는 드라마였다. 가령 「천국의 계단」은 아버지의 재혼을 계기로 새로운 가족들과의 갈등 때문에 운명이 달라지는 젊은 여주인공이 그려지고, 「가을동화」는 부유한 집에서 자란 여주인공이 출생의 비밀이 밝혀지면서 인생과 사랑의 어려움을 겪는 줄거리이다.[51] 붕괴된 가족해체 이야기가 중심이 되어온 일본 드라마와 다른 면을 일본인들은 한류 드라마에서 발견했던 것이다.

---

50 이강엽 교수는, 『유충렬전』같은 작품은 문제를 직접 해결한다는 점에서 '문제해결형', 『홍부전』 같은 작품은 문제를 풀어버린다는 점에서 '문제해소형', 『양반전』은 문제를 제기만 한다는 점에서 '문제제기형'으로 부른다. 이강엽,「18 · 19세기 소설에 나타난 '대결' 양상」『열상고전연구』제4집, 열상고전연구회, 1991.

51 平田由紀江, 『한국을 소비하는 일본 - 한류,여성,드라마』, 책세상, 2005, 31~35면.

이렇게 「홍부전」은 많은 한류 드라마의 원형성을 갖고 있다. 「홍부전」 이야기 자체가 문화콘텐트의 가능성을 갖고 있는 것이다. 놀부 이미지 자체를 한류와 함께 문화콘텐츠화 하려는 노력도 이와 결부되어 있다. 주식회사 놀부는 문화까지 영역을 넓혀, 2007년 창립 20주년에 한국형 뮤지컬 '놀부4인방' 10월 공연을 추진하고 있다. 놀부측이 토리극 형태로 '한국형 뮤지컬'을 만들기로 한 계기는 토리극의 장르가 새로웠기 때문이다. 토리극은 마당놀이와 판소리와는 다르게 말과 노래, 춤이 어우러진 한국형 랩 스타일이다.[52] 놀부측은 이번 토리극을 시작으로 연극, 영화, TV 드라마 등 보다 대중들에게 다가갈 문화콘텐츠를 계획하고 있다.

5. 비교를 통한 문화교육

이 글에서 우리는 몇 가지를 확인했다. 첫째, 한 사람의 창작이 아니라, 오랫동안 민담을 통해 전승되어온 두 작품을 통해, 우리는 두 작품을 통해 양국민의 집단의식 그 일부분을 추론할 수 있다. 유사한 점도 많으나, 현저한 독자성이 있는 것도 보았다. 특히 「혀 잘린 참새」등의 일본 무카시바나시가 태평양 전쟁기에 일본정신 교육을 위해 쓰였던 사실, 아울러 「홍부전」이 내선일체內鮮一體를 위해 교과서에 실렸었다는 사실도 주목해보았다.

---

52 「한국형 뮤지컬 토리극 '놀부4인방'」, 『연합신문』, 2006.10.9.

둘째, 제비와 참새의 상징을 비교하면서, 문화의 전승 과정을 살펴 보고, 원시종교인 샤머니즘을 기반으로 한 양국 문화의 공통점, 한편으로는 한일민담의 차이[53]를 통해 양국 문화 차이를 살펴 볼 수 있었다. 또한, 풀, 박, 소, 말 등의 상징을 비교해 보면서, 한국과 일본 문화를 비교해 볼 수 있었다.

셋째, 놀부에 대한 인식 변화를 설명하면서 오늘의 한국 사회를 설명했다. 그 변화를 타고 상업적인 도전을 하는 (주)놀부의 입장도 보았다. 넷째, 전체적인 포맷의 변화를 검토하면서, 눈물과 정情에 기울어져 있는 한류韓流 드라마의 특징도 생각해 보았다.

이렇게 「홍부전」과 「혀 잘린 참새」를 비교하면서, 양국의 상징 비교를 통해 문화 이해를 깊히 할 수 있고, 나아가 놀부에 대한 욕망을 설명하면서 한국 자본주의 사회에서 변한 인간상을 설명할 수 있겠다.

마지막으로 「홍부전」에서 한국인의 정情이 극적으로 드러나는 대목을 소개하면서 글을 맺을까 한다. 필자가 학생들에게 꼭 소개하는 부분이다.

중중몰이 얼씨구나 절씨구, 여보아라 **큰 자식아, 건너마을 건너가서 너의 큰아버지를 오시래라. 경사를 보아도 형제간에 보자.** 얼씨구나 절씨구. 엊그저께까지 박흥보가 문전걸식을 일삼더니, 오늘날 부자가

53 일본 민담에 비해 한국 민담은 몇 가지 특징이 있다. 첫째, 호랑이가 많이 나온다. 둘째, 인삼이 많이 나온다. 셋째, 효도를 주제로 한 이야기. 넷째, 풍수 · 점 · 신선의 출현 등 종교적인 이야기. 다섯째, 과거제도에 대한 이야기가 많다. 『日本昔話事典』, 弘文堂, 1977. 593면.

되어 숙숭이를 부러하며 도주공을 내가 부뤄허리. **불쌍하고 가련한 사람들아, 박홍보를 찾아오소. 나도 오늘부터 기민饑民을 줄란다.** 얼씨구나 절씨구. 얼씨구나 절씨구. 얼씨구 절씨구 지화자 좋네.(강조는 인용자)54

첫째, 첫 박을 탔을 때 쏟아져 나오는 "돈 한꿰미를 손에 들고 춤을 추면서" 부르는 「돈타령」 대목이다. 인간 밑바닥까지 갔던 홍부였지만 그는 자기의 한恨을 복수하려 하지 않는다. 먼저 큰 아들에게 큰아버지를 모셔오라고 한다. 자기 가족을 돈 때문에 쫓아냈던 놀부 형과 기쁨을 나누고 싶다고 한다. 게다가 놀부는 가족주의에 갇혀 있지 않다. 그의 「돈타령」은 가족 울타리를 넘어선다. "문전걸식을 일삼던" 홍부는 가난한 기민饑民에게 그 돈을 주겠다고 한다. 이 구절 때문에 「홍부전」은 단순한 형제이야기의 울타리를 넘어선다.

이 타령은 거의 모든 「홍부전」 판본에 공통으로 담겨 전해온다. 어떤 이유로 모든 판본에 실려 있을까? 그것은 숱한 무명 작가들이 강조하고 싶었던 대목이었기 때문일 것이다. 여기서 「홍부전」의 전승에 참여한 조선 서민들의 꿈이 고스란히 드러난다. 그것은 원망이나 복수의 꿈이 아니다. 그것은 재물이 인간을 지배하는 세상이 아니다. 그들의 꿈은

---

54 「홍부가(송만갑 판)」, 이국자, 『판소리 연구』, 정음사, 1987, 233면. 11월 20일 도쿄 토판홀(Topan Hall)에서 한국 국제교류재단이 마련한 「안숙선 판소리 공연」이 있었다. 이 날, 필자는 와세다대학에서 한국문화 수업을 듣는 학생들과 함께 공연을 보러 갔다. 얼마 전에 이 홍부전에 대한 내용을 강의하였는데, 그날 마침 안숙선 국보가 바로 이 대목을 노래하여 학생들과 깊은 감동을 받았다.

모든 인간이 행복을 나누는 평화세상이었다. 「홍부전」을 읽으면서 홍부의 인간적인 약점이나 놀부의 인간적인 매력을 따지는 것보다 더욱 중요한 것은 이 작품 내면에 깔린 당대 이름없는 수많은 작가들의 소원일 것이다. 이 대목이야 말로 「혀 잘린 참새」에는 안 나타나는, 그리고 이제야말로 「홍부전」해석에 부각되어야 할 중요한 대목이 아닐까 싶다.

8
아기장수와 잇순보시의 정치적 무의식

_ 한국 「아기장수설화」와 일본 「잇순보시」

1. 민족 영웅의 이미지

큰 세력에 대하여 반대하면서 자기 뜻을 내세우는 약자의 투쟁을 일본에서는 '정계의 잇순보시'政界の一寸法師라고 표현하곤 한다. 가령 2001년 고이즈미 순타로小泉純一郎 총리가 우체국을 민영화시키려 했던 '우정성 해체'郵政省解体 논쟁 때, 감히 총리의 정책에 반기를 든 젊은 국회위원을 잇순보시로 표현하기도 했다. 일본에서 정치가를 잇순보시로 표현하는 것은 큰 인물이 될 것이라는 칭찬이다. 보통 일본 사람은, 잇순보시 이야기를 무언가 부족한 면이 많은 사람이 세상에 나가 성공하는 스토리로 알고 있다.[1] 과연 잇순보시는 어떤 인물이기에 일본인의

---

1 "The Japanese common people are generally happy to hear of success stories, particularly whereby a disabled person goes up in world" Kiyoshi

영웅관에는 잇순보시가 자리하고 있을까? 그렇다면 한국인의 영웅관에는 어떤 이미지가 있을까? 한국인이 영웅으로 생각하고 영상문화콘텐츠로 만드는 주몽, 이순신, 명성황후, 안중근 등은 어떠한 공통점이 있는가?

이에 대한 문제의식을 필자는 와세다대학 수업 '한국의 현대문화' 시간에 토론한 적이 있다. 그리고 그 시간은 한국의 「아기장수설화」와 일본의 「잇순보시」를 비교하는 수업이 되었고, 곧 두 나라의 영웅 이미지를 토론하는 시간이 되었다. 이 수업에서 한국의 「흥부전」과 일본의 「혀 잘린 참새」舌切り雀를 비교하고, 이후 논문으로 발표[2]했는데, 그 연구에 이어 한국의 「아기장수설화」와 일본의 「잇순보시」를 토론했다.

사실 잇순보시에 대응하는 한국 이야기로 「엄지소승」親指小僧이 있지만 전국적으로 분포되어 있지 않으며, 잘 알려져 있지도 않다. 또한 아기장수설화에 대응하는 일본 이야기로 「모모타로」桃太郎를 들 수 있겠다. 모모타로나 잇순보시는 모두 적을 퇴치하고 성공한다는 면에서 유사하다. 그런데 「모모타로」는 적에게서 사람을 구해온다는 면에서 우리의 「지하국대적퇴치설화」地下國大賊退治說話와 비교해야 할 것이다.

여기서 「아기장수설화」와 「잇순보시」는 어떻게 지금까지 이어져 왔을까, 이야기가 전승傳承, oral tradition되는 이유와 목적에 대해 묻지 않을 수 없었다. 답을 찾기 위해서는 '이야기에 내재해 있는 특성과

Fukawa, *A Study on the japanese Common People's Ethical Ideas*, 『第一福祉大学紀要』, Vol.1. 福岡医療福祉大学. 2004. 91면.

2 김응교, 『한국 「흥부전」과 일본 「혀 잘린 참새[舌切り雀]」 그리고 문화교육』, 『인문과학』, 성균관대학교 인문과학연구소, 2008.2.

전승 현장 등의 조건'에 대해 검토해봐야 했다. 우선 '이야기의 전승을 추동하는 작품 안팎의 요인'을 필자는 '전승의 힘'이라고 명명하고 싶다. 그런데 이 전승의 힘은 꼭 '민간'에 의해서만 전해지는 것은 아니다. 이야기의 전승은 신비화되어 정치 혹은 종교세력에 의해 강제 혹은 세뇌되어 자신도 모르게 전승시키는 경우도 있다. 그것은 '조작된 manipulate 혹은 만들어진 전승의 힘'일 것이다. 한 집단을 존속存續시키기 위해, '만들어진 이야기'가 필요했을 것이다. 한 집단을 존속시키는 욕망, 바로 그것이 전승의 힘일 것이다. 전승을 만드는 힘은 단지 민중의 욕망뿐만이 아니라, 종교성 · 상업성 · 정치성이 전승의 힘을 만드는 경우가 많은데, 이 연구를 통해 다시 확인할 수 있을 것이다.

한국과 일본의 구전이야기인 「아기장수 설화」와 「잇순보시」는 몇 가지 유사한 시각에서 볼 수 있다. **첫째는 소인이상탄생 이야기다.** 두 이야기에 등장하는 아이는 일반적인 아이가 아니다. 두 이야기는 '소인' 모티브와 '이상탄생'異常誕生이 결합되어 있다. 소인의 이상탄생은 영웅이나 신의 아이의 신비한 탄생 모티브로 한국과 일본뿐만 아니라 다른 지역에서도 보이는 보편적인 설화 모티브이다.

『아기장수 우투리』 보리, 1999

둘째는 등장인물의 배경이 닮아 있다. 두 이야기 모두 중요한 인물군이 세 가지로 등장한다. 중요한 인물군은 주인공, 가족, 그리고 적敵이라는 세 가지 인물로 이루어져 있다.

셋째는 문화콘텐츠로 생산 판매되고 있는 점이다. 두 이야기 모두 저자 미상으로 만들어진 이래 그 주요 플롯이 변하지 않고 내용만 바뀌어 가면서 지금까지 이어져 왔고, 현대에 이르러 애니메이션 등 문화콘텐츠로도 주목받고 있다.

넷째는 양국의 정치성을 볼 수 있다는 점이다. 현재도 계속해서 전승되어 온 두 이야기를 통해 양국의 '정치적 이데올로기'를 살펴볼 수 있다는 점에서 필자는 주목했다. 이 이야기가 갖고 있는 정치성은 두 민족에게 보편적인 정서로 받아들여지고 한 부분이다.

물론 두 이야기의 네 가지 유사성은 동시에 차이점이기도 하다. 가령, 소인 이상설화라는 공통점도 소인의 이미지, 소인의 역사가 다르다. 그리고 그 문화적 해석, 정치적 이데올로기도 양국은 서로 다르다. 바로 필자가 더욱 주목하려 하는 것은 바로 이 유사성 너머에 존재하는 '차이점'difference이다. 보통 양국의 신화나 설화를 비교할 때 유사성 혹은 공통성에만 집착하여 그 원류를 더듬어가는 전파론적 연구를 많이 한다. 그러다 보면 그 원형原型 찾기에 치우친 나머지, 전승과정에서 어떻게 정착되고 국민들에게 어떻게 수용되었는지 소홀히 하는 경우가 많았다. 그래서 필자는 두 이야기의 유사성보다는 동일모티브에서 나온 차이성을 부각시키고, 오랜 시간 전승되어온 과정에 주목하려고 한다.

따라서 두 이야기가 만들어지고 활용되는 사회인식의 배경에 비중을 두고, 나아가 이데올로기의 차이점까지 접근할 것이다.

그러므로 이 연구는, 첫째, 두 이야기의 대표적인 연구성과를 제시하고, 두 이야기의 구조를 살펴보려 한다. 둘째, 두 이야기의 전승과정을 통해 역사적으로 어떤 과정을 통해 이야기가 발전·확대·전승되어 왔는지 살펴보려 한다. 셋째, 두 이야기를 현재까지 이끌고 온 전승과정에는 구비적 상상력뿐만 아니라, 상업적인 혹은 정치적인 힘이 개입되어 왔다는 사실을 확인할 것이다.

2. 두 이야기의 구조

아기장수설화의 현실부정과 이상향 지향

이 이야기가 관심을 끄는 이유는 무엇보다도 '태어난지 3일밖에 되지 않은 아이가 비범한 행동을 하고, 마침내는 가족에게 살해당한다'는 비극적 운명에 있다. 아기장수를 살해하기로 하고, 적에게 밀고하는 이는 친근자親近者인 가족이다. 게다가 대부분 아기장수의 어머니 혹은 아버지가 자기 아기를 적에게 밀고한다.

아기장수 설화는 두 가지 유형이 있다. 첫째는 '날개' 유형이고, 둘째는 '곡물' 유형이다.[3] 먼저 아기장수의 비범성을 상징하는 비극적인 죽음의 원인뿐만 아니라, 보다 지속적으로 등장하는 모티브인 날개가 등장하는 날개 유형을 보자.

장신골 문화 유씨 집안에서 애기를 낳았는데 어디 나갔다 오면 애기가 누워 있는 방이 달라 하루는 몰래 문구멍으로 보니 아이가 천장에 붙었다 내려왔다 하면서 마음대로 날아다니는 것이었다. 부부가 그것을 보고 큰일났다고 여기며 만일 역적이 되면 집안이 망한다고 걱정하였다. 그래서 다듬이돌을 올려 놓았는데 돌이 들썩들썩하다가 그냥 넘어가버리곤 하였다. 다듬이돌로 다시 눌러 결국 죽이고 말았다. 아이가 죽자 말이 나와 사흘을 울다가 장신포 앞 갯바닥에 있는 바위로 들어갔다는 전설이 있으나 확실치는 않다. 장상포 하서면 유씨네 집안에서 있었다는 일이다.[4]

전라북도 부안군 부안은 서외리 2구 이상희(64세)가 전하는 위 이야기는 '날개' 유형의 이야기다. 한편 '곡식' 유형의 이야기는 흔히 우투리 이야기로 전해지는 이야기다. 곡물 유형인 「우투리 이야기」는 현재 중학교 2학년 2학기 국어 교과서에 실려 있다. 우두머리라는 뜻의 '우투리'가 주인공인 교과서의 이야기를 요약하면 다음과 같다.

옛날 욕심 많은 임금과 관리들에게 시달린 백성들이 자기들을 살려 줄 영웅을 기다리고 있었어. 이때 지리산 자락에 농사꾼 내외가 늘그막

3 김영희, 『아기장수이야기의 전승력 연구』, 연세대학교 대학원 석사논문, 1999. 8. 6~12면.

4 한국정신문화원, 『한국구비문학대계』 5권 2. 1980~1989. 김영희 논문, 6면에서 요약본 재인용.

에 아기를 낳았고, 탯줄 자르기가 힘들었던 아이 이름을 '우투리'라고 했어. 아이가 비범하여 일을 하다 들어와 보니, 납죽 장롱 위에 올라가 있질 않나. 하루는 아기를 방에 두고 나와 문구멍으로 봤더니 방 안에서 포르르 포르르 날라다니는 것이었어. 겨드랑이에 날개 돋친 이 아기가 영웅이 된다면, 못된 임금과 관리들이 온 식구를 죽일 거 같아서, 아버지와 어머니는 우투리를 데리고 지리산 속 아주 깊은 골에 들어가 숨어 살았지. 그런데도 어떻게 알았는지 마음씨 나쁜 임금이 장군을 뽑아 우투리를 잡으러 보냈어. 다행히 우투리는 사라지고 없었는데, 나쁜 관리들은 우투리 대신 어머니 아버지를 데리고 가서 곤장을 치고, 사흘만에 풀어줬어. 우투리가 그것을 알고 눈물을 흘렸다.

『아기장수 우뚜리』 한겨레, 2000

하루는 우투리가 콩을 한 말 갖고 와서 어머니에게 볶아 달라고 했어. 어머니가 배가 고파 한 알 먹고, 한 알 모자르게 볶아 주었다. 우투리가 볶은콩으로 갑옷을 만드는데 딱 한 알이 모자라서, 왼쪽 겨드랑이 날갯죽지 아래를 못 가렸어.

"혹시 내가 싸우다 죽으면 뒷산 바위 밑에 묻어주되, 좁쌀 석 되, 콩 석 되, 팥 석 되를 같이 묻어주세요. 삼년 동안 묻힌 곳을 말하지 마세요. 그러면 삼 년 뒤에 나를 다시 만날 수 있어요."

우투리는 어머니에게 말했어.

이윽고 군사들이 와서 우투리와 싸우는데, 군사들이 화살 몇백발

몇천발을 쏴도 끄떡도 안 하다가, 겨드랑이 밑에 콩 한 알이 없는 자리에 정확히 맞고 우투리가 쓰러져 버린 거야. 그래서 슬피 울며 어머니가 우투리 말대로 묻어 줬지.

삼 년이 흘렀는데, 백성들 사이에서 우투리가 살아 있다, 밤이면 우투리가 산에서 나와 말을 달린다는 소문이 도는 거야. 그랬더니 나쁜 임금이 군사를 보내 "우투리가 있는 곳을 말하지 않으면 죽이겠다"고 해서 할 수 없이 묻힌 곳을 가르쳐 줬지. 그래서 바위를 열어 보니, 글쎄 좁쌀 석 되, 콩 석 되, 팥 석 되가 모조리 병사가 되고, 말이 되고, 몇천명의 군사가 된 거야. 그런데 바위를 여는 순간 우투리와 병사들은 사라지고 말았어. 왜냐하면 그 날은 삼년이 되는 바로 전날이었으니까.

그날 지리산자락 어느 냇가에서 날개 달린 말이 사흘 밤 사흘 낮을 울었대. 그리고 그 말은 물 속에 들어가 버렸대. 우투리는 지금도 그 물 속에 살아 있을까?[5]

'우투리 이야기'가 있는 어느 지역이든, 곡물을 가지고 땅 속으로 들어가 군사를 만들어 재기한다는 이야기는 변하지 않는 모티브다. 모든 '우투리 이야기'에는 아이가 콩을 볶아 달라고 당부했는데, 어머니가 콩을 볶다가 튀어나온 콩 하나를 무심결에 먹고, 그 때문에 콩 한 알이 모자라 마지막 화살에 맞고 우투리가 죽는 것으로 나온다. 그리고 아이가 죽으며 같이 묻었던 곡물들이 모두 군대가 되었는데, 그만 삼일을

5 『국어. 생활 국어: 중 2학년 2학기』, 교학사, 2008. 30~35면.

못 참아 모두 사라지고 만다는 이야기가 이 '우투리 이야기'에는 어느 지역이든 공통적으로 나온다.

분포 지역으로 보아도 '날개' 유형은 전국적인데 비하여, '곡물' 유형은 경기도, 충청도, 전라도, 경상도 지역에 편중되어 있다. 또한 '날개' 유형은 시대적 변천상황에서도 그 모티프가 흔들리지 않는데 비교하여, '곡물' 유형은 다른 이야기들과 많이 활발히 교섭하면서 변하는 모양을 보인다. 그러므로 아기장수설화의 본령은 '날개' 유형이라 할 수 있겠다. 다만 필자는 '날개'와 '곡물' 유형인 우투리 이야기의 공통점에 주목하면서 아기장수설화를 풀어가려 한다.

아기장수설화를 간단히 말하면, '비범한 아이가 태어났지만, 부모나 가족 혹은 이웃에 의해 살해되어 비극적으로 죽는 이야기'다. 여기서 우리는 지속적으로 변하지 않는 아기장수설화의 플롯을 볼 수 있다.

① **비범한 아이의 탄생** : 아이가 태어났는데 어딘가 이상하다.

② **'날개'의 노출** : 어머니가 3일만에 들어왔다가 이상해서 보니, 아이가 천장에 붙거나 찬장 위에 앉아 있다. 자세히 보니 양 겨드랑이에 날개가 있다.

③ **부모와 가족의 불안** : 비범한 아이가 태어났기에 만일 죽이지 않으면 큰 일 날 거라고 가족들을 생각한다.

④ **아기장수 살해** : 아기를 방바닥에 누이고 돌 혹은 맷돌, 콩자루로 눌러 죽인다(날개 유형). 아기가 콩으로 갑옷을 입고 군대와 싸우지만 화살 하나를 맞고 죽는다(곡물 유형, 우투리 이야기)

⑤ **이상한 행적** : 그후, 마을에서 아기장수가 탄 용마가 나타나 울고 사라진다.

제주도의 '날개 돋힌 밀양박씨'[6] 이야기는 위의 플롯에서 ①,②,③,④까지만 서술되고 있다. 이 이야기는 밀양박씨 부부가 40이 넘어 겨우 아이를 나았는데, 아이 겨드랑이에 병아리 날개만큼 날개가 돋쳤고, 그 날개가 점점 커져서 겁이 난 아버지가 아이가 잠든 새에 커다란 날개를 인두로 지져 버린다. 그래서 아이가 시름시름 앓다가 죽는다는 이야기다.

이 이야기처럼 위 플롯을 부분적으로 채용한 경우도 있으나, 대개 '날개' 유형이든 '곡물' 유형이든 아기장수설화는 대개 위의 플롯으로 이루어져 있다. 작품에 따라서 등장인물과, 사건, 구체적인 표현이 조금씩 바뀌지만 대게 이러한 폴룻은 일치한다. 이러한 '날개' 유형의 아기장수설화에서 몇 가지 중요한 점을 지적해 보려 한다.

첫째, 아기장수의 인물속성을 제시해주는 것은 '날개'다. ②의 '날아가는 능력' 때문에 아기장수는 죽어버린다. ⑤에 등장하는 용마의 모티브도 역시 주인공의 비범함을 '날개'로 드러내고 있다. 용마가 나타났다가 사라지는 것은, 전승자傳承者가 아기장수의 죽음을 애절한 기분으로 나타내는 표현이며, 아기장수를 죽인 행위에 대해 비판하는 상징이라 할 수 있겠다.

---

6 현용준 편, 『濟州道 傳說』, 국방사, 1982. 171~173면

둘째, 아기장수설화의 서사敍事에서 중요한 비중을 차지하는 이는 어머니다. 경우에 따라서는 가족이나 마을 사람들인 경우도 있다. 가족이나 이웃에 의해 ④에서 아기장수는 살해된다. 어머니에게 살해되지 않더라도 '우투리 이야기'는 어머니가 콩 한 알을 먹었기 때문에 아기장수가 죽는다. 어머니로 대표되는 이웃들은 인간의 극단적인 불안을 나타내는 인물군이다. 이 불안이라는 인간적 속성이 비극을 일으키는 요인이 된다.

셋째, 비극적 플롯④에서 비극은 절정에 이른다. 이것은 곧 지배환경의 우위성을 나타낸다. 전승자가 느끼는 번민과 공포도 역시 이 부분에서 최고조로 상승한다. 자기 자식의 생명보다 공동체의 이익을 우선하는 것이다. 평민의 집에서 비범한 인물이 태어나면 역적逆賊이 될 지도 모르기에, 제거하지 않으면 안 되는 것은 가족공동체가 지배집단의 이데올로기에 굴복했다는 의미다. 지배집단의 보복이 두려운 가족들은, 아기장수가 다시는 일어나지 못하도록 잔인하게 맷돌로 눌러 죽인다. 단순히 표면적으로는 전승자의 공포심이 나타나지만, 이면적으로는 순종할 수밖에 없는 지배환경에 대한 반항심을 억누르며 참는 폭발적인 욕구가 숨겨져 있다. ⑤에 나타나는 용마에 아기장수가 타고 있는데, 이것은 아기장수의 능력을 현실화시키고 싶어하는 전승자들의 희망을 반영하는 것이다.

"키 작은 사람"이라는 의미로 '잇순보시'라는 단어는 1630년에 발간된 『일포사전』日葡辭書에 기재되었고, 『松平大和守日記』1658에도 '구경거리'見せ物의 하나로 잇순보시를 소개하고 있다. 현재 알려져 있는 잇순보시는 1670년에 출판된 『오토기조오시』お伽草子에 처음 실렸다. 그래서 「잇순보시」가 하나의 작품으로 나타난 것은 1670년 경으로 보고 있다.[7]

그 내용은 아이가 없는 노부부 얘기에서 시작된다. 아이가 없는 노부부가, 아이를 갖고 싶어 신께 기도하자, 곧 노파가 아기를 갖게 되었다. 그러나 그 아이의 키는 엄지손가락 길이만 했다.

게다가 몇 년이 지나도 더 커지지 않았다. 성장한 잇순보시는 궁궐이 있는 곳에 간다고 말하고, 할머니에게 밥공기와 바늘을 받아 강을 건넜다. 성에 도착한 잇순보시는 어떤 저택의 주군에게 마음에 들어 살게 된다. 그 저택에는 아름다운 공주가 있었는데, 잇순보시를 귀여워 했다. 공주가 나갈 때에는 언제나 함께 했다. 어느날 공주가 절에 불공드리러 갈 때, 오니[8]가 나타나 공주를 유괴하려 했다. 잇순보시는

7 藤掛和美, 『一寸法師のメッセージ』, 笠間書院, 1996. 20면.

오니와 싸워 이기고, 오니가 갖고 있던 오니 방망이로 몸이 커져서, 공부와 행복하게 살았다고 한다.(一寸法師は何年たっても体が大きくならなかった。成長した一寸法師は都に出たいと言い、おばあさんにお椀と針をもらって川を下った。都に着いた一寸法師はあるお屋敷の主人に氣に入られてそこで暮すことになった。その屋敷には美しいお姫様がいて、一寸法師は可愛がられた。お姫様が出かけるときにはいつもお供にした。ある日はお姫様はお寺にお参りに出かけたところ、鬼が現れてお姫様をさらおうとした。一寸法師は鬼と戰って勝ち、鬼の持っていた打出の小槌で体を大きくして、姫と幸せに暮したということだ。)9

간단한 이야기 같지만, 이 내용에는 당시 신분제도와 정치적인 의도가 깔려 있다. G. 한G.v.Hahn이 수집했던 무카시 바나시昔話의 분류법에 따르면, 잇순보시는 "혼합형, 신부찾기 형, 가령 친권자나 딸에게 받은 과제나 수수께끼를 푸는 형, 유괴형, 감사동물형"으로 분류되고 있다. 가장 근본이 되는 내용은 전승되는 과정에서 변하지 않고 지금도 이어지고 있는데, 그 플롯은 다음과 같다.

① 신에게서 받은 아이가 태어나지만, 엄지손가락 크기에 불과한 요괴다.

② 밥공기의 배에서 젓가락을 저어 성으로 간다.

---

8 '오니'(おに)는 일본 특유의 요괴를 말한다. 한국의 '도깨비'와 비교되기도 하지만, 그 모양(뿔 등)과 성격이 다르기에, 일본 발음 그대로 표기한다. '도깨비'에 대해서는, 김종대, 『한국의 도깨비 연구』(국학자료원, 1994)를 참조바란다.

9 『御伽草子』, 岩波書店, 1958. 319~326면 참조 요약.

③ 삼조재상을 만난다.
④ 뭐라고 말 못하고 잇순보시를 따르는 공주.
⑤ 오니가 공주를 유괴하려 한다. 잇순보시가 싸워 이긴다.
⑥ 오니가 갖고 있던 오니 방망이로 잇순보시는 커진다.
⑦ 공주와 행복하게 산다.

이 플롯을 볼 때 몇 가지 중요한 점을 생각해 볼 수 있다.

첫째, 이 이야기에서 나오는 밥공기와 젓가락 그리고 바늘 등을 볼 때 작품이 만들어지던 당시 사람들이 생각하던 세계관을 떠올릴 수 있다. 야나기다 쿠니오柳田国男, 1875-1962에 의하면, 당시 사람이 죽으면 머리맡에 밥을 밥공기에 가득 담아 놓고, 젓가락을 하늘로 향하도록 꽂아 넣었다. 그리고 비장에 따라서 혼례날에 신랑 신부가 함께 밥을 나누는 밥도 젓가락을 꽂아 놓았던 풍습이 있었다.[10]

고대에서 중세에 이르기까지 샤머니즘 공동체에서는 마을 한 가운데 '신령한 나무'divine tree를 모시는 풍습이 있었다. 이 나무의 영기를 통해 하늘의 신과 접신할 수 있다고 믿고, 나무를 섬기고, 나무에서 힘을 얻기 바랬던 것이다. 가득 퍼올린 밥공기 위에 수저를 꽂는 것은 이 신령한 나무를 뜻하는 샤머니즘적 의미라고도 해석할 수 있겠다. 오니 입속으로 들어가 찔러 항복을 받아낸 바늘의 경우도 밥공기나 젓가락처럼 신령한 힘을 지녔다고 할 수 있겠다. 따라서 잇순보시 이야기

10 藤掛和美, 윗책, 42~43면 재인용.

에 등장하는 밥공기와 수저, 바늘은 당시 샤머니즘 사회의 풍습을 반영하고 있다고 할 수 있겠다.

둘째, 매우 낙관적인 플롯이다. 주인공이 죽어버리는 아기장수 설화의 비극적 플롯과 비교해서, ①에서 요괴로 태어난 잇순보시는 그저 작은 요물에 불과했기에 전혀 인정받지 못하다가, ⑦에 이르러 재상의 공주와 결혼하게 된다. 이렇게 해피 엔딩happy ending으로 가는 과정은 성공형 낙관주의를 보여주고 있다.

그렇다고 일본의 수많은 소인 이상출생 이야기가 모두 낙관적인 것만은 아니다. 예를 들어 시대적으로 본다면 가장 이른 『고지키』古事記, 『니호쇼키』日本書紀의 신화에 실린 「스쿠나비코나」라는 소인 이야기를 들 수 있다. 「스쿠나비코나」는 소위 「쿠니즈쿠리」國作, 나라 만들기 신화에 등장하여 「오쿠니누시」大國主神, 나라의 신와 합심하여 나라 만들기에 참여하다가 임무를 수행하고, 결국 도코요라는 이향으로 가버리는 작은 영웅이다. 또 헤이안시대에 『다케토리 모노가타리』竹取物語에서도 「가구야 히메」라는 소인이 등장하여 아름답고 비범한 능력을 갖고 있어, 여러 남자들에게 구애를 받지만 결국 달나라로 간다는 내용의 설화가 존재한다. 이들 설화는 대체로 「잇순보시」와 비교해볼 때, 낙관적인 구조라기보다는 비관적인 구조에 가깝다. 비관적인 의미에서는 이들 신화가 '아기장수설화'와 더욱 닮아 있다.[11] 그런데 필자가 주목하는

---

11 이 부분은 2008년 8월 2일 경희대 국제학술대회에서 필자의 발표에 대해, 이창수 교수님(경희대 일문과)께서 지적해주신 대목이다. 이 기회에 감사드린다.

것은 낙관적이거나 비관적인 결론에 앞서, 영웅이미지와 그 정치적 성격이 가장 잘 드러나는 양국의 소인 설화를 비교하고 싶었다. 다시 말해서, 두 이야기를 비교하려는 것은 ①'소인' 모티브와 ②'이상탄생'異常誕生의 영웅, 여기에 ③'공동체의 정치의식'이 담긴 이야기를 비교하고 싶었다. 이 글 뒷부분에서 이데올로기적 성격을 분석하려 한다.

3. 역사적 배경과 이야기의 전승

아기장수: 남성의 사회입문

비범한 능력을 갖고 있다는 이유만으로 친근자에게서 살해당하는 아기장수설화는 한국에 많이 퍼져있는 이야기 중의 하나다. 전국 각지에서 모두 발굴될 뿐만 아니라, 현재 채록된 작품수만 3백여편을 넘어, 16, 17세기 문헌에도 실려 있을 정도로 긴 근원을 갖고 있다. 여기에 끝나지 않고, 이 이야기는 구전이야기 「불가사리」와 소설 『홍길동전』 등 영화, 소설, 만화, 게임 등 여러 매체에서 우리는 아기장수 설화의 이미지를 만날 수 있다.

『삼국사기』에 등장하는 인물 궁예弓裔 이야기는 아기장수 설화와 비슷한 측면을 갖고 있다. 그는 비범한 인물로 태어나 그 비범함 때문에 위험하다 하여, 거부되고 버려진다.

궁예弓裔는 신라 사람으로 성은 김씨이고, 아버지는 제47대 헌안왕 의정誼靖이며 어머니는 헌안왕의 후궁이었는데 그 성과 이름은 전하지 않는다. 또는 48대 경문왕 응렴膺廉의 아들이라고도 한다. 5월 5일에 외가에서 태어났는데 그때 지붕 위에 흰 빛이 있어 긴 무지개처럼 위로 하늘에까지 뻗쳤다. 일관日官이 아뢰기를 "이 아이는 중오일重午日에 출생하였고 나면서 이빨이 나고, 또 햇빛이 이상하니 아마 장차 국가에 이롭지 못할 것이오니 마땅히 이를 키우지 마십시오!"라고 하였다. 왕이 궁중의 사람을 시켜 그 집에 가서 죽이게 하였다. 그 사람이 포대기에서 그 애를 꺼내 처마 아래로 던졌는데 유모인 여자 종이 몰래 받다가 실수하여 손가락으로 눈을 찔러 한 쪽 눈이 멀었다. 이를 안고 도망을 가서 힘들고 고생스럽게 길렀다.(弓裔 新羅人 姓金氏 考第四十七憲安王誼靖 母憲安王嬪御 失其姓名 或云 "四十八景文王膺廉之子" 以五月五日 生於外家 其時屋上有素光 若長虹上屬天 日官奏曰 "此兒以重午日生 生而有齒 且光焰異常 恐將來不利於國家 宜勿養之" 王勅中使 抵其家殺之 使者取於襁褓中 投之樓下乳婢竊捧之 誤以手觸 其一目 抱而逃竄 勞養育)

(중략) 직접 갑옷을 갖다 태조에게 드렸다. 여러 장수들이 태조를 옹위하고 문을 나섰다. 길잡이로 하여금 외치게 하기를 "왕공께서 이미 의로운 깃발을 들었다!." 하니 이에 앞뒤에서 분주하게 달려와 따르는 자가 헤아릴 수 없이 많았다. 또 먼저 궁성의 문에 이르러 북을 치고 떠들며 기다리는 사람이 또한 1만여 명에 달하였다. 왕이 이 소식을 듣고 어찌할 바를 몰라 평복으로 갈아 입고 산 속으로 도망쳤으나 곧 부양 백성들에게 살해당하였다. 궁예는 당나라 대순大順 2년(891)에 일어나 주량朱梁 정명 4년(918)에 이르기까지 28년만에 망하였다(手提甲領進太祖 諸將扶衛太祖出門 令前唱曰 "王公已擧義旗" 於是

前後奔走來隨者不知其幾人 又有先至宮城門 鼓以待者 亦一萬餘人 王聞之 不知所圖 微服逃入山林 尋爲斧壤民所害 弓裔起自唐大順二年 至朱梁貞明四年凡二十八年而滅)[12]

이처럼 궁예는 지배집단에 의해 거부되고, 성장하여 지배집단과 대결하지만 비극적인 최후를 맞는다는 점에서 아기장수와 비슷한 점이 많다. 이처럼 한국 역사를 보면, 아기장수를 죽인 '현실'에 괴로워 하면서, 다시 아기장수 이미지를 이용하여 '혁명'을 시도하는 하극상下剋上의 사건이 많다. 결국 아기장수설화는 이야기와 현실이 서로 밀접하게 결합結合하여, 실제적인 사건과 함께 전승되어 왔던 것이다.

예를 들면, 임경업林慶業, 1594~1646, 최제우崔濟愚,1824~1864, 신돌석申乭石, 1877?~1908 등 실재하는 인물과 결합하기도 한다. 이들은 모두 외국의 침략에 맞섰지만, 중앙정권 혹은 이웃에 의해 밀고되고 살해된 남자들이다.

먼저 임경업은 임진왜란이 끝났을 때 조선의 무신武臣으로 이른바 친명배금파親明背金派였다. 그는 청군이 1636년 침략해 왔을 때 몇 번이나 싸워 이긴 전설적인 인물이다. 그러나 53세에 국법을 위반했다는 역모逆謀로 사형되었다. 그는 현재 한국 서해안지역에서 풍어豊漁를 기원하는 신으로 신격화되었고, 그의 사당은 해안 지역 여러 곳에 세워져 있다.

근대적 민족종교인 동학을 창시했던 최제우도 비슷한 운명을 맞이한다. 최제우는 봉건사회 이데올로기와 서구의 종교적 침략에 저항하여,

---

12 김부식, 허성도 교주, 「제50열전 제10궁예」, 『삼국사기』, 한국사사료연구회, 2004.

민족사회를 개벽開闢하기 위해서 동학을 창시한다. 만민평등, 보국안민, 개벽사상에 기초를 둔 동학은 민중들 사이에 성장했지만 조정朝廷은 동학을 반란조직으로 위험시했다. 결국 1863년 11월 교주인 최제우가 체포되고, 1864년에 대구에서 사형되었다. 현재 그는 동학의 교주로 신격화되어 있다.

이렇게 아기장수가 결국 죽는다는 점에서는 표면적으로 순응의식을 나타내고 있으나, 그의 죽음 그 원인이 부조리한 상황으로 표현된다는 점에서 반항의식을 뚜렷하게 드러내는 이야기다. 그렇다면 아기장수의 주제는 이중구조를 갖고 있다고 하겠다. '구원자로서 영웅 아기장수'를 품고 있는 민중의 기대와 염원이 역설적으로 아기장수설화를 지속적으로 전승시켜 왔던 것이다.

이로 인해 산의 정상에 박힌 못을 아기장수가 다시 부활하지 못하도록 일본인이 박았다는 소문도 있었다. "아기장수 설화가 있는 산에는 모두 혈맥을 끊으려고 쇠말뚝과 큰 쇠창을 받았다"는 이야기는 거의 사실처럼 회자되었다. 일제 식민지 시대에 아기장수의 기氣를 끊으려고 일본군이 산 정상에 못을 받았다는 이야기다.

"일제가 산꼭대기에 못을 받은 이유는 첫째로 지적조사를 하면서 푯대를 세웠다는 말이 있고, 둘째로 일본이 아기장수 설화가 있는 곳을 조사해서 못을 받았다는 설이 있습니다…… 무섭고 두려워서 어릴 적엔 감히 손도 못 댔죠."[13]

1990년 필자가 참여했던 강화도 답사 때, 산 정상의 못 이야기를 담은 소설 『미곶제』1987를 쓴 강화도 출신 소설가 이원섭의 말이다. 물론 이러한 이야기에 대해 박유하 교수는 정확한 근거가 없는 소문일 가망성이 많다고 꼼꼼히 지적[14]한 바 있다. 그런데 주목해야 할 사실은, 소문이라 할지라도, 그러한 과잉소문을 만들어낸 일본에 대한 한국인의 적대적인 집단 상처다. 이러한 소문과 증언은 아기장수를 죽인 환경에 대한 '적대적 표현'이다. 이처럼 전승과정을 보면 연구자 대부분은 아기장수설화의 주제를 '성취되지 못한 민중의 비원' 혹은 '좌절된 역사창조의 욕망'으로서 파악하고 있다. 그런데 이러한 목적의식적인 연구는 작품의 의미를 파악하기 위해 좋을지 모르나, 좀더 다층적인 의미와 형식을 파악하기 위해 보다 다양한 연구방법이 필요할 것이다.

아기장수설화의 이야기의 전승과정을 살펴보면, 마을의 어른이나 선생님이 아이를 교육시키는 목적으로 전해 왔다는 것을 확인할 수 있다. 현재 중학교 2학년 국어 교과서에 실려 있는 점이 그것을 증명한다. 무엇보다도 성인 남성의 사회입문 과정으로 어린 남자 아이에게 이 이야기를 가르쳐서, 아이가 자라야 할 사회가 어떤 아픔을 거쳐 왔다는 교육적 의미를 지니고 있다. 아이의 충격적인 죽음은 결국 아이까지도 죽을 수밖에 없는 이유가 무엇인지를 생각게 하는 '격렬한 문제의식'을

13 김응교, 『천년동안만』, 문예마당, 1996. 220면.

14 박유하, 「쇠말뚝-민족정기를 말살하는 풍수침략?」, 『반일민족주의를 넘어서』,사회평론, 2004.

던져주는 것이다. 다시 말해서 이 이야기의 전승은 아이가 성인으로 사회를 인식하는 사회입문 과정의 하나인 것이다.

그런데 이 전승과정에서 한국의 집 구조가 중요한 위치를 차지한다는 사실도 종요롭다. 허경진 교수는 사대부인 소대헌와 호연재 부부의 가족을 분석하면서 "조선시대 사대부의 주택은 남성과 여성, 생자生者=後孫과 사자死者=先祖)의 공간으로 나뉘어 있었다"고 하면서 첫째 생자의 공간은 주부의 공간, 가장의 공간, 자손의 공간으로 다시 나뉘고, 둘째 사자의 공간은 사당이 있고, 또 노비들의 공간이 있었다고 했다. 그리고 주택 공간의 구도를 보면, 앞쪽이 남성의 공간인데, 그 오른쪽이 가장, 왼쪽이 자손의 공간이고, 중문中門을 거쳐 들어가면 여성主婦의 공간이 펼쳐지며, 뒤쪽이 사자死者인 선조의 공간이 된다[15]고 했다.

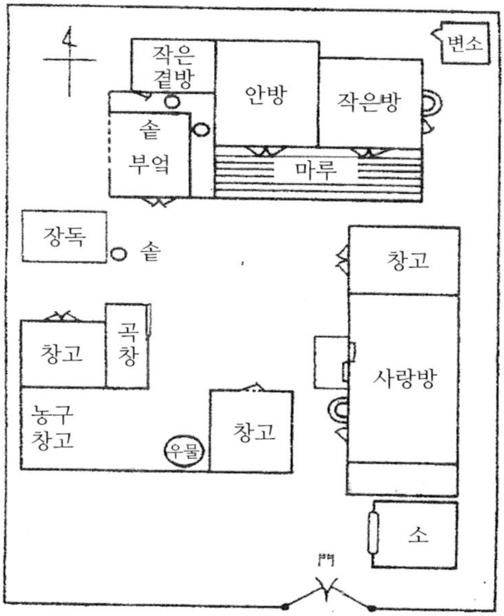

여자들이 머무는 작은 방과 남자들이 머무는 사랑방이 구분되어 있는 경상도의 집 구조

15 허경진, 「조선 후기 사대부 가문의 제사와 문학」, 국제학술대회 『日韓の祭祀と民俗』, 明治大學古代學硏究所公開シンポジム, 2008.11.22. 좀더 상세한 내용은 허경

앞 그림의 한국 가옥 형태에 대해 요다 치호코依田千百子 교수는 민담 전승과 관련짓고 있다. 요다 교수는 한국인의 설화와 민담은 남녀 주거지가 확실하게 구분되어 있는 주택 구조에 따라 전승된다고 주장한다. 또한 이 주택 구조는 유교에 의해 결정되었다고 했다[16]. 앞서 제시한 경상도 집 구조를 제시하면서, 조선의 민담에서 가장 많이 나오는 호랑이와 효행 이야기는 사랑방에서 남자들 사이에서 전승된다고 한다. 여자들은 작은 방에서 「콩쥐밭쥐」 등 열녀담烈女談이나 아이 교육에 대한 이야기가 전승되고, 남자들은 사랑방에서 「아기장수설화」와 같은 역사 이야기, 혹은 과거시험에 급제하는 인물 이야기 등을 전승된다고 한다. 또한 여성들 이야기는 샤머니즘적 특성을 보이고, 남성들 이야기는 유교적 도덕주의의 반영이라고 한다. 이렇게 볼 때 「아기장수설화」는 여자들에게도 전승되었겠지만, 주로 사랑방에서 성인 남자가 청소년에게 전해주는 남자들의 이야기로 볼 수도 있겠다. 그러나 이 연구는 치밀한 조사 결과에 따른 보고가 아니라 주관적인 설명이기에, 요다 교수의 의견에 완전히 공감하기는 어렵다. 다만 이후 세세히 연구할 대목이라 할 수 있겠다.

잇순보시: 여성을 위한 교훈담

세키 케이고關敬吾의 『일본 옛날 이야기 집성』日本昔話에는 약 8천

진 『사대부 소대헌 호연재 부부의 한평생』(푸른역사,2003) 43~67면에 설명되어 있다.

16 依田千百子, 『朝鮮神話伝承の研究』, 東京:瑠璃書房, 1991. 174~194면.

가지 이상의 무카시 바나시昔話가 자료로 담겨 있다. 1950년대 당시 전국적으로 대략 2만건 이상을 채집할 수 있었다고 한다. 게다가 그 후, 더욱 많이 채집되어, 지금 정확한 숫자를 파악할 수 없으나, 약 10만건 이상을 채집했다고 한다. 최인학 교수가 도쿄교육대학 민속반 학생들과 협력하여, 1972년부터 2년간 집중 조사한 결과, 89명의 일본인이 말한 무카시 바나시는 총수가 33유형의 이야기였는데, 그 중 6위까지 381명을 대상으로 한 앙케이트를 했다. 그 결과 1위는 「모모타로」(39%), 2위 「꽃 피는 아저씨」(21%), 3위 「우라시마 타로우」浦島太郎(16%), 4위 「혀 잘린 참새」舌切り雀(9%), 5위 「잇순보시」(8%), 6위 「카츠카츠야마」(7%) 였다.[17] 잇순보시는 이렇게 일본인에게는 잘 알려진 이야기다. 사실 모모타로와 잇순보시 이야기를 헤깔리는 일본인들이 많이 있다. 두 이야기가 모두 아이 이야기이고, 적을 퇴치하는 이야기이기 때문이다. 실제로 잇순보시 이야기를 물어보면, 모모타로 이야기와 섞어 말하는 일본인들이 많다. 두 이야기를 구별하지 못하는 학생들도 대단히 많다.[18] 필자가 수업 시간에 만난 학생들 대다수는 두 이야기를 혼동하거나 한 이야기로 알고 있었다. 그렇다면, 모모타로(39%)와 잇순보시(8%)를 합치면(47%), 절반의 일본인이 알고 있는 옛날 이야기라고 할 수 있겠다.

이러한 중요성을 확인하면서, 첫째로, 요괴로 태어난 잇순보시의

---

17 崔仁鶴, 『韓日昔話の比較研究』, 東京:三弥井書店, 1995. 320~322면.

18 「모모타로」와 「잇순보시」의 비교 연구는 赤羽根龍夫, 「桃太郎と一寸法師」考」, 『基礎科学論集 : 教養課程紀要』, Vol. 1, 神奈川歯科大学, 1983. 7. 31.

이상탄생에 대해 검토해 보자. 사실 아이가 없는 노부부가 기도해서 받은 '엄지손가락만한 소인'Tom Thumb, Däumling이 태어나는 이야기는 일본의 잇순보시 이외에, 세계 어느 곳에서 볼 수 있다. 이러한 유형은 한국뿐만 아니라, 인도, 그리스, 터키, 미얀마, 중국 등에서도 나타난다.[19]

일본에서는 「모모타로」桃太郎, 「타니시 장자タニシ長子, 岩手, 「3인의 큰 장사」三人の大力男, 岩手, 「우리히메코」うり姫子, 秋田 등 이상한 탄생 이야기가 있고, 혹은 이상한 성장과정을 그린 무카시 바나시가 많다. 그런데 연구자 주목하고 싶은 것은 이상탄생 이야기가 많다는 사실이 아니라, 이상하게 탄생한 잇순보시의 인물형이 당시에 어떤 배경에서 나타났냐 하는 것이다.

요지카케 카즈요시『藤掛和美』에 의하면 잇순보시에 앞서, 무로마치 시대 말에 성립되었다고 추정되는『작은 사람 이야기』小人の草子라는 이야기가 있었다고 한다.『작은 남자』小男『히키우 전하 이야기』ひきう殿物語라는 이름에서 나타나듯, 작은 남자에 대한 이야기는 나라 시대의 그림에도 많이 남아 있고, 일본의 신화나 전설에 유난히 많이 등장하는 이야기다.『작은 남자』小男의 키는 이야기에서「丈一尺, 横八寸」,『히키우 전하 이야기』에서는「一尺五寸」이다. 지금식으로 계산하면 30센치에서 40센치 정도로서, 잇순보시의 10배 정도 된다. 이 정도로 작은 키를 가진 사람들이 있었다.「잇순보시」의 작가는,「一尺」五寸을「잇순」

---

19 関敬吾,『日本の昔話、比較研究序說』, 日本放送出版協會, 1977. 215면.

一寸으로 더 강조해서 축소했던 것이다. 작은 키의 문제점이 작품에 담긴 것은 당시 문제점 중에 하나였다고 생각한다.

중요한 것은 「잇순보시」가 『오토기죠우시』御伽草子에 실렸다는 점이다. 현재 이 원본은 모두 23권이 한 상자에 들어 있는 형태로 코지현립도서관과 아카야마대학 부설도서관에 소장되어 있다. 책을 넣은 상자는 높이 36.8센티로 3단으로 짜여진 상자다. 이 상자에 담긴 이 책 『오토기죠우시』은 시집가는 딸에게 주는 교훈서였다. 이 이야기의 교훈은 키가 작거나 능력이 없는 남편이라도 언젠가는 큰 역할을 할테니 참아야 한다는 교훈성이 있었다고도 해석한다.

한편 전승 과정을 볼 때, 남녀 이야기가 명확하게 구분되어 있는 한국과 달리, 일본의 민담은 남녀이야기가 명확히 구분되어 있지 않는 경우가 많다. 그 이유는 마루 바닥 한 가운데 사각형으로 파진 난로 위에 천정에서 내려진 큰 냄비가 있는 이로리 囲炉裏 주변에 모든 가족이 둘러 앉아 함께

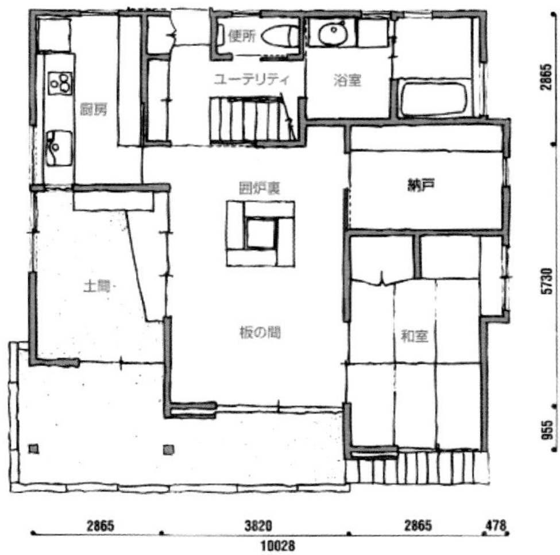

한 가운데 이로리가 있는 일본의 집 구조

이로리[囲炉裏] 둘레에서 쉬는 일본인

식사하고 대화 나누는 집 구조 때문이라고 한다. 현대에 이르러 이로리의 역할은 고타츠コタツ가 대신하고 있는데, 이렇게 가족이 둘러앉는 분위기는 남녀가 구분 없는 전승 구조를 만들었다[20]고 한다.

이후, 잇순보시 이야기는 2차 세계대전 때는 교과서에 실려 군국주의적 입장에서 해석되어 적국에 전진하는 잇순보시의 모습이 강조되었다. 1960년대 이후에 일본의 고도성장기에 잇순보시는 성공의 상징으로 교육되어 왔다.[21] 이후에도 계속 교과서에 실려 왔으며, 중요한 교육교재로 교사들이 사용하는 『문학의 교양과정』文学の教養課程, 文教研編, 明治図書, 1965에도 잇순보시를 어떻게 교육하는지에 관해 실려 있다. 이 책을 토론하면서, 새로운 단계로 진급하는 중학교 3학년 학생들에게 자기외의 현실을 교육하고 독립심을 진취시키기 위해, 잇순보시 이야기를 교육하는 내용[22]이 나온다.

---

20 依田千百子, 위의 책, 174~194면.

21 佐伯昭定, 「社会現象としての「一寸法師」物語」, 『文学と教育』, 文学教育研究者集団, 1995. 3. 25.

22 芝崎文仁, 「一寸法師』をめぐって」, 『文学と教育』, 文学教育研究者集団, 1978. 1. 1.

초기에 여성에게 교훈을 주는 이야기로 출발했던 잇순보시 이야기는 현재 성공하는 인간형으로 일본인에게 인식되고 교육되고 있다.

4. 문화콘텐츠, 만들어지는 이야기

아기장수의 개혁 이데올로기

아기장수설화의 정치성은 현재성보다 미래를 향하는 '진보개혁성'에 있다. 아기장수설화는 진보적인 종교운동과 결합되어 전승되곤 했다. 가령 미륵불교와 결합된 아기장수이야기도 적지 않다. 가령, 금산사나 선운사 모두 현세불인 석가모니불이 아니라 미륵불이 주존불로 모셔져 있는 불교 미륵신앙의 중심사찰이다. 이 사찰을 중심으로 한 '미륵불 아기장수설화'가 있다. 아직 오지 않은 세상. 바꾸고 변혁해야 할, 이미 누릴 것은 다 누린 현세 석가모니불이 아니고, 그것을 내세까지 이어가려고 하는 아미타신앙은 더더욱 아닌, 새로운 평등세상, 꿈만 같은 생명, 평화, 정의의 세상을 지금 당장 이루어달라는 민중들의 염원이 바로 미륵신앙으로 표출된 것이다.

가령, 신라말, 소위 후삼국시대의 미륵운동은 후백제의 진훤(견훤)과 태봉의 궁예로 대표된다. 앞서 언급했듯이, 권력투쟁에 의해 어려서부터 도피 생활을 했던 궁예는 입산하여 선종善宗이라는 법명의 중이 된다. 이후, 궁예는 세력을 확장하면서 고구려의 후예를 자처하는 태봉국을 세운다. 초기에는 관제를 개편하고 세력을 넓히면서 선정을 베풀었으나 후기에는 스스로 미륵을 자처하고 두 아들을 청광보살, 신광보살이라고 부르며 괴이한 행적을 보인다. 결국 궁예는 왕건에 의해 제거되고, 고구려 부흥의 꿈도 용화세계의 꿈도 물거품이 되고 만다. 민중적 열망을 잘못 파악했던 궁예는 중세적 한계를 극복하지 못한다.

이후 이조의 숭유억불정책은 불교 전반에 걸쳐 심대한 타격을 주었다. 민중은 머리가 잘려진 불상에 아무 돌멩이나 얹어 놓음으로써 소박한 신앙의 세계를 지켰다. 또 판석板石에 희미하게 미륵상을 조성하여 인가가 없는 산기슭이나 구석진 곳에 모시고 치성을 드렸다. 미륵신앙은 미륵의 '해방세계의 실현' 이야기로 민중 사이에 전승되고 있던 참언이나 미인, 진인, 도인, 아기장수 설화 등과 긴밀하게 영향을 주고 받았다.

또한 조선후기 봉건사회를 끝장내고 후천개벽 새 세상을 꿈꾼 동학사상과 아기장수설화는 결합되고도 했다. 이후 1970년대와 80년대 민중신학과 아기장수설화는 부활하는 메시야의 이미지와 결합하기도 했다. 그래서 '전태일 = 아기장수 = 메시야'라는 등식의 이야기가 전해지기도 했다.

북한에서 1984년 영화로도 만들어졌던 구전민담 「불가사리」는 아기장수설화를 연상할만한 유사한 비극성을 갖고 있다. 영화 「불가사리」는 민간 전설로 내려온 고려말의 야담을 계급사관으로 해석한 이야기로 일본에서 상영된 당시인 지난 95년 말 조총련 기관지 「조선신보」가 전한 내용은 다음과 같다.

"봉건 통치배들과 맞서 싸우기 위해 무기를 만들던 농민 탁쇠가 고문을 받은 끝에 죽어가는 순간 아이들이 가져다준 쌀알로 전설 속의 짐승 불가사리 인형을 만든다. 탁쇠의 넋과 그의 딸 아미의 피로 생을 받은 불가사리는 쇠를 능히 크게 먹어 크게 자라나 가난한 농민들의 편에 서서 통치배들과 맞서 싸운다. 끝내 농민들을 승리에로 이끈 불가사리지만 불가사리가 그대로 살아 남으면 마을 사람들이 편안히 살 수 없다고 생각한 아미에게 죽어간다. 아미도 이 과정에서 함께 희생된다."

부패한 봉건체제에 대항하는 불가사리는 민중을 구했는데도 불구하고, 철鐵을 먹어야 살 수 있기에 농민들의 모든 농기구마저 먹어 버리기 시작한다. 마침내는 불가사리를 키운 여자 주인공 아미가 큰 종에 들어가 종을 먹는 불가사리 입 속에 들어간다. 주인을 먹은 불가사리는 산산조각 부서지며 죽는다. 불가사리를 가장 사랑하는 어머니 같은 아미에 의해 불가사리는 죽는 것이다. 그렇지만 불가사리는 다시 살아나고, 여자 주인공 아미도 함께 다시 살아난다.

영화 「불가사리」는 「아기장수 설화」와 같다고 할 수는 없다. 그러나 아기장수를 연상할만한 몇 가지 유사점을 갖고 있다. ① 불가사리의 비범한 탄생은 아기장수의 탄생과 같다. 그리고 ② 불

MBC에서 상영된 애니매이션 아기장수설화

가사리가 철을 먹고 엄청나게 자라는 기괴함은, 태어난지 얼마 안돼 '날개'를 달고 날아다니는 아기장수의 기괴함과 비슷하다. ③ 불가사리나 아기장수나 너무도 비범하기에 부모와 가족들이 걱정한다. ④ 여자 주인공 아미가 불가사리를 죽이는 것은, 어머니가 아기장수를 죽이는 것과 같다. ⑤ 불가사리가 다시 부활하는 것은 날개 달린 말을 타고 부활한 아기 장수 설화의 결말과 비슷하다.

이렇게 「아기장수 설화」는 새로운 민담과 융합되어 변용되고 재창조되고 있다.

허균1569~1618의 소설 『홍길동전』의 홍길동도 잇순보시와 유사한 유형을 보인다. 이외에 김유정 소설 『두포전』, 김동리의 『황토기』, 그리고 홍명희1888~1968의 『임꺽정』, 최인훈의 『훠어이 훠어이』, 최서해의 『저류』, 김승옥의 『역사』力士, 황석영의 『장사의 꿈』, 대하소설 『장길산』이 아기장수설화 이미지를 작품 안에 갖고 있다. 이 작품들은 아기장수설화와 같은 진보성향을 보인다.

현재 '아기장수 우투리'가 중학교 2학년 2학기 국어교과서에 실려 있다. 그래서 많은 해설서와 동화책이 출판되어 있다. 또한 MBC를 통해 애니매이션으로 만들어지기도 했다.

잇순보시의 우익 이데올로기

잇순보시가 갖고 있는 정치지향성은 철저한 '우익보수성'이다.

잇순보시는 현실을 긍정하는 사상에서 '탄생'하고 있다. 잇순보시는 본래 스미요시住吉신사에서 기도하며 얻은 아이이다. 이야기의 기원부터 '현실긍정적'인 신도神道의 영향이 크다고 할 수 있겠다.

잇순보시는 재상(혹은 천황) 대신에 침략자인 오니에 맞서 싸운다. 그래서 이른바 벼락출세成り上がり를 한다. 중세말 전국시대에는 하극상 풍조가 일본을 뒤덮었다. 이 시기에 잇순보시가 현실화 되다시피 해서 나타난 인물은 도요토미 히데요시일 것이다.

에도시대에 들어 도쿠가와 막부는 막번체제를 확립하기 위해서, 전통적인 권위의 상징이었던 '황실'みかど를 교묘히 이용하려 했다. 실질적인 권력은 '쇼군'將軍이 장악하고 있었지만, 민중을 계급적인 신분질서 속에서 통치하려 했다. 이러한 통치를 위해 절대적으로 '황실'의 권위에 충성하게 하려는 이야기가 필요했을 것이다. 잇순보시가 이야기에서 결국 '황실'에 인정받고 귀족이 되는 것은 바로 그때 그 정치체계를 지키는 것으로 변화를 바라지 않는 우익적 성격을 보인다. 이러한 「잇순보시」의 사회안정형에 대해 예리한 지적도 있다.

"절대자로서 천황의 권위를 긍정하는 것보다, 중세말기에 일어난 하극상의 풍습을 부정합니다. 하극상의 부정은 신분적 차별을 긍정하는 것으로 생각할 수 있습니다. 하극상이란 하층계급이 상층계급에 반항하는 것입니다만, 이러한 의미에서 차별을 부정하는 것처럼 보이지만,

그러나 하극상이 다다르는 목적지는 하층계급과 상층계급의 역학관계가 역전되는 것이고, 거기에는 이전과 같이 차별사회가 남습니다."[23]

이러한 잇순보시 형의 우익성은 문화예술에서도 볼 수 있다. 태평양전쟁 말기에 모든 예술장르가 전쟁을 옹호하는 파시즘의 국민예술을 지향했던 것은 가장 극단적인 예일 것이다. 또한 한국 동요에는 바다에 대한 이야기가 그리 많지 않은 것에 비하여, 바다에 관한 동요童謠가 수없이 많은 일본에서 잇순보시 형 이야기는 '안으로는 충성, 밖으로는 진군'이라는 교훈을 암암리에 세뇌시키는 면이 있는 것이다.

그래서 이어령 교수는 일본문화의 장점은 '축소'縮小, Smaller is Better 지향이라 하면서 잇순보시를 인용한 적이 있다. 가령, 일본인들이 작은 것을 지향하는 미적 취미는 잇순보시에 대한 미적 취미와 동일할 수도 있다. 그런데 잇순보시가 아니라 오니가 되어 남을 침략하려고 할 때 일본은 위험해진다고 이어령 교수는 지적했다.[24] 사실 잇순보시로 상징되는 축소지향은 바로 확대지향과 통하기도 한다. 축소지향과 확대지향은 사실 동전의 앞뒷면과 같은 것이다. 손가락 크기에 불과했던 잇순보시가 대국을 꿈꾸고 스스로 잘 생긴 미남으로 급성장 하듯이, 워크맨을 발명한 것이 축소지향 같지만 축소지향을 통해 세계경제로 향했다는 것은 곧 '확대지향'을 의미하는 것이다. 일본 제품은 축소적이고 정교한

---

23 藤掛和美, 윗책, 35면.
24 李御寧, 『「縮み」志向の日本人』, 東京:學生社, 1982.

세밀함을 추구하지만, 세밀함을 추구하는 궁극적인 목적은 세밀함 자체에 있는 것이 아니라 세계 시장을 겨냥한 대량 생산에 목적[25]이 있는 것이다.

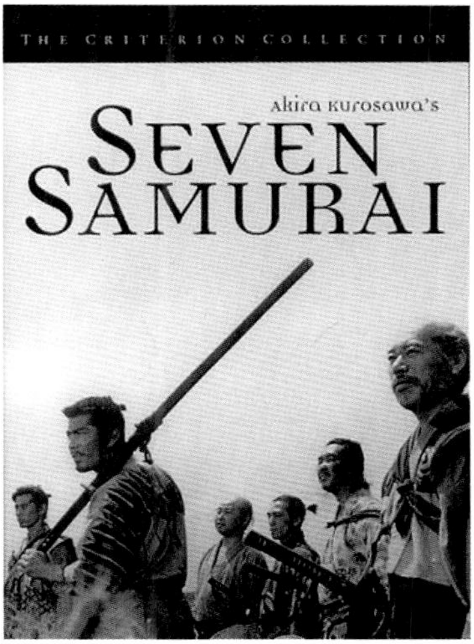

한편 잇순보시의 정치적 이데올로기는 구로사와 아키라黒沢明, 1910~1998 감독의 영화 「7인의 사무라이」七人の侍, 1954도 비교해 볼만하다. 이 영화에 나오는 7인의 사무라이들은 잇순보시적인 영웅성을 갖추고 있다.

전국시대(1467년경~1573년경)를 배경으로 하는 이 영화는 가을 추수기만 되면 마을로 내려와 곡식과 여자들을 강탈해가는 산적들에 맞서서 살아남으려는 농민들의 이야기다. 전편 후편으로 나누어 있는데, 전편은 농민들이 산적들과 싸우기 위해 사무라이를 고용하고 전투 준비를 하는 이야기다. 후편의 전투씬에서 7인의 사무라이는 한명 한명 죽어가면서 산적을 물리치고 마침내 평화로운 농촌 마을을 이룩한다.

만약 한국 영화라면 「장길산」이나 「홍길동」처럼 산적물론 義賊이 주인공이 되어야 할텐데, 「7인의 사무라이」는 황실이 지방 농민들을 보호하

25 朴俊熙, 『「擴大志向の日本人』, 東京:東信堂, 1986, 55~65면.

지 못하자, 사무라이들이 농민을 지키고 국가체제를 지키는 것으로 되어 있다. 이 영화는 현재의 체재를 전복하려는 이야기가 아니라, 현체재를 안정하게 유지하기 위해 산적을 퇴치하는 이야기, 현체제를 지키는 수구형 이야기[26]인 것이다. 이렇게 보수 안정성을 유지하는 사회합의 하에 존재하는 충忠의 개념은 일본 사회에서 대단히 중요하다. 그러한 집단심리가 극한으로 신념화 되었던 태평양 전쟁 때는, 셀 수 없이 많은 병사들이 천황폐하 만세를 외치며 옥쇄玉碎를 했던 것이다.

엄밀한 연구 결과는 아니지만, NHK스페셜에 도요토미 히데요시의 생애가 반복되어 드라마로 발표되는 것도 잇순보시형 영웅을 좋아하는 대중들과 관계있다. 일본인이 데츠카 오사무手塚治虫, 1928~1989 감독이 만든 작은 로봇 '철인 아톰'을 좋아하는 것도 잇순보시와 관계가 있다. 디즈니랜드의 미키마우스를 일본식으로 재창조[27]한 철인 아톰에는 일본의 전통적인 영웅 '잇순보시' 이미지가 겹쳐 있는 것이다.

5. 잠재적 집단심리

이 글을 통해 우리는 한국과 일본의 영웅이미지와 정치적 지향성을

26 일본 역사에 하극상(下剋上)이 없었던 것은 아니다. 일본 역사의 하극상에 대해서는 다음 책을 참조 바란다. 笠原一生, 『下克上の時代』(講談社,1969), 佐々克明, 『下剋上の王子 : 豊臣秀吉』(思索社, 1977), 阿部猛, 『下剋上の社会』(東京堂出版, 1998).

27 그래서 아톰은 머리를 어느 쪽으로 돌려도 미키 마우스처럼 양쪽 귀가 다 보인다. 김응교, 「아톰에 얽힌 꿈의 상상력」, 『빛과 소금』 1999년 4월호

살펴 보았다. 이제까지 설명한 것을 도표로 해서 정리하자면 다음과 같이 볼 수 있다.

그런데 이러한 도식을 보고, '아기장수 이야기 = 진보적 / 잇순보시 = 보수 우익적'이라고 이해하고, 이것을 확대해석하여 '한국 = 진보 / 일본 = 보수 우익'으로 단순하게 판단한다면 오해를 불러일으킬 수 있다. 이 도표는 첫째 두 이야기를 비교한 것 뿐이고, 그 결론은 두 나라의 한 부분에 관해 드러내는 것이다.

	아기장수 설화	잇순보시
문헌 근거	16, 17세기 문헌에도 실려 있을 정도로 긴 근원을 갖고 있다.	1670년에 이야기로 채록됨
이야기의 플롯	하향에서 비극적 부활 상승비극적 영웅의 부활	하향에서 성취의 상승 불구적 영웅의 성공
실제 역사적인 배경	외세에 투쟁하다가 인척에 의해 죽어간 실제적인 인물들. 궁예, 최제우, 신돌석 등	작은 남자를 비하하는 사회에 대한 반성, 약자에 대한 이야기
전승과정 : 만들어진 이야기	남성에게 민족역사를 교육하는 사회입문을 위해 만들어진 이야기	여성의 사회인식을 위해 만들어진 이야기, 여성이 읽는 교훈서에 실려 있다. 현재는, 자기현실을 성취하는 독립적인 자아를 교육시키는 이야기로 이용되고 있다.
문화콘텐츠의 가능성	소설 『홍길동전』, 『장길산』 등은 아기장수의 변용. 영화 「불가사리」 MBC에서 미니 애니매이션으로 제작. 만화, 동화책, 연극으로 만들어지고 있다. 중학교 2학년 2학기 국어 교과서에 실려 있다.	만화, 애니매이션, 캐릭터, 게임으로 만들어지고 있으며, 끊임없이 다양한 버전의 잇순보시 형 소설이 창작되고 있다. 태평양 전쟁 시기에 교과서에 실렸었고, 이후에도 중학교 3학년 과정에서 교육되어 왔다.
정치 지향성	진보 개혁성	우익 보수성

필자는 이러한 영웅이미지를 학생들과 토론한 뒤, 한국에서 영웅 드라마로 만들어진 주몽, 이순신, 명성황후, 안중근에 대해 대화를 나누곤 한다. 필자가 「아기장수설화」를 강의하는 와세다대학 「한국현대문화」 시간이 끝나면 학생들에게 질문 용지[28]를 받곤 한다. 「아기장수설화」를 분석한 뒤 학생들의 질문 용지를 받으면 학생들에게서 여러 반응을 볼 수 있다.

"외부의 억압이 얼마나 거셌으면 가족을 죽이는 사건이 이야기로 만들어졌을까. 역사적인 억압에 대해 생각할 수 있었습니다"(2002년 수업, 법학부 2년 田崎勇太)

"아기장수가 다시 부활하는 것은 기독교와 비슷한 거 같습니다. 일본 민담에는 죽은 주인공이 다시 부활하는 이야기는 없는 거 같습니다"(2003년 수업, 인간과학부 2년 新井英里)

"이야기에는 없지만 일본 역사에서 부모가 아이를 죽이는 사건은 적지 않습니다. 지금도 아이를 학대하고 아이를 부모가 죽이는 사건이 적지 않습니다"(2004년 수업, 문학부 2년 中村健一)

"김대중, 노무현을 뽑는 한국인 대중들의 영웅 이미지와 정치 지향성을 확실히 이해할 수 있었습니다"(2008년 수업, 상학부 4학년, 山下裕一)

학생들은 두 가지 민담을 비교해 듣고 일본과 한국의 문화 차이를

28 와세다대학에서 「한국의 문화와 사회」, 「한국현대문화」 등 한국학 수업을 10년간 강의하면서, 필자는 매회 출석 대신 수업이 끝날 무렵 질문 용지를 써서 제출하게 했다. 현재도 필자의 인터넷 카페에 수업 감상과 질문을 받고 있다.

생각한다. 필자는 이것이 옳다고 강요하는 것이 아니라, 필자가 강의한 내용과 다른 생각을 갖고 있는 학생의 생각 사이의 '차이'difference에 주목하고자 한다. 그 차이를 확인하면서 학생들은 문화의 다양성을 체험하게 된다고 필자는 생각한다.

학생들의 다양한 의견에서 볼 수 있듯이, 두 민담의 영웅이미지와 잠재적인 정치지향성이 한국인 혹은 일본인의 모든 영웅이미지와 잠재적 정치지향성을 말한다고 볼 수는 없다. 다만 이 연구를 통해 우리는 두 민족의 정치적 무의식의 '부분적'인 집단심리만을 확인할 뿐이다.

잇순보시처럼 일본의 모든 영웅들이 성공하는 해피엔딩형 영웅들만 있는 것은 아니다. 잇순보시만 생각하면 일본의 영웅은 성공한 영웅들만 있는 것처럼 보인다. 그러나 실제는 그렇지 않다. 역시 일본에서도 한국처럼 비극적인 주인공을 영웅시하는 경향은 존재한다. 일본 민담에는 아기장수설화처럼 부모가 아이를 죽이는 이야기는 흔치 않다. 그러나 실제 역사상 비극적인 영웅들은 적지 않다.

가령, 천하통일을 달성한 도요토미 히데요시豊臣秀吉보다는 천하통일을 바로 이루기 전에 죽은 오다 노부나가織田信長가 일본인에게 더욱 사랑을 받는다. 메이지유신의 기초를 만들었으나 암살당하여 비극적으로 생애를 마친 사카모토 료마坂本龍馬[29]도 일본인에게 사랑받는 국민적 영웅이다. 가부키 「츄우신구라」의 아코 로시赤穗浪士들을 포함해서 일본

29 김응교, 「야스꾸니 신사와 사카모토 료오마」, 『창작과 비평』 2004. 봄호.

역사에 비극적인 영웅들은 너무도 많다.

우리는 이 글을 통해 두 이야기의 공통점보다는 차이점에 주목하여, 두 나라 문화의 독자성을 드러내고자 했다. 그런데 그 차이점 곧 독자성이 왜 나타나는가에 대해서, 필자는 앞에서 그 역사적 배경을 설명했다.

가령, 아기장수와 가장 비슷한 실제 인물은 신돌석이다. 빈천한 가족에서 태어난 그는 1906년 3월 300명의 농민을 모아 활빈당이라는 의병을 만들어, 일본군과 싸웠다. 의병은 점점 그 수가 늘어 3000명 정도 되었을 때, 그에 대한 여러 풍문이 돌았다. 가령, 신돌석은 한명이 아니며, 거대한 몸이 한 개가 아니고, 축지법을 쓰며, 지붕 위를 날듯 뛰어가고, 신출귀몰하다는 전설이 지금까지 전해진다. 1차 의병시대(1896~1910)에 의병장 대부분이 양반 유생儒生인 것[30]과 달리, 그는 평민출신으로서 반봉건 반침략의 과제를 실천했다. 그러나 그를 죽이려는 일본군의 꾀임에 속은 친척에 의해 살해되었다.

그러나 그 차이점을 만들어내는 여러 요인들, 곧 보다 다면적이고 심층적인 문화, 문학, 사회적 관습에 대해 좀더 육박肉薄해 들어갈 때 이 연구는 설화의 단순비교 곧 일차적 비교가 아니라, 보다 입체적인 연구가 될 것이다. 입체적 연구까지 이르지 못한 이 연구의 한계는 다음 과제로 넘기려 한다.

두 가지 이야기의 비교를 통해, 필자는 한국인과 일본인의 집단심리,

---

30 김응교, 「독립군가 노랫말 분석」, 『사회적 상상력과 한국시』, 소명출판, 2002. 351면.

극히 작은 부분을 비교 설명하고자 했다. 따라서 이 글을 통해, 한국과 일본, 그 영웅이미지의 원형原型과 잠재적 정치지향성의 중요한 한 '부분'을 명확하게 확인할 수 있었다면, 이 연구는 소박하게나마 의미가 있을 것이다.

'일국적' 역사의 기억과

문화콘텐츠를 비판적으로 해체하여

아시아 소통의 계기로 전환하는 문제는

지극히 복잡하여 단순논리로 접근하기 어렵다.

문화콘텐츠와 역사가 만날 때, 234면

4부 역사와 문학의 문화콘텐츠

9장 '명성황후' 문화콘텐츠와 역사읽기

10장 사무라이 역사와 영화

_ 영화 「The Last Samurai」 2003

11장 야스쿠니 신사와 사카모토 료마

_ 시바 료타로 『료마가 간다』의 경우

9
'명성황후' 문화콘텐츠와 역사읽기

1. 문화콘텐츠를 통한 역사 읽기

해외에서 한국문화를 교육할 때 몇 가지 단계가 있을 것이다.

첫째, 가장 최근의 영상물, 특히 한류문화를 중심으로 시청각 수업을 진행하면 학생들은 흥미 깊게 참여한다. 가령 드라마 「대장금」(2003.9.15~2004.3.30) 등의 예를 들어 의상, 판소리, 풍습, 김홍도의 풍속도, 조선의 음식문화와 문화콘텐츠[1] 등을 곁들여 설명할 수 있겠다.

둘째, 한국 문화의 원형原型, archetype을 타문화와 비교하여 접근해보는 방법이다. 가령, 샤머니즘 문화부터 설명하면서, 이후 공동체의 집단의식이 담겨 있는 한국과 일본의 구전문화를 비교하고, 그것이 오늘날 어떠한 문화콘텐츠로 변했는지 설명하는 방식이다. 예를 들면, 한국의 「흥부전」이 일본의 「혀 잘린 참새」舌切雀와 어떻게 다르고, 왜 마음씨 고약한

---

1 金應教, 「食 · 食べ物 · 文化コンテンツ」, 早稲田大学アジア研究機構、『ワセダアジアレビュー』 3호. 2008년 1월 21일.

놀부가 진취적인 '놀부보쌈'이라는 새로운 상업적 이미지로 재해석되어 성공했는지, 현대 한국인의 자본주의적 집단심리를 설명하는 방법[2]이다.

셋째, 외국에는 안 알려진 한국인들만의 한류 곧 한국인의 '민족 영웅적 아이콘'에 대해 강의하는 수업 유형이다. 주몽, 이순신, 명성황후, 안중근 등은 문화콘텐츠의 대상이 되고 있다. 이러한 과거의 인물들은 민족 이야기national narrative를 위한 '쓸모있는 과거'로 재창조된다. 이렇게 '만들어진 역사'는 소설 · 드라마 · 영화 · 만화 · 게임 등 새로운 문화콘텐츠로 생산되어 해석을 요구하고 있다. 외국학생들 특히 일본 학생들은 '긴장감' 혹은 '호기심'을 갖고 적극적인 태도로 수업에 임하는 경우가 많다. 그러나 한국문화를 전혀 접해보지 못했거나, 역사에 대해 기본적인 정보가 없는 수강자에게 민족영웅을 대상으로 하는 문화콘텐츠 소개를 해야 할지 신중하게 생각해야 할 것이다. 자칫 한국적 민족주의를 강요하는 수업이라면 그것은 일방적인 정치강좌가 될 수 있으며, 결국 거부감을 유발시킬 수 있다.

이 글은 바로 세 번째 단계의 연구대상으로, '을미사변'으로도 불리던 '명성황후 시해사건'(1895년 10월 8일)에 대한 문화콘텐츠 교육에 대해 다루려고 한다.

을미년 10월 8일 새벽 5시 30분부터 6시 30분 사이에 경복궁 안의 건천궁

---

2 김응교, 「한국 '흥부전'과 일본 '혀 잘린 참새' 그리고 문화교육」(성균관대학교 인문과학연구소 『인문과학』제14집, 2008), 김응교, 「한국 '아기장수설화'와 일본 '잇순보시' 그리고 문화교육」(열상고전연구학회. 『열상고전연구』, 2008)

곤녕각에서 벌어졌다. 이 사건으로 명성황후明成皇后, 1851~1895는 민족의 비극적 이미지를 함축하는 하나의 아이콘이 되었다. 나아가 명성황후는 민족적 영웅으로 신비화되어 가고 있다. 이 '명성황후' 이미지는 이제 이문열의 희곡 『여우사냥』같은 서사물, 영화와 드라마, 뉴욕 브로드웨이 등 세계에서 공연되는 뮤지컬 「명성황후」, 명성황후와 궁녀를 지켜야 점수가 올라가는 컴퓨터 게임, 명성황후에 대한 테마 관광지 등으로 확대되고 있다. '명성황후'는 한때 미국 허리우드에서 영화로 만들려는 기획[3]까지 논의되었고, 최근 중국 텔레비전에서 상영되기도 했다.

명성황후에 관한 어린이 도서와 만화책은 200여 종을 넘어섰는데, 그

컴퓨터 게임 「명성황후」

3 「韓-할리우드 합작 영화 '명성황후' 주연 희망」 『뉴스엔』(2006.10.28)

'역사적 평가'가 고려되지 않은 채 출판되고 있다. 뮤지컬은 미국과 유럽에 수출되었으며, 드라마는 중국 지역에서 한류 붐을 일으키는 문화콘텐츠로 확장되고 있고, 일본에서는 비디오는 판매되고 있으나 다른 한류 문화콘텐츠에 비해 잘 알려져 있지 않다.

한국의 민족적 이미지를 문화콘텐츠화한 인물들, 가령 주몽, 이순신, 명성황후, 안중근 등과 같은 인물을 소재로 한 문화콘텐츠의 가능성과 문제점을 심도 깊게 논하지 않는다면, 그것은 한낱 한국인들만이 자기 안방에서 즐기는 국내용 공연에 지나지 않을 것이다. 미국의 디즈니 문화가 아시아는 물론 문화의 본고장이라고 자부하는 유럽까지 자리잡고 있는 이 시점에서, 아시아인 나아가 세계인이 즐기면서 역사적 의미를 기억할 수 있는 우리 역사 인물의 문화콘텐츠에 대한 검토가 필요하다.

이를 위해, 이 글은 몇 가지 '명성왕후'를 소재로 한 문화콘텐츠를 분석하려고 한다.

첫째, '명성황후'를 테마로 한 문학 작품을 검토해 보려 한다. 그 분석을 통해 명성황후의 이미지가 어떻게 변이되었고, 어떻게 왜곡과 신비화의 과정을 겪게 되는지 추적해 보려 한다. '명성황후' 이야기가 어떤 과정을 통해 일본에서 만들어졌는지, 살육해야 할 여우로 '만들어지는 명성황후' 이미지를 추적해 보려 한다. 그리고 한국의 담론에서는 어떻게 신비화되어 민족영웅으로 승화되었는지 추적하여 역사적 사실에 덧씌워진 가면을 벗겨내려 한다.

둘째, 이러한 역사적 검토를 토대로 '명성황후'에 대한 영상문화콘텐츠, 즉 뮤지컬, 드라마, 영화 등의 현황과 긍정적 영향, 부정적 영향, 그리고 그 보완책을 검토해 보려 한다. 뮤지컬 '명성황후'가 미국 브로드웨이에서 성공한 이유를 분석하고, 미국에서의 성공이 일본이나 중국에서는 왜 이어지지 않았는지 검토해 보려 한다.

이 연구를 통해 목표로 하는 것은 몇 가지가 있다.

첫째, '명성황후'와 같은 민족적 인물이 단순히 한국내의 자기만족적 이미지가 되면 안 될 것이다. 과거 역사의 기억 작업memory work은 미래를 향한 평화 인식을 열어갈 것이다. 따라서 '명성황후'에 대한 바른 기억과 문화적 재창조는 아시아의 평화 르네상스를 위해 기여할 수 있다고 생각한다. 이에 대해 아시아의 문화콘텐츠로 소통 가능한지, 일본과 중국 등의 동북아 지역을 통해 검토해 보려 한다.

둘째, 이 글을 통해 우리는 인문학을 이해하고 재창조하는 독서가 얼마나 중요한지 다시 확인하게 될 것이다. 하나의 문화콘텐츠는 고전적인 이해만으로는 해결할 수 없는 무척 복잡한 인간적 환경에 살고 있다. 하나의 문화콘텐츠를 분석하고 이해하고 또 생산해내기 위해서는, 역사, 문학, 예술 등에 관한 인문학에 관한 종합적 독서와 분석이 없다면, 불가능하다는 것을 우리는 이 글을 통해 확인하게 될 것이다.

2. 명성황후에 관한 문헌자료

첫째, 명성황후 시해사건에 참여했던 일본인들의 회고록 및 수기[4]와 기사를 검토해야 할 것이다. 명성황후의 살해에 가담했던 고바야가와 히데오小早川秀雄의 『閔妃殂落事件』은 원래 한문체로 되어 있다. 이 원본은 저자가 사제私製 비본秘本, 국판 일본어, 184면으로 집필하였으나, 1946년 7월 30일 자로 간행된 적이 있고, 현대 일본어 자료가 몇몇 일본근현대사 자료집에 실려 있다. 현대 일본어로 고쳐져 1963년 우리말로 소개된 적[5]도 있다. 이 수기는 당시 일본인에 의하여 기록되었기에 모욕적 표현이 적지 않으나, 그것 자체로 그들의 태도를 볼 수 있다. 이 수기들은 일치하여 그 누구도 왕비의 얼굴을 몰랐다고 한다.

또한 영화나 드라마를 보면 이 사건에 가담했던 일본인들이 단순한 사무라이나 불량배처럼 표현되는 경우가 많은데 사실은 그렇지 않다. 참가자들은 사건 이후 히로시마 법정의 의해 잠깐 구속되었다고 석방된 뒤, 브라질 영사나 대학 교수, 일본의 대표적인 작가의 아버지, 중앙의 신문기자가 되는 등 당시 일본근대화의 최선봉에 섰던 인물들이었다. 이들은 자신들이 한 일에 대해 자부심을 갖고 기록을 남겼다.

---

4 日本国立国会図書館専門資料部、『有馬頼寧関係文書目録』、1989/01. 日本国会図書館憲政資料室、『朝鮮王妃事件関係資料』、憲政史編纂会。小谷保太郎編『観樹将軍回顧録』政教社、1925.

5 이선근, 『한국사』, 을유문화사, 1963.

スギムラフカシ　杉村濬　（一八四八―一九〇六）　明治時代の外交家。もと南部藩士。嘉永元年十一月陸中盛岡に生る。幼名順八。幼より學を好み、江戸に出でて島田重禮の門に入りその塾頭となり、明治七年西郷陸軍中將に從つて臺灣に航し、八年官を辭して横濱毎日新聞社に入り論說記者となつた。十三年外務省に御用掛を命ぜられ、幾許もなく外務省書記生に任ぜられ朝鮮京城詰となり、十五年花房公使に命ぜられて五里洞に赴任したが、間もなく京城の變起り、公使の仁川避難と聞き直ちに之に赴き辛うじて難を免れた。二十八年朝鮮王妃の殺害に關して獄に下つたが翌年一月免訴となり、ついで臺灣總督府事務官に任ぜられた。三十三年六月外務省通商局長に轉じ海外移民を計畫し、三十七年南米移民事業を督勵するため請うてブラジル公使となり、頗る同地移民のために盡瘁したが、その實未だ結ばざる明治三十九年五月一日病を以て任地に歿した。年五十九。正四位勳二等に敍せられ瑞寶章を授けらる。濬、資性謹直、平素國事を以て念とし、漢學の造詣深くまた文を能くした。

시해 시간에 참여했던 일본인은 단순한 불량배가 아니었다. 스기무라의는 마이니치 신문 기자로, 공사로 부임했다가, 조선왕비 살해에 가담해서 감옥에 있다가, 후에 브라질 공사가 된다.『日本人名辞典』、講談社、2001。

ほりぐちくまいち　堀口九万一　一八六五―一九四五　外交官。元治二年一月新潟県に生る。堀口良次右衛門の長男。明治二十六年東京帝大法科大学卒業。同年司法官試補となったが外務属に転じ、同二十七年第一回領事官補試験に合格、仁川在勤となった。ついで京城在勤中、同二十八年十月閔妃殺害事件が起り、三浦梧楼公使らとともにこれに連座して帰国、非職を命ぜられた。翌二十九年二月復職して中国沙市領事館の新設に当り、以後オランダ、ブラジル、メキシコ、スペインなどに駐勤、大正七年(一九一八)ブラジル公使、同十二年ユーゴ兼ルーマニア公使をへて、同十四年退職した。漢文およびフランス文学に通じ、昭和十年(一九三五)には文化使節として、国際文化振興会から中南米方面に派遣された。昭和二十四年十月三十一日没。詩人堀口大学はその嗣子。〈参考〉『閔妃事件の思い出』堀口九万一　軍事史研究　三ノ一　昭13。　（日高信六郎）

시해에 참여했던 호리구치는 도쿄제국대학 법대 졸업하고, 외무국에 이전하여, 민비살해에 가담했다가 투옥되고, 이후 석방되어 네덜란드, 브라질, 멕시코, 유고, 루마니아 등지에서 공사를 역임했다.『日本人名辞典』、講談社、2001。

당시 명성황후 사건에 깊은 관계가 있는 미우라 공사의 기록도 검토해야 할 문건들이다. 『観樹将軍豪快録』1918, 『観樹将軍英雄論』1920, 『観樹将軍縦横談』1924, 『観樹将軍回顧録』1925 등은 당시 상황이 비교적 상세히 기록되어 있다.

둘째, 한국측의 기록이다. 대표적으로는 황현黃玹의 『매천야록』梅泉野録이 있다. 『매천야록』은 우국지사 황현이 한일합방韓日合邦에 반대하여 음독飮毒 자결自決하던 전날까지 조선의 망국亡國 과정을 기록한 책인데, 명성황후에 대한 정보를 많이 담고 있다. 이 책은 명성황후를 민족적 영웅으로 부각시키지 않는다. 곳곳에 명성황후를 중심으로 한 민씨일가의 횡포를 기록하고 있다.

> 그때 민영위 · 민영규 · 민영상 등이 모두 화려한 요직에 있었으며, 밖으로는 방백과 수령에 이르기까지 좋은 자리는 모두 민씨 아니면 민씨의 사돈들이 차지했다. 게다가 **명성(황후-인용자)도 자기 집안에 빠져서** 성이 민씨이면 촌수가 멀고 가깝고를 따지지 않고 하나로 여겼는데, 몇 년 사이에 시골까지 이어졌다. 민씨 성을 가진 자들은 모두 의기양양하여 사람을 물어뜯을 기세였다.[6](강조는 인용자)

대원군이 물러나고 명성황후가 집권한 1875년 이래 근 20년 동안 국가의 중요한 관직은 모두 민씨일가가 장악했고, 이러한 권력집중은 나라와 백성을 파탄케 했다는 사실을 『매천야록』은 증언하고 있다. 을미년(1895) 8월

6 황현 지음, 허경진 옮김 『매천야록』(1864~1910), 서해문집, 2006. 69~70면.

20일 기록에서 일본인 공사公使 미우라 고로三浦梧樓가 낭인들을 이끌고 대궐에 침입하여 명성왕후(당시)를 시해한 과정을 상세하게 밝히고, 그 배경과 동기, 그리고 앞으로의 영향까지 분석하여 썼는데, 황현은 이 사건의 원인을 명성황후에게 돌리기도 한다.

> 왕후가 연신 살려 달라고 빌었지만 왜놈들이 칼로 마구 내리쳐 그 시신을 검은 천에 싸서 녹산 아래 숲속에서 석유를 붓고 불을 질렀다. 타다 남은 유해 몇 조각은 주워 불을 지른 곳에 파묻었다. **왕후(명성황후 – 인용자) 기지가 있고 영리하며 권모술수가 많았는데, 정사에 간여한 지 십년 만에 나라를 망쳤고 끝내 천고에 없던 변을 당하고 말았다.**[7]

또한 대원군의 행동과 왕후를 지키기 위해 목숨까지 바친 신하들의 이야기도 소개했으며, 이 사건을 처리하는 조정의 절차, 왕후가 시해된 지 닷새만에 후궁을 입궁시킨 고종의 행위, 왜국이 시해 주동자들을 모두 놓아준 행위 등을 두어 달에 걸쳐 상세히 기록했다. 다음 장에 '단발령'을 기록했고, 안중근이 여순 감옥에서 처형 당하기 전에 이등박문에 대한 열다섯개 죄목을 논하면서 그 첫째가 "명성황후를 시해했다"는 내용도 기록하고 있다. 황현은 『매천야록』에서 시종 명성황후에 대한 흠점을 지적하면서, 부정적으로 평가한다.

---

7 황현 지음, 위의 책, 235면.

셋째, 당시 외국 신문 및 외국인 보고서를 분석해야 할 것이다. 명성황후 시해사건은 외국인 기자나 선교사들에 의해 기록되어 외국에 알려졌다. 특히 직접 사건을 목격했던 러시아 건축기사 사바틴 A.J.Sabatin의 목격은 중요하다. 또한 당시 경성 특파원이었던 콜로넬 콕커릴Colonel Cockerill은 사건이 일어나고 1주일 후인 10월15일 『뉴욕 헤럴드』 The New York Herald, 1895년10월15일에 「조선의 대신과 대담하다」라는 제목으로 조선 왕비 살해사건을 크게 보도하여 서구사회에 알렸다. 다음날 10월 16일 요코하마에서 기자가 송고한 것으로 나와 있는 기사가 『뉴욕 위클리 트리뷴』New York Weekly Tribune에 실렸다. 이 기사는 대원군이 친일정부를 구성할 것이며, 왕비를 살해한 일본인들은 체포되었다고 보도했다. 위 신문은 다시 10월 30일 「조선 왕비의 시체가 발견되었다」라는 제목의 기사를 보도했다. 당시 『요미우리 신문』讀賣新聞, 『마이니치 신문』每日新聞 등은 1895년10월 8일부터 11월10일에 걸쳐서 사건을 크게 보도하고 있다. 이 신문 보도들은 일본 정부의 관여가 없었다고 보도하고 있다. 이외에 Frederick Arthur Mackenzie、The tragedy of Korea'、(London, Hodder and Stoughton 1908), G.A.Lensen, Korea and Manchuria between Russia and Japan, 1895-1904, (Florida Diplomatic Press, 1966) 등도 검토 대상이 될 것이다.

3. 만들어진 역사 : 문학작품

W.A 노블 「EWA」 1906, 줄리에트 모리오 「운현궁」 1995

명성황후 시해 사건 이후 외국인으로 가장 먼저 발표한 소설은, 미국인 선교사 노블W.A.Nobble 이 쓴 소설 「EWA」 1906[8]이 아닌가 싶다. 이 소설은 윤홍로 교수에 의해 발굴되어 부분 소개[9]되었다. 이 소설은 청일전쟁과 민비시해 사건의 전말과 이후 조선인의 의식이 어떻게 변해가는 지를 비교적 상세히 그리고 있다. 주인공 승요는 우연히 일본인 자객 틈에 끼어들어 민비살해 장면을 목격한다.

> 나는 무슨 정보라도 얻어 보려고 그자들 사이로 끼여들어 갔다…… 침입자의 우두머리가 궁중 정원으로 들어가는 것이 눈에 띄었다. 나는 그곳으로 살금살금 걸어 갔다. 병사의 손에 들린 불빛이 가마에 탄 사람의 얼굴을 잠깐 스쳤다. 그 순간 나는 깜짝 놀랐다. **지고하신 국왕의 아버지**였기 때문이다. **지휘하고 있는 사람은 내가 전에 본 일이 있었던 고급 일본장교였다**……(중략)……
>
> 와르르 발자국 소리가 들려서 건너편 방을 쳐다보았다. 여러명의 자객들이 어떤 부인을 떠메고 들어 왔다. 그자들이 방 가운데로 들어 왔을 때 날이 조금씩 밝기 시작하고 있었다. 여인의 아름다운 비단옷이

8 W.A.Nobble, *EWA-A TALE OF KOREA*, New York:Eaton&Mains, 1906. 한글 번역본은 윤홍로 역 『사랑은 죽음을 넘어서』(포도원, 2000)

9 윤홍로, 「새로운 소설 자료 '梨花' 읽기」, 한국어문교육연구회, 『어문연구』 통권 제101권, 1999. 3.

뚜렷하게 드러났다. 그들은 내가 여인의 얼굴을 볼 수 있는 방바닥에 내려 놓았다. 목 깊숙이 칼로 베어진 상처가 보였다. 그런 후 놈들은 밖으로 우루루 몰려 나갔다.

갑자기 죽은 사람의 얼굴에 덮였던 돗자리를 젖히고 난 궁녀가 그것을 옆으로 밀어 젖히고 안을 들여다 보았다.

"중전마마! 중전마마! 아이고! 아이고! 궁녀는 비명을 질렀다."[10](강조는 인용자)

당시 궁중에는 알렌과 같은 선교사들이 사건을 목격했기에 노블은 그 목격담을 소설로 썼을 수도 있다. 윤홍로는 "이 끔찍한 만행을 사실 그대로 기술하였다면 여러 가지 정치문제가 일어날 것을 우려하여 소설 형식을 취하였을 것이다"(170면)라고 추측한다. 무엇보다도 이 소설은 '지고하신 국왕의 아버지'인 대원군을 민비 살해의 협조자로 비추고 있다. 당시 일본 쪽에서 주장하던 논리였다. 동시에 노블은 지휘하고 있는 자가 명확히 일본 장교였다고 명시하고 있다.

이후 1995년 명성황후 시해 100주년이 다가오고 있을 때, 1994년에 번역된 줄리에트 모리오 장편소설 『운현궁 - 명성황후 민비의 삶과 죽음』1994[11]이 눈길을 끈다. "세자 저하, 나의 아들이여, 저하에게 이를 어찌 이르리이까?"라는 고백체로 시작하는 이 소설은 명성황후의 1인칭 고백체로 이루

---

10 윤홍로, 윗글, 169면 재인용.

11 원작은 Juliette Morillot, *LE PALAIS DE LA COLLINE AUX NUAGES*, Paris : PLON, 1993.

어져 있다. "시대는 바뀌었습니다. 나는 모든 알현에 참가했습니다. 또한 나로 인해 전하를 배알하는 이가 거북스러워 하는 때를 제외하고는 더 이상 대나무 발 뒤에 몸을 숨기지도 않습니다"(407면)라는 표현처럼, 이 소설에서 명성황후는 진취적이고 긍정적인 모성적 여인으로 그려져 있다.

쓰노다 후사코 『민비암살』1988

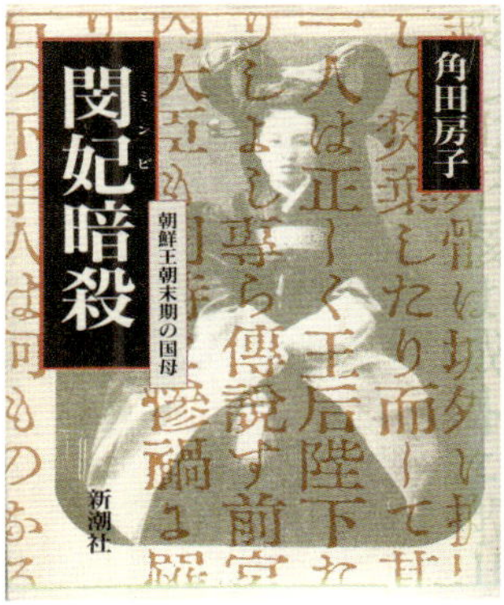

이후 명성황후에 대한 인식에 큰 영향을 미친 것은 쓰노다 후사코角田房子의 장편소설 『민비암살-조선왕조말기의 국모』閔妃暗殺—朝鮮王朝末期の国母, 新潮社, 1988[12]다. 이 책은 당시 한일 양국에서 호평을 받았다. 자이니치在日 소설가 양석일도 민비가 살아온 시대의 모순은 지금도 한반도에서 반복되고 있다면서, "이러한 시기에 『민비암살』이 일본인에 의해 써졌다는 점은 큰 의의가 있다"[13]고 상찬했다.

일본의 역사소설가인 쓰노다 후사코는 이 책의 결론에서 무쓰 외상이 동

---

12 角田房子, 『閔妃暗殺—朝鮮王朝末期の国母』(新潮社, 1988). 이 책은 『최후의 새벽』(김은숙 옮김, 조선일보사, 1999)이란 제목으로 번역되었다. '민비'라는 호칭에 거부감을 갖고 있는 독자를 의식하여 제목을 바꾼 것으로 판단된다. 명성황후는 살아생전 '민왕후'(閔王侯) 혹은 '왕후'로 불리었다. 명성황후의 호칭은 1897년 대한제국이 선포된 후 '민왕후'에서 명성황후로 격상되었다.

13 梁石日, 「『閔妃暗殺』角田房子著」, 『アジア的身体』、平凡社、1999. 130면.

향 후배로 시해사건에 가담했던 오카모토 류노스케岡本柳之助가 보낸 편지를 읽고 비로소 명성황후 시해사건을 알았다며 소설 끝부분에 이렇게 쓴다.

> 그러나 아무리 상상의 날개를 펼쳐 보아도, 무쓰 무네미쓰가, 또 이토 히로부미가 민비 암살을 계획했다고는 생각하지 않는다. 또 일본 정부도 민비 암살사건과 직접적인 관계가 없다는 나의 결론은 변하지 않는다.(しかし、どれほど自由に想像の翼を廣げても、陸奥宗光が、また伊藤博文が、閔妃暗殺を企てたとは考えられない。閔妃暗殺事件と日本政府とは直接の關係はない—という私の結論は変らない。)14

그런데 바로 이러한 시각이 역사에 대한 큰 오독誤讀이라고 역사학자 최문형 교수는 지적한다. 이 소설은 르포 형식을 취하고 있다. 현재 시점을 오가며 작가가 실제 등장인물로 등장하기 때문에, 독자들은 이 소설이 지어낸 픽션fiction이 아니라, 사실fact로 받아들일 우려가 있는 것이다. 따라서 이 소설에서 역사적 사실을 강조하는 위와 같은 대목은 대단히 중요하다 아니 할 수 없다. 그리고 그것이 틀린 사실이라면 곧바로 역사에 대한 왜곡歪曲이 되고 만다.

당시 일본에게 명성황후가 부담스러웠던 것은, 청일전쟁 이후 3국 간섭을 기회로 그녀가 '인아거일책'引俄拒日策을 선택했다는 점이었다. 그렇게도 기세 등등했던 일본이 러시아의 일갈一喝에 굴복하여 피 흘리며 빼앗은

---

14 角田房子, 『閔妃暗殺―朝鮮王朝末期の国母』, 353면.

요동반도를 속절없이 청에 되돌려주는 꼴을 본 왕비는 이노우에 가오루井上馨의 한국보호정책에 정면으로 도전했던 것이다.[15]

명성황후 시해 시간에 대해서는, 일본과 러시아 그리고 중국 사이의 국제적인 정세 속에서 저질러진 사건으로 보는 최문형 교수의 연구[16]는 가장 신뢰할만한 자료에 기초해 있다. 그는 몇 가지 이유를 들어 '명성황후 시해'에 일본 정부가 직접 지시했다고 주장한다.

첫째, 실증적인 자료를 통해 증명하고 있다. 최 교수는 일본 정부가 이 사건에 개입했다는 것을 외무성 관료들의 편지와 이동 그리고 회의 내용을 철저히 분석하여 증명해내고 있다. 실증적인 연구 분석을 통해, 야마가타 아리토모山縣有朋, 1838~1922 육군 대장이 1895년 7월 8일 무쓰 무네미쓰陸奧宗光, 1844~1897 외상에게 보낸 편지는 사건의 정부개입을 여실히 드러내고 있다[17]고 지적한다. 최 교수는 '민비' 문제에 대한 일본의 정책 결정은 7월 5일부터 7월 19일 전후에 이루어졌을 것[18]으로 추정한다.

둘째, 이노우에 공사가 1895년 6월에 귀국했을 때, 조선 정책을

---

15 최문형, 『한국을 둘러싼 제국주의 열강의 각축』, 지식산업사, 2001. 160면.

16 崔文衡 교수의 『日露戰爭の世界史』(藤原書店、2004)는 한동안 일본에서 인문학 베스트셀러였고, 이 책 출판을 기념한 살롱 대화에 주요 신문사 방송국 편집위원, 논설위원, 주요 대학 역사학 교수들이 참여했었고, 필자도 이 자리에 참여해서 의견을 교환한 바 있다.

17 최문형, 『명성황후 시해의 진실을 밝힌다』, 지식산업사, 2001. 명성황후 살해와 러일전쟁 그리고 독도 점취의 과정을 기술한 그의 일본어 논문 「閔妃暗殺とは何か」(『環』, 藤原書店, 2005년 가을호)은 일본 언론과 지성계에 파문을 주기도 했다. 이번 연구계획을 세우는 과정에서 최 교수는 필자에게 실질적인 자료를 제공해 주었다. 이 자리를 빌어 감사드린다.

18 최문형, 『한국을 둘러싼 제국주의 열강의 각축』, 170면.

당시 이토 수상과 상세히 상담한 후에 선물할 보물과 거액의 공수표 약속을 가지고 돌아갔고, 7월말에 다시 일본에 들어갈 때는, 공사직을 사임했다. 다시 일본 국내 정치에 들어갈 의사를 이또 수상과 상담합의를 보고, 자기 동향인 퇴 역군인 미우라를 자기 후임자로 추천했다. 그후 그는 다시 조선에 들어와, 거의 20일 동안 미우라와 같이 일본 공사관에서 지냈는데, 이렇게 볼 때 이노우에가 미우라의 활동에 관여했다고 보지 않을 수 없는 것이다. 그런데 '민비'는 미우라가 부임한지 불과 37일 후에 시해되었다. 미우라가 이노우에와 함께 지낸 17일을 빼면 공사 직무를 독자적으로 수행한지 불과 20일 만에 왕비를 살해한 것이 된다. 실로 미우라의 체한 기간은 한반도를 둘러싼 러일대립이라는 국제정세를 파악하기는커녕 한국의 내부 사정조차 제대로 파악하기 어려운 지극히 짧은 기간이었다. 시해를 위한 세부 계획이 이노우에가 한국 땅을 떠난 직후부터 가시화되었다는 점으로 미루어 미우라는 이노우에의 정책을 수행한 종범 내지는 책임자 정도에 불과했고, 주모자는 이노우에였다고 볼 수밖에 없는 것[19]이다. 그리고 이노우에의 뒤에는 당시 일본의 실제 권력자인 수상 이토 히로부미가 있었던 것이다.

셋째, 더욱이 일본 정부는 왕비 시해 바로 전날인 10월 7일에야 요동 반환 보상금을 3,000만냥으로 삭감한다는 히트르보의 9월 11일자의 제의를 수락했다. 이는 일본이 3국의 합의로 결정한 제의를 고의로 1개월 동안이나 미루다가 거사 직전에 수락함으로써 먼저 열강과의

19 최문형, 『한국을 둘러싼 제국주의 열강의 각축』, 176면.

갈등요인을 제거한 것이라고 판단되는 것이다. 일본 정부가 3국의 제안을 바로 이날을 택해 수락한 사실로 보아, 그들은 3국과의 관계를 처음부터 '민비'시해 준비와 보조를 맞추려 했다고 볼 수밖에 없는 것[20]이다. 10월 7일에 보상금액에 동의하자마자, 다음날 8일 새벽을 '민비'를 시해한 것은 결코 우연한 일일 수 없다.

따라서 안중근이 여순 감옥에서 처형 당하기 전에 이등박문에 대한 15죄목을 논하면서 그 첫째가 "명성황후를 시해했다"고 쓴 것은 이러한 인식과 연관된다. 그런데 소설에서 "아무리 자유로운 상상력의 날개를 펼쳐도 일본 정부와 이 사건 사이에는 직접적인 관계가 없다"고 주장했던 것은 당시 일본 군국주의와 현재의 일본 정부에 면죄부를 주는 것이다.

이 소설은 명성황후 살해사건을 일본인이 최초로 장편소설로 썼다는 점에서 의미가 있다. 그러나 의도와는 다르게 정부개입이 전혀 없었다고 주장하는 등 몇 가지 문제가 있다.

이문열 『여우사냥』과 북한의 명성황후 이해

식민지 시기에 발표된 소설을 보면 '민비'는 총명하나 부덕하고 간악한 왕비상으로, 고종은 무능하고 유약한 군주상으로 대중에게 다가왔다. 1930년 무렵 『동아일보』에 연재된 김동인의 역사소설 『젊은 그들』 『운현궁의 봄』은 쇄국정책을 썼던 대원군을 영웅적 아버지로 그리고 있는 반면,

20 최문형, 위의 책, 174면.

명성황후는 음탕하고 나라를 망친 독부毒婦, 남편 고종을 바보로 만든 '여우'로 묘사한다.

그런데 사건 100주기를 기념하여 뮤지컬 「명성황후」1995가 발표되면서, 느닷없이 명성황후에 관심이 몰렸다. 이 뮤지컬은 이문열 희곡 『여우사냥』살림출판사, 1995을 원작으로 하고 있다. 이 소설에서 명성황후는 긍정적이고 적극적인 여인으로 등장하기 시작한다. 이때까지 명성황후의 모습은 늘 뒤에 얼굴을 가리고 있었으리라고 추측했는데, 『여우사냥』에서는 서울 주재 공사로 임명된 미우라가 선임 공사인 이노우에井上를 동행하여 궁궐에 신임인사를 왔을 때, 명성황후는 병풍 뒤에 숨지 않고 자리에 앉은 채 두 일본인을 맞는 장면[21]이 나온다. 이 소설은 『여우사냥』에 비해 비교적 균형있는 역사적 시각으로 쓰여진 작품이다.

이어 명성황후 살해사건은 이수광 『나는 조선의 국모다』세명문화사, 1994 외에 정비석2001, 강신재2001, 유홍종2003 등 연이어 발표된다. 정비석 이하의 소설가들은 모두 『명성황후』라는 제목으로 장편소설을 발표했다. 명성황후에 대한 도서는 어린이 동화 수백종, 만화책 수백종에 이른다. 이들은 대체로 역사 '인식'보다는 명성황후를 영웅화 하여 역사적 '분노'를 만들고 있다. 한 나라의 왕비가 무도한 일제 낭인들에 의해 잔혹하게 살해당했다는 사실에 대한 민족적 공분이 명성황후에 대한 연민과 관심을 표출하게 하고 있다. 이러한 문화콘텐츠들의 문제점을 분석하여 바른 척도

21 이문열, 「여우사냥」, 계간 『세계의 문학』 1994년 봄호. 456면.

를 제시하지 않는다면, 명성황후에 대한 해석은 신비화 될 가능성이 있다.

2000년대 들어 남쪽에서는 명성황후 붐이라 할만치 많은 책이 출판되는 데 비하여, 북한에서 명성황후에 대한 인식은 우리와 전혀 다르다. 가령, 『조선사화집(5) - 인왕산의 불길』평양출판사, 2000을 보면, 명성황후를 '민비'로 민씨 세력을 '민씨 일파'로 서술하면서, '사대굴종적인 대일외교'라고 지적한다. 『조선백과대사전』백과사전출판사, 2000에서는 명성황후가 "반동적인 수구파 집단을 꾸리고 봉건양반들과 지주들의 이익을 대변하면서 모든 진보적 경향을 무조건 탄압하여 인민들에 대한 가혹한 착취를 일삼았으며, 대외적으로 사대투항주의적 외세의존정책을 실시했다"고 비판하고 있다.

4. 죽음의 서열화와 삼각관계 로맨스 : 영상예술

죽음의 서열화, 뮤지컬 「명성황후」1995

뮤지컬 「명성황후」이문열 원작, 윤호집 연출은 '명성황후 시해 100주기'를 맞아 제작되어, 1995년 12월 30일 예술의전당 오페라극장에서 초연되었다. 1996년에 제2회 한국뮤지컬대상에서 대상 · 연출상 · 미술상 · 의상상 · 연기상을 수상했고, 1997년 8월 15일, 뉴욕 링컨센터 안에 있는 뉴욕주립극장New York State Theatre에서 웅장한 막이 올라 미국과 영국 등지에서 순회 공연을 했다. 뉴욕 브로드웨이 장기 공연을 비롯하여, 중국 공연도 이어졌다. 2005년 10주년 기념 공연, 2007년 3월 관객 100만 돌파, 2009년 12월 26일 1000회 공연의 기록을 남겼다. 완성도 높은 작품성으로 2010년 2월 현재도 전국 순회 공연을 하고 있다.

서막은 1896년의 히로시마 법정 장면이다. 명성황후 시해 주범 12명에게 재판장은 증거 불충분으로 석방 판결을 내리고 일본의 힘을 과시하는 웅장한 코러스가 울려퍼진다. 이를 회한의 눈으로 지켜보던 대원군이 비운의 왕비 명성황후를 추억하기 시작한다. 1막은 민자영이 왕비로 간택되는 1866년부터, 임오군란 후 행방불명되었다가 환궁하는 1882년까지를 담는다. 조선을 넘보는 서양 오랑캐들, 세자가 탄생하고 고종은 친정을 선포하며 개화파와 수구파의 갈등이 심화되는 등 국내외 정세는 어수선하다. 그리고 명성황후가 살해되기까지, 눈을 뗄 수 없는 긴장감이 지속된다. 이렇게 성공적인 성과가 있었던 데는 몇 가지 요인이 있다.

첫째, 초연 당시 45명의 출연진과 600벌의 의상, 12억원의 제작비가 투여된 웅장한 스케일이다. 서막부터 무대는 대궐의 미니어처, 경사가 다른 회전 무대의 활용, 정면과 양 측면에서 나타나는 양이洋夷의 함대 등으로 스펙터클한 볼거리를 준다.

둘째, 한국의 전통적인 볼거리가 가득했다. 잊지 못할 장면은 '남성 군무軍舞'다. 무과시험 과정에서 나타나는 남성군무는 당연 으뜸이다. 기합소리와 절묘하게 어우러져 있는 배우들의 무술과 춤은 오랜 시간이 지나도 잊혀지지 않을 정도다. 이 외에도 '수태굿', '궁중 가례' 등 그 한 장면만으로도 문화 보존적인 가치가 충분하다.

셋째, 탁월한 연출력과 역량있는 가수의 결합이다. 왕비 간택 장면에서 어린이 코러스가 동원되고 서양 함대들과의 대적에서 오케스트라 피트를 조선 병사들의 진지로 삼아 객석까지 한편을 만들고 수구파와 개화파간의 알력을 희화화한 것은 안무와 함께 탁월한 연출력으로 평가된다. 주인공의 목소리가 워낙 탁월하여, 명성황후 역은 이태원이 해야 한다는 고정관념이 생겼다.

넷째, 자막판이 큰 역할을 했다. 뮤지컬은 노래 가사까지도 모두 이해해야 한다. 그런데 가끔 배우들의 딕션diction이나 마이크 사정이 좋지 않아 무슨 말인지 못 알아 들을 때가 있다. 그래서 무대 연기를 보다가 못 알아들어 팜플렛을 보는 중에 배우들의 연기를 놓치는 경우가 종종 있다. 그런데 뮤지컬 「명성황후」는 자막판을 통해 보여주니 메시지가 확실히 전달되었다. 세세한 것까지 꼼꼼하게 준비한 노력 덕에 '명성황후 신드롬'은 지속되고 있다.

뮤지컬 「명성황후」는 개인의 감정보다는 역사적 사실 전달에 더 비중을 둔 이 작품은 이문열의 『여우사냥』을 원작으로 하고 있다. 그런데 이 작품에 몇 가지 문제점이 있다.

첫째, 명성황후는 총명한 사람하고, 강인한 여성으로 재현되고 있다. 그래서 세자를 위해 명산사찰에 기도 비용을 낭비하고 무속인들을 불러들여 정치에 간섭하여 나라를 망치게 한 장본인이라는 부정적 의식[22]은 오히려 긍정적인 요소로 표현된다.

---

22 황현 지음, 허경진 옮김 『매천야록』(1864~1910), 서해문집, 2006. 172면

"홀로 강한 외적과 싸우다 불꽃 속에 사라진 여인!"

"타오르는 불길속에서 나는 조선의 잔다르크를 본다."

"그녀의 지혜와 슬기를 바탕으로 한 뛰어난 외교술은 동서 열강들의 각축장이던 조선의 국권 수호에 마지막 횃불처럼 빛을 발했다."

라고 쓰여진 뮤지컬 「명성황후」 팜플렛을 보면 알 수 있듯이, 명성황후는 애국적인 '조선의 잔다르크'로 성화聖化되어 있다. "타오르는 저 불길 속에서 / 나는 조선의 잔다르크를 본다"는 구절은 이문열의 『여우사냥』(198면)에 나온다. 황현이나 다른 인물들이 지적했던 명성황후에 대한 부정적인 면모를 이 뮤지컬에서 찾아 보기는 어렵다.

둘째, 이 뮤지컬은 명성황후를 지나치게 신비화 하고 있다. 이 작품에서 가장 감동적인 장면은 마지막에 명성황후(이태원)가 죽은 궁녀들의 혼령과 함께 「백성이여 일어나라」를 부르는 장면이다.

백성들 : 수려한 강산 비옥한 들판 짓밟혔네 우리들의 왕비마마 비통하게 가셨네
간악한 일본 짓밟힌 들판 어허허허 이 수모와 이 치욕을 우리 어찌 잊으리

명성왕후 : 알 수 없어라, 하늘의 뜻이여.조선에 드리운 천명이여.
한스러워라 조정의 세월, 부질없는 다툼들. 바위에 부서지더라도 폭포는 떨어져야 하고
죽음이 기다려도 가야할 길 있는 법. 이 나라 지킬 수 있다면 이 몸 재가 된들 어떠리.

백성들아, 일어나라. 일어나라. 이천만 신민 대대로 이어 살아가야 할 땅.

백성들 : 한 발 나아가면 빛나는 자주와 독립, 한 발 물러서면 예속과 핍박.

용기와 지혜로 힘모아, 망국의 수치 목숨 걸고 맞서야 하리

명성황후, 백성들(합창) : 동녘 붉은 해, 동녘 붉은 해 스스로 지켜야하리 조선이여 무궁하라, 흥왕하여라

동녘 붉은 해, 동녘 붉은 해 스스로 지켜야하리 조선이여 무궁하라, 흥왕하여라

동녘 붉은 해, 동녘 붉은 해 스스로 지켜야하리 조선이여 무궁하라, 흥왕하여라[23]

이 뮤지컬의 원작인 『여우사냥』에는 이러한 장면이 없다. 원작 제27장에는 시위대 수석교관인 미국인 다이 장군이 민비의 시신이 타오르는 광경을 보며 독창하는 비극적 결말로 끝난다. 원작과 달리 뮤지컬을 위해 새롭게 만들어진 이 장면에서 이미 준비된 감동에 빠져 있는 한국인은 대부분 참을 수 없는 민족적 울림을 느끼게 된다. 그런데 바로 이 대목에서 명성황후는 압도적 숭배의 대상으로 환생幻生한다. 이 작품에서 명성황후의 죽음 외에 어떤 죽음도 크게 부각되지 않는다. 죽음의 서열화가 이루어지고 있는 것이다. 사진에서 보듯이 명성황후가 가장 앞에 서고, 나머지

23 『명성황후』 팜플렛. 필자는 1996년 봄 초대 명성황후 이태원 씨가 노래할 때 갔었다. 그날 공연은 영어 공연이었고, 자막이 한글로 나왔다.

궁녀는 죽어서도 뒤에 선다. 한 위대한 인물의 죽음 뒤에 얼마나 많은 죽음이 무시당하는가. 애도해야 할 위대한 영혼으로 명성황후가 등장하는 마지막 장면은 죽음의 서열화를 가장 극명하게 보여준다.

이 죽음의 서열화는 곧 차별의 서열화가 죽은 후에도 이어지는 것을 알 수 있다. 물론 이러한 태도는 당시의 봉건적 세계관을 나타내는 구도로는 당연할지 모른다. 그런데 은연 중에 그 봉건적 세계관이 오늘날 다시 재현되면서 그 서열을 숭엄崇嚴하게 하는 것이다. 명성황후와 그녀를 둘러싸고 있는 궁녀의 혼령들이 서서히 걸어나오며, 애국주의를 노래한다. 이때 가장 애도받는 명성황후가 중앙에 전면부에 위치하고 나머지 죽음은 부차적으로 따라 나온다. '죽음의 서열화'가 극명하게 미화되는 순간이다. 우리는 어느덧 애도해야 할 사람과 애도하지 않아도 될 죽음을 구별하는 것이다.

가령, 2009년 노무현과 김대중 대통령이 서거했을 때 그들에 대한 애도는 더욱 거대해지고, 용산철거민 사건으로 냉동고에 누운 호모사케르homo sacer[24] 5인의 주검은 애도받지 않아도 될 존재로 잊혀졌던 것이다. 마치 차별받던 흑인은 죽어서도 차별 받는다는 구도[25]를 담론화 하는 것 같은 인상을 준다. 현세상의 차별을 죽음 이후의 서열화로 바꾸는 이러한 장면은 숭엄하기도 하지만, 그 숭엄에 감동하면서 자기도 모르게 질서를 용인하는 문제를 낳을 지도 모른다.

사소한 것의 숭엄화, 드라마 「명성황후」2001

한국 티이 드라마 역사에서 최고의 여배우가 될 수 있는 역할이 몇 가지 있다. 하나는 누가 춘향이가 되는가 이고, 또 하나는 누가 명성황후 역할을 맡는가이다. 1970년대 영화에서 영화배우 도금봉은 표독한 명성황후 이미지를 대중에게 강하게 각인시켰다. 그러나 1980년대에 들어서면서 명성황후 이미지는 점차 변하기 시작한다. 명성황후는 춘향이 같은 영웅이미지로 성화聖化되기 시작한다.

김영애는 드라마에서 두 번이나 명성황후 역을 맡았다. 데뷔 3년 만에 주연을 맡은 그는 1974년 MBC 「민비」로 백상예술대상 여자신인연기상을 수상하며 스타덤에 올랐고 1981년 KBS 「풍운」에서 다시 한번 명성황후 역을 맡아 호연을 펼쳤다. 1990년대 들어서는 김희애, 하희라가 각각 MBC와 KBS에서 명성황후로 분해 시청자들과 만났다. 김희애는 1990년 「조선

---

24 Giorgio Agamben, 박진우 옮김, 『호모 사케르』, 새물결, 2008.

25 "백인과 흑인의 차별이 지상에서 그러한 것처럼 천상에서도 그러할 것이며, 천국에 입성한 흑인들은 신약에 언급된 바대로 우리 주님이 예비한 집에서 따로 기거하게 되리라……우리는 선택받은 백성이다. 우리의 피부색을 보라. 저 꺼멓고 누런 종자들과 다르지 않느냐. 그것은 저들의 죄 때문이다." : Frantz Fanon, 이석호 옮김, 『검은 피부, 하얀 가면』, 인간사랑, 1998. 39면.

왕조 오백년」에서 임동진(대원군), 김홍석(고종)과 호흡을 맞췄고, 하희라는 변희봉(대원군), 조재현(고종)과 1996년 「찬란한 여명」에서 명성황후를 연기했다. 특히 「찬란한 여명」에서 명성황후는 영웅처럼 죽는 것이 아닌 도망치다가 일본 낭인들의 칼에 맞아 죽는다. 2001년 총 124부작으로 KBS2에서 방영된 드라마(2001.5.9~2002.7.18) 「명성황후」는 명성황후를 소재로 한 작품 중 대중적으로 가장 성공한 것으로 평가받는다. 이 작품에서는 세 명의 명성황후가 나왔다. 아역은 문근영이 연기했고, 성인 역으로는 이미연에 이어 최명길이 맡아 열연했다.

이 드라마에서 명성황후는 이전의 다소 부정적인 면보다는 외교에 능하고 현명한 인물로 그려 인식의 변화를 가져왔다. 명성황후를 긍정적 이미지로 바꾸려 했던 것은 당시 2002년 한일월드컵을 맞이하여, 식민지 역사를 자긍심의 역사로 바꾸려는 시대적 배경과도 관계가 있다. 그러나 그것이 지나쳐 명성황후를 지나치게 긍정적으로 재현한 면이 많았다.

이 드라마가 아직도 우리에게 기억되는 이미지는 조수미의 주제가 「나 가거든」이 흐르는 뮤직비디오다. 6분 10초의 이 비디오는 명성황후의 삶을 요약하고 있으며, 특히 호위대장 홍계훈(정준호 분)과 명성황후의 어린 시절부터의 관계를 그린 멜로물로 제작되어 있다. 멜로드라마로 만들기 위해 호위대장 홍계훈의 삶은 지나치게 긍정적으로 부풀려져 있다. 명성황후를 시해하려고 경복궁에 들어서는 일본인 살해자들과 싸우는 장면은 만화식 상상력으로 과장되어 있어, 일본인들은 하늘을 나르는 닌자로 되어 표현되고 있다. 그날 참여했던 일본인들은 닌자들이었을까. 이에 대해 앞서 1차 자료를 쓴 바 있지만, 그들은 구마모토 출신, 『한성순보』와 관계있는 일본의 지식인들이었다. 그들은 당시 제국적 야욕으로 대동아를 엿보던 일본의 역사적 욕망을 추종했던 '일본식 지사'들이었다.

조선인의 입장에서 생각하면 그들은 '살인자' 외에 아무 것도 아니었다. 군인은 물론이고 경관, 대륙낭인, 신문기자, 문학자, 상인, 일반인이라는 넓은 계층의 사람들이 솔선하여 민비 암살에 가담하였던 것이 중요한 의미를 가지고 있겠다. 그 중에는 프랑스 문학자이며 시인인 **호리구치 다이가쿠**의 아버지, 호리구치 구마이치와 「넌 무슨 일이 있어도 죽지 말아라」라는 시로 유명한 반전가인**反戰歌人**인 요사노 아키코与**謝野晶子**의 남편이자 메이지 문단에 큰 영향을 준 『명성』**明星**의 주재자인 **요사노 텟칸**与**謝野鐵幹**이 가담하고 있다. 무엇보다도 요사노 텟칸은 계획이 예상보다 빨라져 참가할 수는 없었으며 그렇지 않으면 민비 암살에 반드시 참여했을 것이다. **그리고 민비 암살 후 일본에 돌아간 암살자들은 환성을 외치는 대중들에게 개선장군과 같이 대접을 받았으며 히로시마 재판에서는 전원 무죄 석방되었다. 그 후에 그들은 민비 암살이라는 큰 공적으로 평가받게 된 것처럼 정치·경제계와 각각의 분야에서 성공하게 된다.** 이러한 것을 보면 민비 암살은 일본인의 특수한 인간들에게 의한 범행이 아니라 당시 일본인 전체에 내포되어 있던 사상적 체질이었다고 말할 수 있다. 그 사상적 체질은 오늘날 뿌리 깊이 숨 쉬고 있다. 나다오 문부대신**文部大臣**의 발언과 오쿠노**奧野** 국토부 장관의 발언의 밑바닥에 있는 것은 "남자들에게 겁탈당하는 것은 여자들에게 틈이 있기 때문이다"라고 억지를 부렸던 동경대학교 학생의 논리와 일치할 뿐만이 아니라 "야만국 조선 다위와 말할 가치도 없는 문제이다"라고 일본의 지식인 후쿠자와 유키치**福澤諭吉**의 언설의 연장선에 있다. **대동아공영권의 우두머리인 천황의 입장에서 보면 후진국 조선의 왕비 등은 하찮은 존재였던 것이다. 즉 민비 암살은 그들의 사상적 체질을 내면에서 지키고 있는 천황제와 깊은 관련이 있다.**[26]

'민비'를 시해한 사람들은 당시 일본 사회의 핵심적인 사상을 수행했던 인물이다. 호리구치 다이가쿠堀口大學, 1892~1981는 가나가와 현神奈川縣에서 태어난 시인이며 불문학자다. 1911년 게이오대학慶廣大學 영문과를 중퇴하고 외교관인 아버지를 따라 멕시코 · 브라질 · 벨기에 · 스페인 등지에서 10여 년간 해외 생활을 한 후 1925년 귀국했다. 프랑스어에 정통해 번역시집 『월하의 일군』月下の一群 340편이 신선한 느낌으로 열광적인 인기를 끌었다. 이보다 앞서 서구적 발상에 근거한 상징주의적 시집인 『달빛과 피에로』月光とピエロ, 1919, 『물 위에 쓰며』水の面に書きて, 1921를 간행했으며 『모래베개』砂の枕, 1926를 펴내면서 지적인 서정시인

26 梁石日, 위의 글, 136~138면.

으로 등장했다. 그외에 시집 『인간의 노래』人間の歌, 1947 · 『저녁 무지개』夕の虹, 1957 등이 있고, 예술원 회원을 역임했으며 1979년 문화훈장을 받았던 인물이다.

요사노 텟칸의 부인 요사노 요사노 아키코与謝野晶子, 1878~1942[27]는 여학교 시절 『겐지모노가타리』등을 읽기 시작하면서 고전에 흥미를 가졌고, 1900년 『명성』에 단가를 발표한다. 다음해 첫시집 『헝클어진 머리칼』한국어판 지만지 고전선집, 박지영 옮김, 2009을 간행하여 낭만파 시인으로서의 지위를 확립한다. 이후 '민비시해'와 관련있는 요시노 텟칸과 결혼한다. 1904년 9월, 러일전쟁에 참전한 동생이 무사히 돌아오기를 바라며 "막둥이로 태어난 귀염둥이 너/부모님의 사랑은 더욱 깊었다/부모님이 장검을 쥐게 하시며/타인을 죽이라고 가르쳤더냐./타인을 살해하며 죽어가라고/스물 네 살까지나 키우셨더냐"라고 쓴 시 「넌 무슨 일 있어도 죽지 말아라」君死にたまふことなかれ, 『明星』, 1904. 9를 발표하여 사회적인 비난과 동정을 동시에 받아 이슈가 되었다. 1912년 남편의 뒤를 따라서 프랑스 파리에 가서, 시베리아 철도를 경유하여 파리, 영국, 벨기에, 독일, 오스트리아, 네덜란드 등을 여행한다. 『겐지모노가타리』의 현대어역과 여성 해방 운동가로도 유명하다.

이렇게 황후 암살에 참여했던 이들은 일본의 근대화를 이끌었던 지식인들이었다. 그런데 드라마는 그들을 요인 암살을 하는, 그래서 경복궁 궁전

---

27 김응교, 「다시 해석되어지는 가인,요사노 아키코」, 『문학사상』, 2002년 12월~2003년 1월호.

담을 하늘로 솟아 한번에 가볍게 넘고, 땅에 폭죽을 터뜨려 사라지기도 하는 닌자로 묘사한다. 재미는 있으나, 문제는 이러한 '사소한 것들trivial things이 장열하게 표현되고, 진정 진지하게 기억해야 할 역사 자체가' 사소한 문제trivial matters로 잊혀진다는 점이다.

거기다가 명성황후 이미연이 "나는 조선의 국모다"라는 명대사를 탄생시키며 폭발적인 음반판매 성적을 올렸지만, 과연 이 말은 누가 듣고 어느 문서에 써놓아 남겼을까. 명성황후에 대한 그릇된 재현과 만화 같은 액션씬으로 역사적 사실성은 흐려졌다.

불륜녀 명성황후, 영화 「불꽃처럼 나비처럼」2009

1960년대 최은희는 신상옥 감독이 설립한 신필름에서 제작한 「청일전쟁과 여걸민비」1965에서 명성황후 역을 맡아 대원군 역의 김승호와 호흡을 맞췄다. 고故 도금봉은 두 편의 영화에서 명성황후 역을 연기했다. 1969년 이규웅 감독의 「전하 어디로 가시나이까」와 1973년 신상옥 감독의 「삼일천하」에서 조연으로 출연했다. 도금봉은 역대 명성황후 중 가장 악랄한 캐릭터로 연기했는데, 80년대 이전까지 민비에 대한 시각은 대부분 이렇게 시아버지 대원군에 맞서 싸운 표독한 여인으로 드라마의 흥미를 더하는 장치에 불과했다.

최근 2009년 9월 24일에 명성황후와 그를 사랑한 무사의 이야기를 그린 야설록 원작의 영화 「불꽃처럼 나비처럼」감독 김용균, http://www.minjayoung.co.kr/이 개봉되었다. 이 영화는 "조선왕조 마지막 멜로"라는 카피를 내세우고, 명성황후(수애 역)와 무명(조승우 역)이 시대를 벗어난 사랑을 나누는 이야기다. 연출을 맡은 김용균 감독이 "이번 작품의 매력은 명성황후를 최후까지 사랑한 무사가 가진 사랑의 힘이다"라고 말했듯이, 이 영화는 명성황후를 중심으로 '삼각관계 로맨스' 영화다.

이 영화는 명성황후의 결혼 전 호위무사 무명과의 사랑이야기를 그리고 있는데, 민자영이 결혼 전에 자신의 호위무사와 사랑을 나누다가 왕후가 된다는 스토리다. 다른 장르와 비교해서 이 영화는 명성황후의 인간적인 모습을 많이 볼 수 있었다. 수애가 연기한 명성황후는 이전의 명성황후와 달리 보다 인간적인 면이 강조됐다. 명성황후라는 이름보다는 '민자영'이라는 이름이 더 자주 불린다. 명성황후가 서양식 드레스를 입고 등장하는 것도 이채롭다. 이 영화는 서양문물을 적극적으로 받아들이면서 많은 대립을 샀던 차가운 황후 이면에 자리잡은 여인 민자영은 담고 있다. 훈련대장 홍계훈을 모티프로 한 호위무사 무명과의 애틋하고 절절한 사랑으로 한 여인의 가슴시린 사랑이야기를 잘 나타내어 주고 있다.

문제는 이 영화에서 겨냥하는 탄착점은 소비적 패티시즘 경향으로 흘렀다는 점이다.

첫째, 감독은 이 영화를 액션물로

탄생시켰다. 결투씬의 CG컴퓨터 그래픽의 합성은 8만여명의 관객동원과 일정 정도 관계있을 것이다. 그런데 명성황후가 궁중으로 간택되고, 갑자기 액션 장면이 삽입되면서 이야기는 맥락을 상실한다. 대원군이 보낸 자객과 무명의 칼싸움이다. 두 척의 배를 오가며 펼쳐지는 대결 신은 너무 과장되어 더욱 느닷없다. 또한 무명이 궁으로 진입하려는 대원군의 대군사를 홀로 물리치고, 대원군에게 국가의 미래에 대해 일갈하는 장면은 부자연스럽다. 무명이 사랑의 징표인 붉은 댕기로 무장한 후 최후를 맞는 장면이 CG보다 섬세하지 않은가. 기술력에 앞서 기본적인 네러티브의 탄탄함이 이 작품 곳곳에 결여되어 있어 안타깝다.

둘째, 감독은 이 영화에 성적 패티시즘을 이용했다. 명성황후가 되기 전 민자영의 눈에 있는 티끌을 떼내려고 무명이 눈에 티끌을 핥아내는 장면이 나온다. 그리고 명성황후가 무명의 호위를 받으며 궁궐을 빠져나와 피신하는

장면이 나온다. 이 장면은 1882년 임오군란 때 명성황후가 50일간 충북 충주 장호원으로 피신[28]했던 일을 표현한 것일 듯싶다. 여기서 추위에 떨

28 최효식, 「명성황후와 장호원」, 경주사학회 『경주사학』 제27집, 2008.6.

고 있는 명성황후를 무명이 껴안는 장면(68분)이 나오고, 3초 정도 나뭇잎에서 이슬 방울이 떨어지는 장면이 나오고, 아침에 무

명의 등에 업힌 명성황후는 무명의 머리를 쓸어 올린다.

그 3초간을 관객은 나름대로 해석해야 한다. 그저 무명이 명성황후를 안전하게 보호했구나 하고 생각할 수도 있으나, 명성황후와 무명이 '그 짓'을 했다고 상상할 수도 있다. 무명이 명성황후의 이마에 키스하는 순간, 3초간 보이는 나뭇잎, 이슬을 머금은 나뭇잎으로 하룻밤이 지난 것이라고 생각할 수도 있다. 반면에 그 나뭇잎에서 떨어지는 물방울은 성적인 액체로 상상할 수도 있는 것이다. 만약 후자처럼 생각한다면 명성황후는 졸지에 불륜녀가 된다. 이렇게 '3초'를 관객의 상상력에 맡기는 형식은, 허리우드 영화에서 너무도 유명한 '3초 반의 공식'[29]과 너무 닮아 있다.

---

29 영화 「카사블랑카(Casablanca)」(1942)에서 생략된 '3초반'은 슬라보예 지젝(Slavoj Zizek) 등에 의해 허리우드 영화 제작방식의 원리를 설명하는 고전적인 예로 자주 인용된다. 일사(잉그리드 버그만)는 몇년전 파리에서 사랑했던 릭 블레인(험프리 보가트)을 찾아온다. 일사는 독일군이 점령해오는 파리에서 릭이 떠나려 할 때 같이 가지 않아, 릭에게 치명적인 상처를 남긴 여자다. 그녀는 사실 프랑스 레지스탕스 지도자 빅터 라즐로와 비밀결혼한 상태였고, 남편이 수용소에서 탈출하다가 죽었다고 알고 이후 릭을 만나 사랑했는데, 릭을 따라 파리를 떠나려 할 때 남편이 살아 있다는 소식을 들었던 것이다. 카사블랑카에 미리 와서 전쟁통에 성공해 있는 릭의 카페에 일사가 찾아온다. 그리고 며칠 후 밤에 빅터를 미국으로 탈출시키기 위해, 일사는 경찰의 눈을 피해 릭에게 와서, 미국으로 가는 통행

영화 「불꽃처럼 나비처럼」 역시 3초의 순간, 두 사람이 껴안고 잎사귀에서 물방울이 떨어지는 3초가 지나고, 이야기는 급격히 성화性化된다. 궁궐로 돌아온 명성황후와 남편인 고종과의 베드신에서, 명성황후의 신음소리가 커지면 커질수록 정신적인 연인인 무명의 실루엣은 어지럽게 오버래핑된다(77분). 여기서 이 영화는 명성황후는 남편을 두고 호위무사와 성적 상상으로 갈등하는 여인으로 표현된다. 그리고 마침내는 명성황후가 시해弑害되는 장면에서, 옆에 쓰러져 있는 무명을 보며, 그녀는 무명의 영세명인 "요한"을 호명하며 죽어간다.

물론 영화 「불꽃처럼 나비처럼」은 제국주의 일본에 대항하는 명성황후의 비극적 감동을 그린다. 그런데 방식은 허리우드 영화의 전형적인 태도

증을 달라고 조른다. 릭이 주지 않겠다고 하자. 일사는 릭에게 권총을 겨눈다. 그런데 릭이 일사에게, 총구멍에 앞에 다가가며 말한다. "쏴, 그게 나에 대한 호의야." 그러자 일사는 총을 쏘지 못하고 무너지듯 말한다. "당신이 파리를 떠나던 날, 당신과 함께 가려고 했어요. 내가 당신을 얼마나 사랑했는지, 아직도 내가 당신을 얼마나 사랑하는지." 그리고 두 사람은 키스한다. 키스하고나서 '3초 반' 동안 다른 장면이 나온다. 공항의 관제탑이 3초 반 동안 나왔다가, 두 사람 장면으로 돌아온다. 두 사람이 열정적으로 키스하고, 이후 3초 반의 공백은 관객에게 다양한 상상력을 일으킨다. 3초 반이 지난 뒤, 릭은 담배를 피우고 있다. 성행위 이후 긴장을 풀려는 장면으로 상상할 수 있다. 게다가 3초 반 동안, 남근을 암시하는 공항의 관제탑이 나왔다는 것도 상징적이다. 물론 이후에도 남자의 양복이 흐트러 지지 않았다는 것을 보고, 그들이 짧게 키스만하고 더이상 선을 넘지 않았다고 상상할 수도 있겠다. 그들이 키스를 진하게 했던 성행위를 했던 '3초 반'은 그들이 서로 믿음을 회복했던 '어떤 과정'이 있었을 것이라고 관객은 짐작할 수밖에 없다. 이후 극은 극적으로 완전히 반전되어 여자가 카사블랑카에 릭과 남겠다고 하기 때문이다. 슬라보예 지젝은 이 '3초 반'을 두 가지 방식으로 해석한다. "라캉의 용어로 말하면, 3초 반 동안 일사와 릭은 대타자, 즉 공중적인 외관의 질서를 위해 그 짓을 안 했고, 우리의 더러운 환상적 상상을 위해서는 그 짓을 했다.": Slavoj Zizek, 박정수 옮김, 『잃어버린 대의를 옹호하며』, 그린비, 2009, 365면.

다. 앞서 말한 영화 「카사블랑카」에서 카페에서 독일군들이 군가를 부르자, 주인공이 프랑스 국가國歌 라 마르세예즈La Marseillaise를 독일군 앞에서 부르는 장면, 잠시 독일군과 놀아났던 프랑스 여인 이본느가 함께 눈물을 흘리며 이 곡을 따라부르는 모습은 감동적이다. 할리우드 영화의 전형적인 방식은, 삼각관계 멜로드라마에 애국주의를 엮는 것이다.

> 텍스트의 저자는 항상 "만약 영화 텍스트로부터 더러운 결론을 도출한다면 그것은 내 책임이 아니다"라고 주장할 수 있다. 이런 대립은 상징적 법의 차원에서는 아무 일도 일어나지 않았다. 텍스트는 깨끗하다. 반면에 다른 차원에서 그것은 관객에게 초자아의 "즐겨라!"라는 명령, 당신의 상상에 굴복하라는 명령을 퍼붓는다.30

이러한 태도는 이데올로기를 이용하여 숭엄한 환상으로 상업주의에 성공하는 예라 할 수 있겠다. 역사는 배경이 되고 관객은 두 사람의 사랑에 대해 집중하게 된다. 명성황후 이야기가 역사는 배경으로만 깔리고, 삼각관계의 멜로드라마로 강조하게 되면, 이야기는 전혀 다른 흐름으로 갈 수가 있다.

이렇게 영화 「불꽃처럼 나비처럼」은 멜로와 액션을 수시로 넘나들면서, '액션 멜로'라는 부담스런 장르로 변질된다. 여기에 시아버지인 대원군과 권력투쟁을 벌이는 명성황후의 정치적 행동이 추가된다. '정치적 액

30 Slavoj Zizek, 위의 책, 365~366면.

션 삼각 멜로드라마'라는, 그야말로 버라이어티 쇼가 되고 말았고, 영화의 배경이 되는 역사성은 감상적인 차원에서만 이용되었다.

5. 문화콘텐츠와 역사 읽기

명성황후에 대한 문학작품과 영상예술을 검토하면서, 첫째 문학작품을 검토하면서 왜곡된 역사자료에 기댈 때 어떠한 문제가 일어나는지 확인할 수 있었다. 둘째 영상의 경우 명성왕후의 죽음을 너무 성화聖化 혹은 신비화시켜 '죽음을 서열화'하는 문제를 드러내거나, 상업화에 지나치게 기대, '삼각 멜로 액션물'로 만드는 영화의 문제점도 지적해 보았다.

현재 명성황후 시해 사건 이후 장례식[31]이 있기까지 3년간을 다큐멘터리로 제작하고 있다는 소식도 있고, 할리우드에서 영화로 제작하겠다는 소식[32]이 있듯이, 명성황후는 아직 우리에게 '쓸모 있는 과거'로 존재한다. 이러한 때, 이제까지 영상문화콘텐츠의 공과 실을 잘 검토하지 않으면, 명성황후라는 아이콘을 지나친 소비주의적 공상에 의해 또한번 죽이는 꼴이 될 수도 있을 것이다.

이러한 문화콘텐츠를 통한 교육은 단순히 해외 한국학뿐만 아니라, 국

31 한영우, 『명성황후와 대한제국』, 효형출판, 2001. 이 책은 명성황후의 국장에 관해 실증적인 도면과 그림과 궁중생활사가 실려있고, 이에 대해 가장 면밀한 검토가 이루어진 학술 서적이다.

32 「韓-할리우드 합작 영화 '명성황후' 주연 희망」, 『뉴스엔』, 2006. 10. 28.

내 역사 교육을 위해서 중요한 역할을 하고 있다. 무엇이든 영상이나 이미지로 기억하는 젊은 세대에게 「다모」2003, 「선덕여왕」2009, 「추노」2010, 「동이」2010 같은 사극은 역사의 일부분으로 기억하게 된다.[33] 또한 우리는 「추노」와 「동이」를 통해 천민의 삶으로 눈으로 상상하게 된다.

그런데 이번 연구를 통해 문화콘텐츠를 만들기 전, 원작이 대단히 중요하다는 것을 확인했다. 상상력의 원초적인 보고寶庫는 결국 문자로 적힌 책이다. '인문학의 죽음', 혹은 인문학은 사회적 경제적 효용성이 없는 무용지물無用之物이라고 하지만, '삶'과 '텍스트'에 대한 정확한 해석학적 순환hermeneutical circle이 없다면, 상상력이 풍부한 문화콘텐츠가 아니라, 공상에 잡혀 있는 상업적 영상물에 지나지 않을 것이다. 결국 삶은 어떤 방식으로든 문자/텍스트/책을 떠나 있을 수 없다는, 인문학 독서에 대한 기본으로 돌아가야 한다는 초보적 자세를 다시 확인하게 된다. 정확한 사실에 근거한 사유의 힘이 개성적 창조를 이룰 수 있을 것이다.

문자로 기록된 인문학 정보에 대한 철저한 읽기와 이해가 없는 독자나 관객은 매체가 퍼뜨리는 감상적인 공상에 흔들리기 쉽다. 가령 영상매체에서는 명성황후의 사욕이나 무속을 좋아하는 점이 거의 드러나지 않는데, 이것은 역사적 상황을 객관적으로 보지 못하게 한다. 역사에 대한 왜곡이나 신비화는 사실에 기초해 있지 않다는 점에서 거짓이며 위험하다. 따라서 역사물에 대한 깊이 있는 독서교육이 필요하다 하겠다. 그렇지 않을

33 안인용, 「난, 사극에서 역사를 공부했다」, 『한겨레신문』, 2010. 4. 29.

때는 객관적인 역사 '인식'이 아니라, 역사적 '감정'만 생성될 뿐이다.

일본과 한국에서 한국학 수업을 진행할 때, 드라마 「명성황후」에서 조수미가 부른 주제곡 「나 가거든」을 비롯한 사운드 트랙을 들려주고 뮤지컬 「명성황후」의 주요부분을 보여준 뒤, 최문형 교수의 일본어 논문을 읽고 토론했을 때, 필자는 학생들의 생각지 못한 반응을 보았다. 학생들은 먼저 영상으로 이 사건을 대했을 때, 식민지인의 아픔을 공유하는 감정적 과정을 보였다. 해외 특히 일본내 대학의 한국학 교육을 위해 '명성황후에 관한 문화콘텐츠' 연구는 은 독도 문제에 대한 인식을 넘어, 한국을 보다 깊이 이해하는 과정을 마련해주기 때문이다.

그러나 이번 연구는 많은 한계를 갖고 있다. 첫째, 이 글은 대상 문화콘텐츠를 깊이 분석하기 보다는 가장 큰 문제점을 부각시키는 방법을 택하고 있고 강의를 위한 보고서의 성격을 갖고 있다. 모든 자료들을 한 자리에 모아놓았다는 이상의 의미를 찾을 수 없다는 것 자체가 이 논문의 한계이다. 자료 제시에 급급하여, 영상예술 부분은 관람평에 가깝기도 하다.

둘째, 이 글의 가장 큰 한계는, 역사적 사실을 상상력을 통해 문화상품으로 어떻게 만들어야 하는가에 대해서는 필자가 구체적인 전망을 제시하지 못하고 있다는 점이다. 또한 필자의 이 연구는 자칫 모든 문화상품은 역사를 '있는 그대로' 반영해야 한다는 단순논리로 오해받기 쉽다. 그렇게 이 글이 읽혀진다면, 이 글은 역사적 상상력을 무시한 공허한 논설이며, 구체적 대안이 없는 당위적 주장으로 오해될 소지가 크다. 필자는 '역사적 상상력'을 강조하고 싶었다. 역사적 상상력에 기초를 두지 않은, '민족적 감정'이나 '소비적 공상空想'에 치우칠 때의 위험성을 지적했다. 필자의 이 글이 '명성황후 문화콘텐츠'에 대한 담론 창출의 한 계기가 된다면 좋겠다.

'명성황후 콘텐츠'를 통해 타자가 한국을 모두 이해하고 아시아가 소통할 수 있다고 필자는 단순하게 기대하지 않는다. '일국적' 역사의 기억을 비판적으로 해체하여 아시아 소통의 계기로 전환하는 문제 역시 지극히 복잡하여 단순논리로 접근하기 어려운 문제다. 바로 이러한 한계를 인정하는 첫발이 한국문화 이해의 첫발이 아닌가 생각한다. 이러한 의미에서 '명성황후'라는 아이콘은 아직도 우리에게 창조적 문화콘텐츠의 원형을 묻는 숙제 중의 하나라고 할 수 있겠다.

10
사무라이 역사와 영화

_ 영화 「The Last Samurai」 2003

사무라이 정신을 미화했다고 한국에서 실패했던 영화. 상영 당시 독도문제와 일본망언도 수위가 높았던, 개봉시기를 잘못 잡은 영화. 물론 "영화는 그냥 영화로 보자"고 작심해서 봐도 역사적으로 틀린 내용이 너무 많은 영화…… 이래저래 얘기할 것이 많은 영화…… The Last Samurai, 2003. 153분. 감독 에드워드 즈윅.

알그렌 대위와 미국 젊은이

남북전쟁에 참전했던 네이든 알그렌 대위(톰 크루즈)는 전쟁이 끝나자 허탈감에 빠진다. 그때 일본의 고위 관리가 주 25달러로 일했던 대위에게 주 500달러를 약속한다. 신식군인을 훈련시켜 일본의 개화를 반대하며 철도를 파괴하며 반역하는 사무라이의 우두머리 카츠모토(와타나베 켄)와 그를 따르는 사무라이들과 싸워달라는 것이다. 1876년 여름, 대위는 1877년 반란을 진압하기 위해 최초의 일본 육군부대를 근대적으로 훈련시키기 위해 교관으로 부임한다. 한편 사무라이 가쓰모토는 서구 문물의 홍수 속에 사라져가는 일본의 전통과 혼을 지키고자 개혁반대의 선봉에 선다. 그리고 이 영화에서도 미국식 훈련을 받은 신식군대는 일본을 근대화 시킨다면서 일본의 전통문화인 사무라이 정신을 기관총으로 초토화시킨다.

이러한 과정에서, 술에 취하고 구토증을 느끼고 있는 미군 대위는 현재 미국 젊은이가 갖고 있는 정체성의 위기를 보여주는 것이 아닐까. 이 영화에서도 미국은 팍스 로마처럼, 일본의 개화를 돕는 팍스 아메리카의 모습을 보인다. 지금도 미국은 자신들이 무엇을 위해 싸우는지 혼동 속에 있다.

이라크 포로학대 사건 등 전쟁증후군에 시달리는 미국 젊은이들과 알그렌 대위를 겹쳐 볼 수 있다. 주인공 알레곤 대위가 적이 되어 돌아오듯, 이라크 전쟁이 끝나면 많은 군인들이 살인기계가 되어 돌아올 것이다. 2차 대전 이후, 한국전쟁, 베트남 전쟁, 이라크 전쟁으로 이어지는 구토할 수밖에 없는 깨어진 존재, 그것이 알그렌 대위가 아닐까.

사무라이 정신의 미화?

제대로 훈련이 안된 신식군대를 이끌고 나갔다가 대위는 참패하고 사무라이에게 생포된다. 카츠모토는 악착같이 싸우는 알그렌을 죽이지 않고 자신의 영지로 데려온다. 알그렌은 카츠모토에게 잡혀 사무라이들과 살면서 점차, 검술도 익히다가, 어느날, 사무라이의 삶, 그 깊이를 깨닫게 된다. 무사계급을 없애려 했던 알그렌은 그들과 만나면서 상상도 못했던 영향을 받는 것이다.

이 지점에서 허리우드적인 과장을 보여준다. 천황과 단독대담을 할 정도의 실력자인 카츠모토가 왜 폭설 때문에 나오지도 못할 산속에 살고 있는가? 게다가 요코하마 근처에 그렇게 눈에 나오지도 못할 산골이 어디에 있는가? 영화에 나타난 토리이鳥居, 신사에 들어가는 나무문가 너무 어색하다? 왜 메이지 정부는 어째서 닌자忍者를 쓰는가?

보다 문제가 되는 것은 알그렌 대위가 사무라이의 무사도武士道에 감동해 가는 동기가 역시 불명확하다는 대목이다. 주인공이 카츠 모토에게 매혹되는 과정이 너무 허술하다. 메이지 시대 때 일본을 사랑하여 고이즈미 야크모小泉八雲라는 이름으로 귀한한 영국 아일랜드인 패트릭 라흐카

디오Patrick Lafcadio Hearn, 1850~1904을 상징했을 수도 있다. 하지만 이 영화는 그가 카츠모토를 만나 목숨까지 걸고 사무라이 정신을 지키려고 하는지 그 변화과정이 너무도 급작스럽다. 끌려온 다음날 아침, 거위를 몰며 노는 아이들, 바구니에 나물을 나르는 할머니, 칼을 다듬는 대장장이, 검술을 연마하는 사무라이, 남편을 죽였는데도 친절히 자기 아이들과 함께 식사를 대접하는 여인…… 이러한 과정만으로 너무 비약이 심하다. 이유 불문, 일단 알그렌 대위는 사무라이의 삶에 공감한다.

전쟁터에서 죽어가며 사무라이 가쓰모토는 흩날리는 벚꽃을 바라본다.

"Perfect(완벽해)!"

그리고 꽃 한 송이 피우고 사라지는 벚꽃처럼 쓰러진다.

그에 반해 알그렌은 대체 무엇을 위해 목숨을 걸고 전쟁터에 나섰을까? 미국인이 천황을 섬겨야 할 필요도 없고? 공허하게 느껴지는 이유는 마음이 변하는 심리 과정의 서사가 허술했기 때문일 것이다. 어쩌면 이러한 급작스러운 몰입이 뭔가 매혹되기를 바라는 미국 젊은이의 표상일지 모르겠다.

한 겨울을 지내고 카츠모토는 알그렌을 풀어준다.

천황에게 전가傳家의 보검을 바치며 카츠모토는 무사정신을 지켜줄 것을 간청한다. 하지만 오무라 무리의 방해로 자결을 명받는다. 이 소식을 안 대위는 다시 황실의 편으로 돌아가려다가, 가쓰모토의 부하들과 궁성을 습격해 가쓰모토를 구출하고, 결국 숲으로 돌아와 최후의 결전을 준비한다.

결전에서 사무라이들은 연발총 앞에서 낙엽처럼 죽어간다. 사실 이 영화가 사무라이 문화를 절찬絶讚하고 있는 것만은 아니다. 부하들에게 신망을 받는 카츠모토는 정의를 위해 목숨을 다 바치는, 이상적인 사무라이다. 카츠모토의 실제 모델은 사이고 다카모리西鄕隆盛, 1827~1877라고 한다. 우에노 공원에 가면 서 있는 동상이 사이고 다카모리다. 사이고 다카모리는 인격적 감화능력이 탁월해 당시 뿐 아니라 지금도 그를 존경하는 일본인들이 많았다. 그런데 '경천애인'敬天愛人이라는 문구를 좋아했고, 메이지 혁명의 선두에 섰던 그는 시대를 잘못 판단했다.

그가 메이지유신에 나섰던 이유는 '일본인'을 위해서가 아니라, '사쓰마'가 일본 최고의 번이 되도록 하기 위해서였다.

총탄이 빗발치는 지옥에서 살아남은 자는 동양과 서양의 양쪽 모두를 체득한 알그렌 대위뿐이다. 여기에 감독의 메시지가 있는 것은 아닐까? 서구만으로도 일본의 무사도만으로도 안되며, 양쪽 모두를 갖고 있어야 살 수 있다는 메시지일까?

세이난 전쟁과 전투장면

이 영화는, 1868년에 메이지 유신이 일어나고, 10년 후 1877년에 벌어진 세이난 전쟁西南戰爭을 모티브로 삼아 만든 작품이다. 주요인물로 등장하는 카츠모토와 그와 대립하는 정부 측의 오무라는 각각 실존 인물인 사이고 다카모리와 오쿠보 도시미치大久保利通를 모델로 하고 있다.

신정부는 유신 이후 여러 가지 근대화 정책을 쏟아내게 되고, 그 결과 지금까지 사회 기득권 세력이었던 사족士族, 즉 사무라이 계급이 몰락하게 된다. 사무라이 계급의 대표인 사이고 다카모리는 이런 불만을 해소하는 방법으로 조선을 치자는 정한론征韓論을 주장한다. 하지만, 정한론은 오쿠보 도시미치 등의 반대에 부딪히게 된다. 영화의 오무라처럼 2년간에 걸친 해외 순방에서 돌아와 해외 사정을 어느 정도 알고 있던 오쿠보 도시미치는 당장 해외 정벌은 무리이고, 일단 국력을 충분히 키운 뒤 침략에 나서자는 논리를 폈다. 당시 메이지 일왕은 오쿠보의 손을 들어줬다. 분노한 사이고는 고향인 규슈 사쓰마로 돌아가 사무라이들과 함께,

정적 오쿠보 도시미치가 이끄는 신정부에 대해 반기를 든다. 이로 인해서 일어난 내전이 바로 세이난西南전쟁이다. 정부군에 패배한 사이고는 자결한다.

영화의 백미는 150분 영화 중에 60분 정도를 할애한 전투씬이다. 촌스러운 TV 사무라이 시대극의 결투씬과는 본질적으로 다르다. 다만 전쟁 씬에서 틀린 것이 많다. 왜 가면을 벗고 싸우는가? 배우 얼굴을 나타나게 하려면 어쩔 수 없다고 이해하고 넘어가자. 그런데 사무라이들이 창과 칼과 활로만 무장하고 있다? 반면에 정부군은 대포와 총을 갖추고 있다. 실제

세이난 전쟁에서는 반란군 역시 총을 다수 보유했다. 일본은 전국시다戰國時代에 이미 철포鐵砲라는 총이 도입되었다. 사실 영화에 반란군의 무장은 세이난 전쟁 훨씬 이전인 14~16세기의 무로마치 막부室町幕府 시대나 이후 전국시대 초반기에나 볼만한 무장이다. 소총은 사무라이들이 임진왜란 때도 썼었고, 구로사와 아키라黑澤明 영화 「7인의 사무라이」七人の侍, 「카게무샤影武者」, 「란」乱 등에서도 대포와 조총이 나온다.

전투 장면에서 정부군의 사격, 대포, 연발총이 끊이지 않고 퍼붓는데, 톰 크루즈는 죽지 않는다. 처음 갑옷을 입은 이가 어쩌면 그 무거운 갑옷을 입고 그렇게 경쾌하게 싸울 수 있는가. 조총은 물론, 연발 기관포, 대포도 그는 피해간다. 아니 총탄과 포알이 그를 피해간다. 당연하다. 그는 허리우드 신이고, 허리우드 007이다, 이 대목이 가장 헐리웃 영화답다.

전투의 마지막에 정부군이 이기고 나서 오히려 사무라이들에게 절 하는 장면이 나온다. 자신들의 전통을 지킨 자들에 대한 마지막 예우일 것이다. 그런데 정부군이 경애를 표하는 장면 자체가 지나치게 감상적이기도 하지만, 헛웃음이 나오는 것은 바로 전투 장면에서 남발한 잘못된 고증과 과장된 신출귀몰 때문일 것이다.

오리엔탈리즘과 허리우드 상업주의

첫째, 이 영화는 아시아 외부자의 시선으로 동양을 신비화시키는 오리엔탈리즘이 드러난다. 서구인들은 자신들이 모르는 동양을 미개한 사회로 여기거나 역으로 그 정신세계를 신비화시켜왔다. 이 영화는 서구인이 갖고 있는 일본인 이미지를 너무도 가볍게 재탕하고 있다.

영화의 도입부는 영화 전체를 지배한다. 후지산, 할복, 게이샤라는 세 가지 키워드가 반복된다. 기관총을 향해 칼을 들고 달려드는 사무라이의 죽음에 정부군이 절을 하는 도식적인 장면이나, 메이지 천황이 죽은 카츠모토의 칼을 받아들고 감복하여 서구인들에게 주체적인 결단을 내리는 식상한 설정으로 귀결되고 만다.

「라스트 사무라이」는 사극 액션 영화로서 손색이 없는 '웰 메이드' 영화이다. 하지만 마음을 가다듬고 냉정한 거리를 두고 생각해볼 때 이 영화는 서구인이 한 동양 문화에 가질 수 있는 무조건적인 동경과 최대한의 신비화 그 이상을 보여주지 못한다. 궁중에서 젊은 메이지 천황은 대위에게 묻는다.

"그들은 싸우기 전에 얼굴에 색을 칠하고, 독수리 날개를 붙이고 싸운다고 들었다. 무섭지 않았는가?"

대위는 "그들은 용감한 민족입니다"라며 선주민을 존경하는 마음을 표현한다. 때로 '존경'은 '신비화'와 동격이 된다. 이 영화는 선주민을 신비화한 「라스트 모히칸」, 인디언을 신비화한 「늑대와의 춤을」, 티벳인을 신비화 한 「7년간의 티벳」과 닮은 포맷을 갖고 있다. 네 작품 모두 주인공은 역사의 주류가 아닌 인디언이나 아시아인이다. 알그렌 대위가 사무라이를 무시하다가 예찬으로 바뀌는 과정은 다른 세 영화에서도 마찬가지다. 그리고 이 영화들의 주인공은 비참하게 죽는다.

둘째, 허리우드 영화산업의 상업술을 볼 수 있다. 허리우드가 보는 동양문화는 매트릭스에서 쿵후를 하는 것 그 이상이 아니다. 허리우드 영화는 동양 철학을 단순한 흥밋거리로 묘사하는 경우가 많다. 제작부터 일본 시장을 노리고 만드는 경우도 적지 않다. 주연도 일본인들이 특히 좋아한다는 톰 크루즈를 캐스팅했다.

「블레이드러너」1993를 보면 미래의 사람들은 기모노를 입고 다닌다. 영화에서 미래는 매우 암울하고 매일같이 비가 오고, 칙칙하기만 하다. 일본인이 세계의 주인이 된 암울한 미래를 상징한다. 물론 기계와 인간의 대결이지만, 배경에는 일본에 대한 경계가 깔려 있다. 같은 해에 만들어진 「데몰리션맨」1993에서도 일본에 대한 경계심이 담겨 있다. 미래로 간 주인공은 기모노를 입고 있는 미래인을 목도한다. 일본문화가 세계의 주류가 된 것이다. 1970~80년대 초반 영화들을 보면, 악마나, 괴적들이 일본 사무라이 복장으로 많이 등장했다. 전부 반反일본 혹은 일본을 은근히 경계하는 표현이다.

2000년대에 들어가면서 허리우드 영화산업은 상업적으로 일본 시장을 보기 시작한다. 그 대표작이 「라스트 사무라이」2003, 「게이샤의 추억」2006, 「이오지마」2007다.

미국 우월주의 영화에서 이제는 미국 태평양통제권의 절대적 동반자인 일본을 띄워주기 시작한다. 미국은 레이거노믹스 이후에 신자유주의의 절대동반자인 일본 이미지를 높여주면서, 동시에 상업적으로 이득을 보고 있다. 일본은 나름대로, 후쿠자와 유키지의 탈아시아론처럼, 일본이 아시아에 속한 나라가 아니라 보다 독특한 나라라는 것을 영화를 통해 나타나기를 바라고 있다.

그러다보니 이 영화는 정작 철저해야 할 현장 고증이 철저하지 않다. 메이지 천황이 궁전에서 체면 없이 어설픈 발음으로 영어로 말한다. 한 나라의 대표가 자신의 궁전에서 타국의 말을 한다. 마지막에 반란군의 일원이었던 톰 크루즈가 메이지 천황을 알현하는 장면은 폭소를 자아낸다. 반란군 대장이 한 나라의 대사가 천황과 협정을 위하여 알현하는 중에 막 들어올 수 있는지.

현대판 라스트 사무라이

이 영화는 일본에서 인기가 높았다. 일본에서 홍행수입은 137억엔, 관객동원수는 1410만인, 2004년에 상연된 영화 홍행성적에서 1위였다. 미국에서는 Box Office에서 홍행랭킹으로 첫주에는 1위였으나 점차 혹평을 받고 순위가 내려갔다.

사실 세이난 전쟁에서 죽은 일본인 수는 17만인이다. 동족들끼리 싸워 그렇게 죽은 것이다. 이에 비해 청일전쟁에서 죽은 일본인은 7천인에 불과하다. 그런 것을 주제로 그린 이 영화를 보는 일본인의 마음이 편안하지 않은 사람도 많다. 영화를 보면서 군데군데 눈물을 흘리는 사람들 모습이 텔레비전에 소개되곤 했다.

일본인의 반응은 두 가지라고 할 수 있다. **첫째는, 무사도를 아름답게 그린 영화로 감동하는 반응이다.** 일본에서 이 영화를 TV에서 선전할 때 "사무라이의 유전자를 계승하는, 모든 일본인에게"라는 카피를 썼다. 이 영화야 말로 니토베 이나조新渡戸稲造, 1862~1933가 썼던 『무사도』를 영상으로 구현한 영화다. 이 책에서 니토베 이나조는 "한때 일본이 가지고 있던 미덕, 무사도야 말로, 앞으로 세계를 구할 것이다"라는 강한 구상을 말하고 있다. 이 영화를 보면서, 사무라이의 유전자를 귀한 전통으로 다시 생각하는 일본인이 당연히 많다.

두 번째는 이 영화가 만들어진 2003년의 정치적인 분위기에서 이 영화를 해석하는 이들도 있다. 이 영화를 보고 고이즈미 준이치小泉純一郎로 전 총리는 "미국인이 일본의 사무라이 정신을 이해해서, 호의적으로 표현해주었다"『每日新聞』2003.12.28.조간고 절찬했다.

영화의 마지막 장면에서 천황은 칼을 쥐면서 "확실히 우리들은 대포와 철도와 서양식 군복을 받았다. 그러나 우리는 우리가 일본인이라는 것을 잊어 버렸다"고 말한다. 그러면서 미국과 무기수입조약을 멈추려는 의향을 보인다. 일순 침묵이 일고, 미국 대사는 화내며 퇴장하고, 오무라는 "확실히 카츠모토의 죽음을 추모하는 것 같습니다. 그러나 제가 목숨을 걸고, 이 일본을 위해 일하여 왔습니다."라고 천황하게 빨리 일미조약을 하자고 재촉한다. 그러나 천황은 오무라에게 "그렇게 생각한다면, 그대도 재산을 몰수하여, 백성에게 나누어 주라"고 말한다. 오무라는 천황의 기에 눌려 나간다. 그리고 마지막으로 천황은 대위에게 카츠모토가 "어떻게 죽었는지 말하라"고 말한다. 이에 대위는 "어떻게 죽었는지가 아니라, 그가 어떻게 살았는지 가르쳐 주지요"라고 말한다.

"어떻게 살아야 할지" 철저하게 실리를 추구했던 고이즈미 준이치로 당시 수상은 수상관저에 톰 크루즈를 초청, 나란히 사진을 찍기도 했다.

톰 크루즈는 영화「라스트 사무라이」앨범과 책을 수상에게 선물했다. 이어서 일본 정부는 10월 6일을 '톰 크루즈의 날'로 정하기도 했다. 왜 이렇게 고이즈미 수상은 톰 크루즈를 초청했는가, 그것은 일본의 사무라이 문화를 세계에 널리 알려준 의미도 있지만, 당시 톰 크루즈가 사무라이와 연합군이 되고, 오쿠보의 군대 또한 미군과 연합하는 연합군의 모습을 잘 보여주기 때문이었다. 이라크 파병을 야당에서 반대할 때 이렇게 일본과 미국이 연합하는 영상을 국민에게 보여주는 것은 이라크 파병의 정당성을 강조하는 데 아주 좋은 선전물이었던 것이다. 톰 크루즈와 이 영화는 고이즈미 정권의 원조군이었던 것이다. 고이즈미는 톰 크루즈와 몇 번에 걸쳐 사진을 찍고 폼을 잡았는데 그것은 사무라이와 미국의 연합을 상징하는 또다른 현대판 연출이었던 것이다.

생각해 보면 고이즈미 전 총리와 현재 아베 총리야 말로 현대판 라스트 사무라이들이다. 고이즈미 총리는 중원을 해산시키고, 우체국을 개혁하는 라스트 사무라이의 모습으로 '잃어버린 10년' 이후 기력이 빠져 있는 일본 국민에게 열망과 집착을 보여주며 지지도를 얻었다. 또한 야스쿠니 신사 참배로 극우 보수세력의 인기를 얻었다. 일본은 현대판 라스트 사무라이를 계속 추구할 것인지 주목되는 오늘은 2007년 2월 6일이다.

11

야스쿠니 신사와 사카모토 료마

_ 시바 료타로 『료마가 간다』의 경우

ⓒ 김응교

박물관 이야기

모든 박물관은 이야기를 품고 있다. 박물관이 품고 있는 이야기를 '박물관 이야기'라고 한다면, 우리는 모든 박물관을 텍스트로 읽을 수 있고, 비평할 수 있겠다. 따라서 모든 박물관은 문학비평의 대상이 될 수 있다.

일본의 야스쿠니 신사靖國神社는 하나의 거대한 정신적 박물관이다. 야스쿠니라는 말을 들으면, 사무라이의 투구를 연상시키는 둔중한 곡선의 지붕 앞에 고개 숙인 검은 정장의 일본인 정치가를 떠올릴 이도 있겠다.

야스쿠니 신사에 가면 꼭 들러야 할 곳이 있다. '신이 노니시는 곳'이라 하는 유슈칸遊就館이라는 전시관이다. 전함에 돌진하여 자폭하는 '인간어뢰'나, 날개를 쥐고 흔들면 흔들릴 정도로 가벼운 자살 폭격기, 전사자들의 일기, 유품, 출전하기 전에 쓴 혈서 등을 보며 '광적인 군국주의'를 회상할 수도 있겠다. 하지만 일본인들이 야스쿠니 신사에서 느끼는 것은 부정적인 이미지가 아니라, 종교적인 성스러움일 수도 있다. 이곳은 1853년 개항 이후 태평양전쟁까지 전쟁에서 숨진 246만 명의 전몰자戰歿者가 모두 주신主神이 되어 '모셔져' 있는 성소聖所인 것이다. 246만 명의 신들을 찬미하며 '영혼의 축제'みたま祭り가 벌어지는 축제의 성전인 것이다. 더욱이 야스쿠니 신사는 메이지 신궁, 노기 신사와 더불어 국가적 영웅을 모시는 '국가주의 신사' 곧 국가가 공인하는 예배당이라는 것을 생각할 때, 우리는 야스쿠니 신사를 단순한 관광지로 생각할 수 없는 커다란 괴리감을 느끼게 된다. 야스쿠니 신사는 그만치 일본문화 혹은 일본정신의 핵심부에 자리 잡고 있다.

이제까지 유슈칸은 흰 머리의 노인들이나 방문하는 추억의 역사관이었다. 그런데 2002년 7월 13일, 창립 120주년을 기념해서 유슈칸은 외부의 전시물을 건물 내부로 끌어들여, 대형 유리와 현대적인 디자인의 전시관으로 탈바꿈했다. 웅대한 대리석 입구였던 예전과 달리, 들어가는 입구를 현대적인 감각으로 건축해서 요즘은 젊은 커플의 데이트 코스로 이용되기도 한다. 인터넷 홈페이지http://www2.yasukuni.or.jp/yusyukan/index.html도 세련된 디자인과 전자 음악을 사용하여 젊은층의 호감을 끌고 있다.

야스쿠니 신사의 유슈칸에 들어가면 왼쪽에 휴게실과 판매소가 있고, 오른쪽에 2층으로 올라가는 에스컬레이터가 생겼다. 대형 유리 안에 새로 시원하게 만들어진 입구이다. 그 에스컬레이터를 타고 올라가면, 전시관 입구 바로 옆에 한 인물의 초상화가 걸려 있다. 사카모토 료마坂本龍馬, 1835~1867의 초상화다. 사카모토 료마는 1883(메이지16년) 5월에 야스쿠니 신사에 합사合祀되어졌다. 하지만 증축되기 전의 유슈칸에는 사카모토 료마의 사진이 입구에 걸려 있지 않았었다. 그런데 이번에는 전시관 입구에 제일 먼저 사카모토 료마의 초상화가 자리잡고 있다.

사카모토 료마는 일본뿐만 아니라, 한국에도 잘 알려져 있다. 한국인에게도 료마는 영웅이 되어 가고 있다. 시바 료타로司馬遼太郎, 1923~1996의 『료마가 간다』龍馬がゆく, 한국어판, 창해출판사는 이미 오래전에 '제국의 아침'이란 이름으로 번역되어 스테디셀러로 팔렸었다. 또한 도몬 후유지童門冬二의 『사카모로 료마』와 미조우에 유키노부의 『사카모토 료마와 손정의의 발상의 힘』이상 한국어판, 지식여행은 료마를 '성공한 CEO'로 소개하고

있다. 이 뿐만 아니라, 김무곤 교수는 『NQ로 살아라』김영사에서, 사카모토는 자신의 공을 타인에게 돌리고 다른 사람의 능력을 먼저 인정해 주었던 인물로, 높은 공존지수를 보여주는 인물이라고 평가하고 있다. 또한 청와대 도서관의 경우, 2003년 9월 말 현재 시바 료타로의 『료마가 간다』가 국내 서적을 제치고 문학베스트셀러를 차지했다고 한다. '료마가 구체제인 막부체제를 무너뜨리려 했다는 점이 개혁 정권을 자처하는 청와대 사람들의 감성과 맞아떨어진 것으로 보인다'고 한다. 인터넷에도 사카모토 료마를 사랑하는 카페가 여러 개 만들어져 있다.

료마는 왜 일본과 한국에서 영웅이 되어 있을까. 게다가 왜 야스쿠니 신사의 입구에 그의 초상화가 놓여 있을까. 한 인물이 첫 장면에 놓인다는 것은 박물관의 이야기와 어떤 관계가 있을까. 사카모토 료마의 이야기를 소설로 살려낸 시바 료타로는 야스쿠니 신사와 어떤 관계가 있을까.

사카모토 료마와 야스쿠니 신사

바쿠후幕府 설립 이후 일본은 엄격한 신분구조로 나누어져 있었다. 최고 통치자인 쇼군將軍을 정점으로, 녹봉 1만 석 이상의 한슈藩主, 한의 영주인 다이묘大名와 한슈에 속한 무사, 농민, 기술자, 상인의 순서로 서열이 매겨졌다. 무사는 다시 조시上士라 불리는 상급무사와 가시下士, 고시鄕士라 불리는 하급무사로 나뉘는데, 이러한 신분구조는 일상생활까지 엄격하게 구분할 정도로 철저히 지켜졌다. 바로 이 시기, 사카모토 료마는 1835년 11월 15일, 토사 번土佐藩, 현 코우치현에서 하급 무사의 아들로 태어났다.

시바 료타로의 소설 『료마가 간다』龍馬がゆく는 사카모토 료마를 가장 아꼈던 누이 오토메乙女와 대화 나누는 장면부터 시작된다. 어릴 때는 공부도 잘 못했고, 늘 '울보 료마'로 불리며 바보 취급받던 료마였다. 어디에서든 쫓겨나기 일쑤였고, 선생이 포기해버릴 정도였던 료마. 그가 12살 때 돌아가신 어머니 대신 3살 위의 막내누이 오토메는 료마의 어머니 역할을 했다. 그의 막내누나가 료마의 성장에 큰 역할을 했다. 1852년, 열아홉 살 때 료마는 에도로 올라가 본격적으로 검술 수업을 쌓기 시작한다. 에도에 올라온 첫해, 1853년 미국의 페리 제독이 군함 네 척을 이끌고 개항을 요구하는 '쿠로후네黑船 사건'이 일어난다. 이에 자극을 받아 '존왕양이'尊王攘夷 주의자들과 사귀면서 그들의 영향을 받게 된다. 존왕양이파였던 료마는 당시 서양을 모방하려만 하는 문제는 서양의 영향을 받은 카쓰 카이슈勝海舟 때문이라고 생각하여 그를 죽이러 간다. 그런데 료마는 "일본은 외국의 발달한 지식과 기술을 배워야 한다"는 카이슈의 말에 되레 감동받고 그의 제자가 된다. 료마의 전설은 이때부터 시작된다.

첫 번째 료마의 전설은 지금의 종합상사라 할 수 있는 해원대를 결성했던 일이다. 카이슈의 영향을 받은 료마는 해운 무역 회사 '카이엔타이'海援隊를 결성한다. 카이슈를 도와 고베 해군조련소 설립에 참가하고, 일종의 '군사상사'軍事商社 카이엔타이를 설립했던 것이다. 이것은 일본이 나아가야 할 길을 보였던 첫 걸음이었다.

두 번째 료마의 전설은, 원수지간이었던 사쓰마 번과 쵸슈 번을 화해시킨 일이다. 료마는 일본의 미래를 위해서는, 양자를 체결시킬 필요가 있다고 생각하게 된다. 그리고 카이엔타이를 통해 당시 바쿠후로부터 무기 수입이 금지되어 있던 쵸슈에는 사쓰마 번薩摩藩, 현 카고시마현에서 무기를, 쌀이 부족하던 사쓰마에는 쵸슈 번長州藩, 현 야마구치현에서 쌀을 지급시키는 것으로 '삿쵸'薩長 동맹을 체결시켰던 것이다. 이 삿쵸 동맹의 체결은 메이지유신明治維新을 일으키는 원동력이 된다. 그 중심에 바로 사카모토 료마가 있었다.

세 번째 료마의 전설은, 메이지 정권의 국가적 틀을 만들어 낸 것이다. 삿쵸 동맹 이후 양자가 한 공동체가 되며, 그 다음에는 막부와 각 번을 하나로 하기 위해 정권을 바쿠후에서부터 조정으로 반환시킬 '타이세이 호칸'大政奉還을 추진했다. 당시 어느 누구도 바쿠후 타도 후의 일본이라는 나라에 대해 비전을 제시하지 못했다. 이때 료마는 배 안에서 구상한 여덟 가지 방책, 곧 선중팔책船中八策을 제안한다. 이 선중팔책이 근대일본의 국가적 기틀을 마련하는 기본적인 역할을 했다. 사카모코 료마의 큰 특징은 양이파, 개국파 등 사상에 관계없이 많은 사람들과 접한 것이다. 그는 통일성이 없었던 일본을 한 국가로 만들어냈다고 해도 과언이 아닐 것이다. 하지만, '타이세이 호칸'大政奉還의 한 달 뒤인 1867년 11월15일 료마는 친구인 나카오카 신타로와 함께 교토에 있는 오우미야近江屋에서 암살 당한다. 그의 희생의 결실인 양, 그후 일본은 메이지유신을 맞이한다.

료마가 당시 일반 사무라이들과 다른 점은 해외에 눈을 돌렸다는 점과 철저한 행동력을 갖췄다는 것에 있다. 어릴 때 바보로 불리웠던 료마가 근대화에 앞장서서 온몸을 불사르다 서른세 살의 나이에 자객의 칼에 암살

되기까지, 그의 인생은 일본 근대화의 중추적 역할을 했다. 넓은 시야를 지니며 원활하게 정권 교체를 실현시킨 사카모토 료마. 그의 외교적 수완은 높은 평가를 받아 아직까지 일본인에게 난세의 영웅으로 인정받고 있다. 현재도 매년 11월15일에는 교토에서 위령제가 시행되며 전국에서 많은 료마 팬들이 모여든다.

시바 료타로의 일본판 오리엔탈리즘

ⓒ 김응교

사카모토 료마를 일본인의 뇌리 속에 깊게 각인시킨 사람은 시바 료타로라는 일본의 대표적 국민작가이다. 시바 료타로의 『료마가 간다』龍馬がゆく는 철저한 현장 답사와 고증, 풍부한 자료 수집과 엄밀한 사실 추적으로 이루어진 작품이다. 필자가 소개한 사카모토 료마의 간략한 생애는 그 소설의 줄거리를 요약한 것이다. 이 작품을 통해 시바 료타로는 2차

대전 패전 후, 역사적 정체성을 잃어버렸던 일본인들에게 큰 비전과 자신감을 불러 넣어주었다.

시바 료타로가 1962년 6월부터 4년 간 산케이신문에 연재한 8000매 분량의 장편소설 『료마가 간다』는 출판되자마자 밀리언셀러가 되었고, 현재까지 1억 부 이상이 팔리면서 현대 일본인들 사이에 이른바 '료마 전설'이 확산되어 갔다. 이후 국영 NHK는 이 소설을 대하드라마로 혹은 스페셜 프로그램으로 여러번 방영했다. 또한 2000년을 맞아 『아사히신문』에서 기획한 밀레니엄 특집 「지난 천년간 최고의 정치지도자」 설문조사에서 사카모토 료마가 1위에 올랐다. 일개 변방의 하급무사가 도쿠가와 이에야스德川家康나 오다 오부나가織田信長와 같은 전국시대의 영웅들보다 존경과 사랑을 받은 것이다. 또한 컴퓨터 게임도 발매되어, 시뮬레이션 롤플레잉게임 『유신의 폭풍』시리즈에서도 사카모토 료마가 주인공이다. 이 게임은 MSX때부터 나온 시리즈인데, 사카모토 료마를 주인공으로 한 유신지사파와 히지가타 토시조를 주인공으로 한 신센구미新撰組 둘 중 하나를 골라 플레이하는 게임이다.

료마의 이야기를 쓴 시바 료타로도 일본인에게 영웅이 되었다. 2000년 6월 29일자 『아사히 신문』에 나온 「천년의 문학자」 라는 인기 투표에서, 1000년 동안 활동해온 일본인 작가들 중에 시바 료타로라는 존재는 3위를 차지하는 영웅적 문학인인 것이다. 과연 그가 일본인에게 무엇을 주었기에 이들은 이리도 높게 시바 료타로를 평가하고 있을까. 답은 간단하다. 시바 료타로가 일본인에게 잃었던 민족적 자존심을 회복시켜 주었기 때문이다.

전쟁으로 얻어맞아 찌부러진, 민족적 자긍심을 빼앗긴 일본인. '민족적 자긍심'이라 하는 말 자체가 일종의 터부가 되어, 전쟁 중 군국주의를 연상시키는 말로서 규탄되어졌다고 하는 환경에 처했던 일본인. 그 일본인이 마침내 간신히 자신을 회복하기 시작했던 고도경제성장기에, 『료마가 간다』를 비롯하여 일군의 시바 료타로의 작품이 등장했다. 이러한 작품은, 고도성장에 의해 만들어진 '대량의 실무가적 생활자층'**實務家的**을 중심으로 압도적으로 지지를 받기에 이르렀다. (중략 ; 인용자) 내 자신도, 일본의 근현대사를 보는 시각을 근본적으로 바꿀 수밖에 없었던 최초의 계기를 부여해준 것은, 다른 것이 아니라 시바 료타로의 작품을 접하고 나서이다.

이른바 '자유주의 사관'을 주장하여 문제의 『새로운 역사교과서』2001를 만들었던 후지오카 노부카쓰藤岡信勝 교수의 말이다. 물론 이 소설은 '메이지유신 이후의 근대국민국가 완성'이라는 자랑스러운 성공담을 '국민적' 층위에서 윤색한 최대의 성공작이다. 료마는 고도성장기에 기업일꾼들이 배워야 할 영웅이 되었고, 작가 시바 료타로는 이로써 근대 일본을 '성공 이야기'로 자신있게 내 놓아, 패전 후 자신감을 잃은 일본인들에게 거대한 자신감을 불어넣으면서 이른바 '국민작가'가 되었던 것이다.

그렇다면 시바 료타로가 일본이 아닌 다른 아시아 나라를 보는 시각은 어떠할까. 그가 일본을 '성공 이야기'로 소개하는 방법은 중국과 한국을 비교하는 이른바 '시바사관'司馬史觀을 통해서이다. 그는 중국을 유교주의로 점점 퇴보하는 나라로, 김대중 사건이 일어났던 한국을 조선시대로 퇴보하는 나라로 묘사하며, 앞서가는 일본을 내세운다. 이성시 교수는 간단히 대별하여 '시바사관'의 한 단면을 다음과 같이 설명한다.

> 시바가 그려낸 성공 이야기의 골격이 확실해질 것이다. 즉 법가의 나라 → 문명 → 합리적 → 상품경제 → 자유, 개인 → 근대자본주의라는 흐름 속에서 근대 일본의 성공 이야기가 자리 잡고 있으며, 이에 대해 중국과 한국은 유교의 나라 → 문화 → 불합리 → 억상抑商정책 → 가족주의 → 대정체라는 대칭 항목으로서 묘사, 일본과는 근본적으로 구별하는 작업이 시도되고 있다.

법가의 나라 일본은 성공했고, 유교의 나라 중국과 일본은 대정체를 겪고 있다는 생각, 이른바 시바 료타로의 자세는 '일본판 오리엔탈리즘'에 지나지 않다는 것이다. 왜곡된 교과서를 만드는데 중심적인 역할을 했던 도쿄대학의 후지오카 노부카쓰藤岡信勝는 시바 료타로의 역사적 시각을 ① '도쿄재판사관'에 반대되는 건강한 내셔날리즘, ② 높은 정신을 되살려낸 리얼리즘, ③ 좌우 이데올로기로부터 자유, ④ 관료주의 비판을 특징으로 한다고 소개하면서, "'시바사관'이 '자유주의 사관'이라고 불리기에 어울리는 내실을 담고 있다는 것을 명확히 한다"고 내세우기 시작한다. 여기에서 '자유주의 사관'은 탄생했고, 『새로운 역사교과서』가 탄생했던 것이다. 사카모토 료마에서부터 시작된 시각은 러일전쟁이나 태평양 전쟁에 대한 논리도 바꾸어 놓는다. 『새로운 역사교과서』를 보자.

① 러시아가 만주에 병력을 증강하고, 조선북부에 군사기지를 건설했다. 그대로 말없이 보기만 한다면, 러시아의 극동에 있어 군사력은 일본이 도저히, 맞설 수 없을 정도로 증강할 것이 명확해졌다. 정부는 때가 늦어질 것을 염려하여, 러시아와 전쟁할 결의를 다졌다

② 일본 정부는 이 전쟁을 대동아전쟁으로 명명했다(전후, 아메리카 측은 이 명칭을 금지하기 위해 태평양전쟁이라는 용어가 일반적이 되었다). 일본의 전쟁목적은, 자존자위**自存自衛**와 아시아를 구미의 지배에서 해방시켜, 그래서, 「대동아공영권」을 건설하는 것에 있음을 선언했다.

①은 러일전쟁이 '조국방위전쟁'이었다는 설명을 하고 있다. ②는 태평양전쟁이 아시아를 백인 인종주의에서 해방시키기 위한 전쟁이었다고 설명하고 있다. 이렇게, 『새로운 역사교과서』를 만든 사람들, 이른바 극우들은 시바 료타로를 일본 우익정신의 근본으로 본 것을 충분히 이해하게 된다. 이러한 '시바사관'의 인큐베이터에서 사카모토 료마는 다시 태어났으며, 『새로운 역사교과서』를 만든 우익의 사상이 더해져, 사카모토 료마의 초상화는 야스쿠니 신사의 입구에 놓이게 된 것이 아닐까. 우리는 『새로운 역사교과서』의 움직임이 단순히 지면을 넘어, 박물관이라는 거대한 교과서의 체계를 다시 세우고 있음을 목도하게 되는 것이다. 동시에 우리는 '사카모토 료마 - 시바 료타로 - 자유주의 사관 - 『새로운 역사교과서』 - 야스쿠니 신사 유슈칸'으로 연결되는 고리를, 유슈칸에서 명확히 목격하게 된다.

다시, 모든 박물관에는 이야기가 있다. 야스쿠니 신사에도 이야기가 있다. '유슈칸 이야기'의 시발은 사카모토 료마로부터 출발한다. 사카모토 료마의 이야기에는 셀 수 없이 많은 사람이 죽는다. 시바 료타로는 그것을 자랑스러운 역사로 묘사한다. 난세의 소용돌이 속에서 정직하고 기개있는 많은 사람이 영웅으로 서술되어 있는 소설, 그 위에 천황을 위해 죽으면 신이 되는 야스쿠니 신사의 영상이 겹쳐지는 것은, '잔혹한 근대'를 체험한 한국인인 필자만의 과민반응일까.

만약 이러한 연결고리를 감동적으로 받아들인 사람이 사카모토 료마. 의 초상화를 뒤로 하고 유슈칸을 관람하기 시작했다고 하자. 2층에 메이지 시대 이전에 수많은 전쟁 때 사용되었던 칼과 무장들이 장식된 '무인의 마음'이란 전시실을 지나, 메이지 유신, 서남전쟁, 야스쿠니 신사의 찬미, 일청전쟁, 일청전쟁에서 만주사변, 지나사변을 지나, 1층으로 내려가면 다섯 개로 이어진 대동아 전쟁실, 세 개의 방으로 연결된 야스쿠니의 신들의 방, 그리고 탱크, 사람이 탔던 인간 어뢰 회천回天 등과 만나면서, 그 사람은 이 박물관 기행을 통해 성스러운 '성지순례'Pilgrimage를 체험하게 될 것이다.

시뮬레이션이 아닌 카미가제의 실제 비행기, 550킬로의 폭약을 머리 부분에 둔 거대한 1인용 인간 어뢰 '회천'回天을 보면, 저것 때문에 죽은 미군이나 아시아 사람들을 상상하기는커녕 그것으로 자기의 몸을 바쳤던 자살특공대의 선연함에 감동하기에 이르게 된다. 러일전쟁관을

ⓒ 김응교

보면서 러시아로부터 일본을 지킨 '조국방위전쟁'에 감동하게 될 것이며, 대동아전쟁관을 보면서 백인의 인종차별로부터 아시아를 독립시키려 했던 '대동아大東亞전쟁' 정신으로 감동하게 될 것이다. 사카모토 료마의 초상화는 아시아를 해방시키려는 불같은 전사戰士로 웅대하게 보이지 않을까. 출구로 나오기 전에, 마지막으로 전시된 미군의 화생방 공격으로 타버린 건빵이나, 타버린 철모나 수통을 보면, 그때 희생되었던 일본인 병사를 위해 자기도 모르게 경건하게 묵도하기에 이를 것이다.

이야기의 힘은 이렇게 강하다. 사람에게 울림을 주고, 사람을 변화시킨다. 유슈칸의 입구에 놓인 하나의 별로 크지 않은 초상화는 이토록 '유슈칸 이야기'의 중요한 흐름을 형성하고 있는 것이다. 그것은 일본만이 아시아를 위해 존재한다는 선민의식과 '일본판 오리엔탈리즘'의 표현이다. 이 안에 들어오면, 2차 세계대전 당시 일본이 자국의 해외진출을 정당화시키는 표어로 사용했던 '팔굉일우'八紘一宇, 곧 전 세계가 일본을 중심으로 하나가 된다는 국가중심주의가 작용하고 있음을 본다. 그 국가주의는 이들이 말할 때 '민족적 자존심'이지만, 타자로서 볼 때는 배타주의 혹은 선민주의에 지나지 않는다. 그 배타주의를 만나게 될 때, 감동보다는 허탈한 웃음이 나오게 된다.

유슈칸에 갈 때마다, 필자는 작은 소년병 동상 앞에서 말을 잊고 한참 서 있곤 한다. 이 소년 유격대는 태평양 전쟁 말기에 15살에서 19살 사이의 소년들에게 잠수복을 입혀, 적함의 밑바닥을 기뢰機雷가 달린 창으로 박아 폭파시키면서 장렬하게 자결했다고 한다. 이 소년병을 '복동'伏童이라고 부른다. 특별한 훈련이

ⓒ 김응교

필요 없이 적을 죽이고, 야스쿠니의 신이 될 수 있었던 소년병. 그러나 사실 많은 소년병들이 그저 익사해서 죽었다고 한다. 이것을 비극悲劇이라 해야 할까, 희극喜劇이라 해야 할까.

숙연해지기보다 쓴웃음이 나올 수밖에 없는 것은 왜곡된 국가적 자존심에 의해 목숨을 버리고 있기 때문이다. 물론 '국가적 자존심'을 내세우는 것에 대해 비난할 필요는 없다. 어느 나라나 그것은 필요한 정서이다. 그러나 그것이 첫째, 사실에 근거한 판단에 기초한 '사실적인 자존심'이냐 하는 잣대를 물어야 할 것이다. 또한 둘째로, 그것이 이웃 나라와 더불어 역사의 미래를 위한 '공생共生, symbiosis의 자존심'이냐 하는 문제를 따져보아야 할 것이다. 유감스럽게도 야스쿠니 신사의 민족적 자존심은 두 가지 모두에게서 빗겨나 있다.

그러나 이러한 사실적이며 상생을 향한 민족적 자존심을 한국인은 갖고 있느냐고 물었을 때 필자는 별로 자신이 없다. 야스쿠니 신사의 배타주의를 자신있게 나무랄만한 한국인의 '박물관 이야기'는 어디에 있을까. 적어도 한국의 독립기념관을 보면 자신있게 민족적 자신감을 내세우기 어렵다. 당시 군사정부이 그 정통성을 현시하려고 1987년 8월 15일에 지었다는 것을 말하는 것이 아니다.

첫째, 그 공간은 '이승만 사상'을 근간으로 한 우익정신만이 이야기가 중심이 되어 있다. 그 이야기에 포함될 수 없는 북만주 항일투쟁이나 일본 내에서 조선을 사랑했던 일본인에 대한 기록은 배제되어 있다. 그래서 마지막에 양초 인형의 중심에는 이승만이 앉아 있고, 김구나 모든 인물은 주변에 배치되어 있다.

둘째, 한국의 독립기념관 역시 국수주의를 갇혀, 배타주의적인 우익정신의 이야기에 사로잡혀 있는 것이 아닐까. 상생相生의 상상력이 사라진 배타주의 원칙은 야스쿠니 신사나 독립기념관이나 마찬가지가 아닐까.

셋째, 실물도 많지만, 시뮬레이션과 세련된 가공 전시물이 너무 많아, 디즈니랜드 같은 놀이동산에 다녀온 느낌도 있다는 보고가 있다. 허공에 뜬 국가주의와 배타주의를 기초로 해서 만들어진 고문실이나 시뮬레이션 등을 외국인이 보았을 때, 감동보다는 비극적 쓴웃음이 나오는 것을 그 공간을 지은 사람들은 알고 있을까. 전시 상태로 보면 야스쿠니 신사가 훨씬 감동적(?)이라 한다면 매국적 행위일까.

양초인형들 앞에 앉아 듣는 멘트들이 오직 한국 찬양일 때, "다른 나라와 평화를 도모하여 사는 것이 나의 소원"이라는 김구의 『나의 소원』의 한 구절의 소롯 그리워진다. 어느곳에도 공생의 나레이션이 없을 때, 김구 인형이 너무도 초라하게 보인다. 야스쿠니 신사를 생각하면서 우리의 처지도 떠올려 볼 때, 그리 즐겁지만은 않은 것은 이러한 까닭이다.

보론

체험의 인문학, '흥부와 놀부'토론대회

1. 토론방식

토론의 진정한 가치는 이기느냐 지느냐에 있을까. 토론은 자기 주장을 관철시키고자 노력하는 논쟁의 장이다. 토론을 뜻하는 영어 'debate'는 라틴어 debattuo에서 유래했다고 한다. 본래 의미를 살펴보면, 합의를 전제로 하여 대화와 협력방식으로 진행되는 토의와 토론이 확연히 다르다는 것을 확인하게 된다. 토론, 즉 debattuo는 '분리', '이탈'을 뜻하는 'de-'와 '치다', 때리다frapper, 감동하도록 두드리다battre pour attendrir, 진정시키다adoucir, 무장하다faire desarmes, s´escrimer의 뜻을 가진 battuo의 합성어이다. 즉 debattou는 '서로 떨어져 분리되어 목적을 달성하기 위해 싸우고 투쟁하는 것'을 뜻한다. 라틴어의 debattou는 무기를 가지고 싸우는 것이었지만 토론의 무기는 말과 언어이다. 따라서 토론에선 말싸움이 허용되고 통용되어진다. 토론과 토의는 구별해야 한다.

토론에서 대화와 타협을 강조하는 것은 잘못된 편견이다. 이들에겐 토론이 필요한 것이 아니라 토의다. 따라서 토론대회는 있으나, 토의대회라는 말은 없다. 토론대회는 서로 대립되는 주장들의 승/패를 결정하기 위해 공정한 규칙에 따라 주장을 설득하는 '절차적 대화 방식'이다.

특히 고전적인 내용을 현대적으로 재해석하고 토론하는 것은 첫째, 준비과정에서 특정 주제에 대해 성찰하고 이해를 도모하는 능력을 키울 수 있으며, 둘째, 쟁점에 대한 다양한 주장을 분석하고 비판 해결할 수 있는 창의적 문제 해결능력, 셋째, 자신의 생각을 언어로 명료하게 표현하는 의사 소통능력을 키울 수 있어 의미 깊다 하겠다. 이러한 토론대회는 인문학 고전에 대한, '강독→리뷰→토론→재인식'의 총체적인 인식 과정을 체험할 수 있는 기회다. 필자는 이러한 토론대회를 '체험의 인문학'이라고 호명하고자 한다.

이를 위해 필자는 '홍부와 놀부 라이온 토론대회'를 2010년 1학기 한양대학교 필자의 문화 수업에서 진행해 보았다. 참가한 학생은 3수업의 학생으로 모두 120명으로, 2회에 걸쳐 진행되었으며, 전공은 국문과 · 법학과 · 사학과 · 건축과 · 경제학과 · 정외과였다.

이 토론문을 그대로 공개하는 이유는 이 책의 문화론을 그저 개인의 지식으로 아는 것이 아니라, 토론을 통해 보다 객관성에 논리성에 이르는 자율적인 문화론을 가졌으면 하는 의도 때문이다.

토론 참여자는 2주일 전에 신청을 마치고, 4명이 한조가 되어 토론을 준비했다. 그리고 홍부측이 되느냐 놀부측이 되느냐 하는 것은 토론

1주일전에 투표에 의해 결정해 다시 한번 준비해왔다. 물론 몇 가지 문제가 있다. 가령, 자신은 흥부의 삶을 지지하는데 놀부측 토론자로 지명되는 경우다. 그런데 반대의 경우도 발생한다. 자신은 놀부의 삶을 지지하는데 흥부측 토론자로 지명되는 경우도 나타난다. 그래서 2회째에는 아예 처음부터 흥부측 토론자, 놀부측 토론자로 지원자를 나누어 선정하고, 준비했다. 그 결과 2회째가 보다 토론의 내용이 의미 깊었다고 생각한다.

물론 우리가 어느 쪽 인간 유형 하나만을 선택한다는 것은 타당하지 않다. 많은 경우, 흥부의 도덕성과 놀부의 진취성 모두를 갖고 싶어한다. 이에 대한 문제점을 토론자와 심사자 모두 공유한 가운데, 토론의 논리성과 발표력만으로 평가할 수 있는가 하는 하나의 실험으로 이 토론대회가 열렸다.

또한 심사단은 따로 둔 경우도 있으나, 이번의 경우 모든 학생이 손을 들어 거수로 승자를 지지하는 방법을 택했다. 토론의 진행은 다음과 같다.

첫째, 가장 앞서 발제자가 입론을 말한다(3분 X 2명=6분). 입론이 끝나고 심사단이나 객석의 거수로 중간평가 한다(1분).

둘째, 『흥부전』의 고전 원문에 의거하여 질의자가 상대방에게 공격적으로 질의하면 답변한다(3분 X 2명=6분). 같은 방법으로 공격방향을 바꾸어 질의한다(3분 X 2명=6분). 질의와 답변이 끝나면 심사단이나 객석의 거수로 중간평가 한다(1분).

셋째, 『흥부전』을 현대적 시각에서 질의자가 상대방에게 질의하면 답변한다(3분 X 2명=6분). 질의와 답변이 끝나면 심사단이나 객석의 거수로 중간평가한다(1분).

넷째, 객석이 토론자 중 한명에게 질문을 하면 대답한다(3분 X 2명 =6분). 객석질의와 답변이 끝나면 심사단이나 객석의 거수로 중간평가한다(1분).

다섯째, 마지막의 발표자가 말하지 못한 대목은 모아 발표한다(4분 X 2명=8분). 마지막 발표자의 발표를 심사단이나 객석이 거수로 평가하고(1분), 이제까지의 총점을 보아 결과를 발표한다.

이렇게 진행한 결과 모두 50여분 내외로 토론대회가 진행되었다. 도표로 진행내용을 표기하면 다음과 같다.

	놀부(혹은 흥부)	**흥부**(혹은 놀부)
입론 발표	주장하고자 하는 핵심 내용을 양쪽 대표 발제자가 3분씩 발표한다.	
중간평가		
공격적 질의와 답변(1)	산만하게 질문하지 말고, 1~2개로 핵심적인 공격적 질의를 하는 것이 좋다.	
중간평가		
공격적 질의와 답변(2)	답변 때 핵심은 잘 듣고 답변하는 것이다. 질의에 맞지 않은 엉뚱한 답변은 감점된다.	
중간평가		
현대적 의의 발표	고전의 내용을 암기에 그치지 않고, 현실적인 해석과 창의적인 대안제시를 한다.	
중간평가		

객석 질의와 발표	생각지 못한 질문을 받을 때, 요령있게 대답하는 창의적인 의사소통능력을 확인할 수 있다.	
중간평가		
마지막 총론	토론 중에 해결되지 못한 내용을 이 날 관객에게 가장 반응이 좋았던 발표자가 대표로 종합하여 발표한다.	
총평가 합산		

개별토론이 한 차례 끝나면, 중간평가를 하는 이유는 첫째, 중간평가를 통해 개별토론을 하나 하나 평가하기 위해서이다. 둘째, 토론자들이 자신들의 발표가 어떻게 평가받고 있는지 판단할 수 있었다. 셋째, 토론자와 객석의 긴장도를 높일 수 있었다.

무엇보다도 필자는 이 토론대회를 통해, 일방적인 인문학 교육이 아니라, 발표자나 청취자들이 모두 참여하는 체험 과정을 기대했다. 그러니까 토론 발표자는 인문학 고전을 읽고, 쟁점을 준비하느라 참여하고, 객석의 수강생은 듣고 평가하느라 참여하는 전체적인 참여 인문학 교육을 목표로 했다. 그것을 필자는 '체험의 인문학'이라 호명하고자 한다.

그리고 이번 토론대회를 위해 제시한 참고 자료는 다음과 같다.

구인환, 『심청전 흥부전』신원문화사, 2002

권순긍, 『우리소설 토론해봅시다ㅡ고전소설』새날, 2001

김응교, 「한국 '흥부전'와 일본 '혀 잘린 참새' 그리고 문화교육」 이 책 7장

민족문학사연구소, 『한국고전문학작가론』소명출판, 1998

서대석, 『우리 고전 캐릭터의 모든 것』휴머니스트, 2008
어린이문화진흥회, 『놀부는 어떻게 부자가 됐나요』여명미디어, 2002
장하준, 『나쁜 사마리아인』부키, 2007

이제부터 토론의 내용을 그대로 제시한다. 아래 토론의 내용은 1,2회의 내용을 받아 쓴 글이다. 다만 토론 내용과 너무 빗나가거나 틀린 정보는 생략했다.

2. 토론의 내용

대표자에 의해 어느 쪽이 먼저 발표할 것인가를 선정한다. 그 결과 놀부쪽이 먼저 발표기로 했다.

입론 발표

놀부 : 현대사회에서는 이미지 메이킹이 제일 중요한 시대입니다. 놀부는 악행을 했지만 자신의 힘과 우월성 경제적 능력을 과시하는데 성공했습니다. 기업이든 개인이든 힘 관계에 입각한 논리가 지배적입니다. 놀부는 흥부보다는 자신이 우월하다는 것을 입증했습니다. 놀부는 비록 박에서 안 좋은 것이 나오긴 해도 도전정신을 보여줬다고 평가할 수 있습니다. 이는 예상치 못하는 요소들로 인해 실패가 많은 현대

사회에 우리들에게 교훈을 줍니다.

유교적 시대에서는 장자상속이 원래 원칙입니다. 홍부는 자신이 나가서 독립적인 생활을 해야 한다는 것 게다가 자식에 대한 계획이 계획적이지 못했습니다. 이는 홍부 자신이 무능력함을 천하에 공개했다고 할 수 있습니다. 방법적인 측면을 논해 보자면 다른 노동력을 사용하는 많은 방법이 있지만 매를 맞아 돈을 버는 일 등을 하여 자신의 노동력을 깎아먹는 방법을 취함으로써 가장을 믿고 있던 가족들을 실망시켰습니다. 우리에게 본받을 만한 점은 놀부에게 더 많다고 할 수 있습니다.

홍부 : 홍부는 윤리성을 갖춘 인간입니다. 먼저 권선징악의 주제인 홍부전은 우리가 어렸을 때부터 굳어진 이미지가 있습니다. 홍부는 자신의 신념이 있고, 신념에 의한 행동을 했습니다. 제비 다리를 고쳐준 것도 우연이 아니었고 일관된 신념이었습니다. 도덕적 가치는 중요합니다. 놀부는 도덕이 없고, 부를 축적한 과정과 수단이 잘못되었습니다. 현재의 노블리스 오블리제와도 맞지 않습니다.

공격적 질의와 답변

놀부가 홍부에게 : 당시 장자상속은 당연한 것이었습니다. 신사임당의 경우를 보더라도 강릉 부호인 친정의 유산을 물려받아 남편인 이원수가 수차례 과거시험을 볼 수 있었고 율곡이라는 대인재를 키워낼 수 있었습니다. 임진왜란이라는 대격변을 거친 후 장자상속의 가부장적 질서가

본격화 됩니다. 큰 변란을 겪은 후 가문의 유지와 대를 잇기 위해 장자의 중요성이 부각된 것입니다. 놀부가 부모의 전재산을 모두 물려받은 것은 당시 시대적 상황을 보았을 때 당연한 것이었습니다.

이에 비해 홍부는 스무 명 아이를 낳고 부양도 못한 가정 파탄자입니다. 놀부가 악해 보이지만 새로운 관점에서 보면, 당시 시대적 상황에서 장자가 모든 유산상속 받는 것이 당연한 것이었습니다. 장자는 가문을 승계하는 중요한 위치이자 한 가문을 이끌어가는 CEO입니다. 놀부는 뛰어난 경영능력 가진 경영형 부농이라고 볼 수 있을 것입니다.

홍부는 가진 것도 없으면서 오지랖만 넓은, 자기 가족도 지키지 못하는 사람으로 꿈이나 비전도 없었습니다. 홍부는 진취적인 생각을 가졌어야 했습니다. 놀부는 새로운 농사기술을 도입했고 진취적인 능력을 보여주었습니다. 이에 반해 홍부는 허드렛일에 종사했을 뿐이었습니다. 홍부에게서는 자립적인 경제인으로서의 면을 살펴볼 수 없습니다. 수동적인 자세로 직접 농사를 짓거나 소작을 하는 등의 방법도 있었지만 품팔이를 했습니다. 홍부의 신념은 인성론에 집착해 현실에 적응하지 못했습니다.

홍부 : 반반 나눌 재산을 놀부가 다 가진 것이고 홍부는 갑자기 쫓겨난 겁니다. 원래 양반층이었는데, 양반이 품팔이를 한다는 것, 빚을 진다는 것 자체가 자존심 상하는 일이었고, 노력을 한 것이었다. 홍부는 그 밖에도 따로 하는 일도 많았습니다. 선비임에도 인성을 버리고 나중에는 매를 팔러 갑니다. 조선시대에 무조건 농사를 할 수 있었던 것이 아니었습

니다. 땅이 있어야 했고, 소작의 경우도 동네에서 이야기를 해주었어야 했습니다.

홍부에 비하면 놀부는 범죄자가 아닌가요. 첫번째 박을 타서 놀부는 피해를 보면서도 계속 욕망 때문에 박을 탔으니 도박이지요. 그건 도박입니다. 놀부의 악인화가 일종의 시기와도 같은 것이 아닐까 생각합니다. 자세히 설명하자면, 조선 후기 당시, 돈으로 신분을 살 수 있을만큼 계층간의 이동이 덜 엄격하던 시대였다는 것은 놀부의 존재 자체가 그러한 사실을 반증하는 것입니다. 즉, 자신들의 노력의 여부에 따라 자신의 신분을 결정지을 수 있을 만큼 비교적 신분 이동이 자유로워진 상황이 되었다고 볼 수 있습니다. 그러한 상황 아래에서, 자신들이 해내지 못한 신분 상승을 이루어낸 놀부(소수의 신흥부농층)를 그러지 못한 대다수의 민초(몰락한 양반, 양인)들이 부러워하고 시기하는 것은 당연한 일입니다. 그리고 그러한 시기가 도덕성에 대한 공격의 형태로 나타나 부정적인 놀부의 이미지를 만든 것이구요.

홍부가 놀부에게 : 놀부는 타인을 괴롭히고, 흉악한 죄인입니다. 거짓말, 성폭행, 도둑질, 행패 등등 합리적 경제적 마인드를 가진 인물이라는 이유로 옹호하기는 힘들다고 생각합니다. 소작농의 돈을 빼앗는 등 경제능력도 결국엔 남의 등을 친 것이고 놀부에 대한 긍정적인 평가는 현대적으로 재해석 된 것에 불과합니다.

놀부는 항상 욕심이 가득하고 아집으로 똘똘 뭉친 인간입니다. 홍부를 내쫓는 장면을 보면 자신의 잇속만 챙기려는 모습을 볼 수 있고, 제비를 고쳐주는 것에서는 질투와 욕심 많은 면을 볼 수 있습니다. 놀부는 범죄자이고 욕심 많은 사람이며 자신의 부를 위해 수단 방법을 가리지 않는 사람이다. 인간으로서의 자질을 갖추었는지가 우선 되어야 합니다.

놀부는 경범죄는 말할 것도 없고, 모든 범죄를 통달한 인간상입니다. 경제적인 능력은 인간이 기본적으로 가져야할 도덕성을 가진 다음에 가져야할 것이며, 따라서 놀부가 홍부보다 더 올바른 인간상이라고 볼 수 없습니다.

놀부 답변 : 홍부전은 민담입니다 즉, 민초들에 의해 전달된 것이고 그들의 입장을 담고 있다는 것입니다. 홍부전의 배경이 된 시기는 부농들의 성장이 두드러지는 시기였습니다. 홍부는 몰락한 양반을 대변하고 놀부는 성장하는 부농층을 대변합니다. 신부농층을 부러워하고 시기하는 마음이 담긴 것입니다.

놀부는 조조에, 홍부는 유비에 비유할 수 있습니다. 놀부는 그렇게 나쁜 사람이 아니었고, 유비도 어느 정도 미화된 것입니다. 또한 놀부의 악행이 비도덕인가 심술인가에 대해서도 당시에는 신분제 사회였고, 현대의 기준으로 평가하기는 힘듭니다.

현대사회에서 가진 자는 더 가지고 부는 세습됩니다. 이기적인 자가 망한다는 유전자론이 현대사회에 맞는지 의문입니다. 예전에는 여자에 대한 보쌈, 천인에 대한 폭행이 정당했던 시대였습니다. 놀부의 행동은 단지 악행으로 보기에는 문제가 있습니다. 놀부는 현대에 비추어 서양의 개척정신과 부에 대한 열정을 가진 사람입니다.

현대적 의미

놀부 : 놀부의 삶이 로또나 복권 당첨을 바라는 삶이라 하지만 로또를 비판할 수 없습니다. 손해를 다음 박을 타는 게 진취적이라고 생각하는 겁니다. 밑바닥에서 올라온 사람도 결과가 얼마든지 바뀔 수 있다고 생각합니다.

인간은 이기적인 것 때문에 발전이 있었다고 생각합니다. 이기적임을 버리고 나누어 같자 라는 홍부의 이론은 현대사회의 북한과 소련을 보면 알 수 있고, 지금 현재 북한과 소련의 최후를 보면 그 결과를 알 수 있습니다. 일확천금을 노렸다고 하셨는데 저는 이것을 벤치마킹이라고 생각합니다. 과정에서 약간의 잘못은 있었지만 홍부의 것을 번치마킹했다고 생각합니다. 노키아의 핸드폰을 삼성, 애플에서 따라했듯이 벤치마킹인 측면에서 놀부의 행동은 옳다고 생각합니다. 박타령이란 내용을 보면 쫓아낸 내용을 알 수 있는데 어렸을 때부터 놀부에게 일을 시킵니다 홍부에게는 학교를 보내구요. 자라나는 환경에서 놀부는 피해의식을 가졌다고 생각합니다. 형제가 있다고 해도 얄밉다고 생각합니다. 완벽한 변명이 될 수는 없지만 이해를 해주셨으면 합니다.

그 재산을 홍부가 가졌으면 더 좋아지고 놀부가 가졌으면 사치가 될 수 있었다고 하지만 이를 인정할 수 없는 것은 이는 불확실한 가정이기 때문입니다. 고리대금업을 하는데 돈을 안갚으니까 행패를 부리는데 이는 당연히 돈을 받는 과정에서 필요한 행동이라고 생각합니다. 이러한 측면에서 봤을 때 놀부가 한 행동은 우리사회에서 필요한 행동이라고 생각합니다. 놀부가 비록 비도덕적이기는 하지만 현대에서는 약간의 영악함에 불과하다. 놀부의 진취적이고 경제적인 능력은 자본주의 사회에서는 필요합니다.

홍부 : 삼국지 조조와 놀부가 비슷하다고 보기는 힘듭니다. 조조가 영악하기는 하지만 그의 잔혹한 행동들은 전쟁이 없는 사회를 만들고자 한 대승적인 것이었습니다. 『삼국지연의』는 정사와 달리 유비와 제갈량을 지나치게 좋게 묘사하는 경향이 있습니다. 유비를 지나치게 인간적으로 묘사해서 당대의 영웅이라 할수 있는 조조를 깎아내리고 주유가 진두지휘했다고 할 수 있는 적벽대전도 제갈량의 책략인 것처럼 묘사했습니다. 이처럼 이야기는 작가가 누구냐에 따라 달라질 수 있는 것입니다. 놀부를 조조에 비유하는 것은 타당치 않습니다. 놀부는 대승적인 것은 결여되어 있고 자신의 사리사욕만 채운 사람이지 않을까요.

홍부는 매를 맞는다든지 자기 자신의 신분에 맞지 않았지만 적극적으로 행동했습니다. 놀부는 경영하는 위치였습니다. 놀부가 갖게 되는 자본자체가 정당한 것이었나요? 그리고 놀부식으로 폐기물을 맘대로 처리하면 되나요? 놀부는 현대사회의 재벌 2세에 불과합니다. 신기술을 도입하기도 했지만 불법적인 수단으로 재산을 불린 것에 불과합니다.

놀부는 비도덕적이고, 범죄자입니다. 경제적 부가 있다고 해서 악행이 덮어져서는 안 됩니다. 생과 사에 대한 무한 경쟁에서 이기적인 자는 처음에는 득세를 하지만, 그런 유전자가 많아질수록 그들끼리 충돌하면서 망해갑니다.

객석 질문

놀부에게 : 홍부가 스무명이나 낳은 사회는 농업사회이기에게 가능하지 않았을까요? 그것을 갖고 홍부를 비판하면 문제 아닐까요? 스무명이 오히려 노동력이 되지 않았을까요?

놀부측 답변 : 노동력, 맞습니다. 노동력이 될 만큼 키울 능력이 있을 때의 문제지요. 문제는 홍부에게 계획이 없었다는 겁니다. 되는대로 낳았기 때문입니다. 글로벌 리더들이 선행을 하고 많은 사회공헌을 하고 있다고 하셨는데, 사회공헌을 하려면 재산이 축적된 상태에서 하는 것이지 아무 것도 없는 상태에서는 할 수 없습니다.

홍부와 놀부는 한 가족의 가장입니다. 자신의 가정에 얼마나 충실한 가장인가를 중심으로 살펴보고자 합니다. 홍부는 신념이 있고 착한 사람이지만 자신의 가족에게는 해준 것이 없는 사람입니다. 놀부는 자신의 가족에게 배불리 먹을 수 있게 해준 좋은 가장입니다. 현대에서 자식을 굶게 하는 것이야 말로 도덕적이지 못하지요. 놀부의 재산 축적에 부당한 부분이 있었다 하더라도 강도질은 아니었습니다. 놀부의 가족을 위한 경제적 능력에 대한 노력은 정당합니다.

노블리스 오블리제noblesse oblige도 돈이 있어야 가능한 것이지요. 놀부는 물려받은 재산으로 관리를 잘했고 이모작을 하는 등 성실한 농부였습니다. 놀부는 망하더라도 사회적 수완 등이 있기 때문에 다시 일어날 수 있다고 생각했을 겁니다.

그리고, 앞서 놀부를 조조에게 비유한 것에 대한 지적이 있었습니다만, 말하고 싶었던 것은, 조조는 그렇게 악한 인물이 아니고 유비가 그렇게 선한 인물이 아니었다는 점을 이야기하고자 했다. 인물이 대중에 의해 어떻게 받아들여지는지 상대성을 생각해 보아야 한다.

홍부에게 : 첫째, 스무명이나 낳은 게 노동력이라 하셨는데, 홍부가 할 수 있었던 방법이 무엇이었는지 제시하지 못한 거 같아요. 그러다가 일종에 복권당첨이 된 거 아닌지요?

둘째, 홍부라는 인물은 시대가, 지배자들이 만들어 유포시킨 순종적 인간상이 아닌가요? 홍부에게 쟁취는 없었고 행운만 있었습니다. 수동적인 입장인 홍부는 지배적 이데올로기에 의해 만들어진 이미지가 아닐까요?

셋째, 놀부의 도덕성을 비판했는데, 그것은 현대의 입장이고 당시의 법을 어긴 것은 아니지요. 또한 놀부에 대한 긍정적 평가가 시대에 뒤떨어진다는 것은 놀부보쌈의 인기와 요즘의 아이들 사이에서의 놀부 선호현상을 설명하기 어렵습니다.

홍부측 답변 : 첫째, 홍부는 자기 형에게 쫓겨나가리라 생각을 못했을 겁니다. 땅 한칸도 없는데, 그렇게 되리라고는 상상도 못했을 겁니다.

둘째, 홍부가 수동적인 인물이라는 데에 저는 생각이 다릅니다. 놀부의 욕심과 홍부의 윤리, 홍부는 '바른 돈'을 벌려고 했습니다. 놀부와 홍부가 이 시대에 살고 있다고 한다면 둘 중 어떤 것이 올바른 돈을 버는 것이라고 할 수 있을까요?

홍부는 최소한의 적극성을 갖고 있었습니다. 만약 놀부가 홍부의 입장이었다면 품팔이 할 수 있었을까요? 놀부가 부를 축적한 것은, 세습과 돈세탁이 대부분입니다. 홍부처럼 목숨을 걸고서라도 돈을 벌고자 하는 의지는 정말 적극적인 거 아닌지요?

셋째, 겁탈과 같은 악행들이 법적으로 용인되었다고 하더라도 그 행동들이 정당화 될 수는 없습니다. 홍부는 어쨌든 결과적으로 부를 가져왔습니다. 그리고 그가 할 수 있는 한에서 경제적인 노력을 다했습니다. 놀부를 긍정적으로 평가한 것은 60년대부터죠. 그때 자본주의 확산현상과 관련이 있습니다. 아이들이 놀부를 좋아하는 것은 그의 부를 좋아하는 것이지 놀부의 능력을 좋아한 것은 아니라고 생각합니다.

마지막 발표

놀부 : 홍부는 그 나이 먹도록 뭐했을까요? 홍부는 많은 기회가 있었을 겁니다. 홍부는 어영부영 살았던 사람 아닌가요? 놀부는 자신의 욕구를 찾아 진취적이었습니다. 벤처 기업 같은 경우입니다. 글로벌 시대에

살고 있는 여러분, 뒤쳐지지 않도록 놀부처럼 자기 추진력을 가져야 합니다. 흥부처럼 무능력하게 사시겠습니까? 놀부 같이 사시겠습니다. 많은 의견들을 들으셨습니다. 놀부가 가장 비판받는 점은 도덕성이라고 생각합니다. 도덕성을 가진 리더가 성공했다는 점을 부각하셨는데 가진 것과 가지지 못한 힘의 차이입니다. 내가 위치가 높다면 겸손성으로 비춰지는 것이고 그렇지 못하면 무능력으로 비춰집니다. 내가 가졌기 때문에 남을 도울 수 있다고 생각합니다.

현대적인 법의 기준으로 놀부의 행동을 평가했는데, 현대적인 기준에서는 흥부의 외품팔이도 정당하지 않습니다. 고리대금업과 같은 경우도 그 당시에는 정당한 돈을 가진 사람들이 가장 많이 하는 부 축적 수단이었습니다. 흥부의 자본은 노동력이라고 할 수 있습니다. 흥부는 감정에 호소할 것이 아니고 이성적으로 효율적인 방법을 간구했어야 합니다. 흥부는 순수하고 순진한 사람이었습니다. 순진하다? 순진함으로 인한 무능력은 일종의 죄악이 아닐까요?

흥부 : 감정 호소에 빠지면 안 됩니다. 현대 사회에서는 개인적인 욕심이 나쁜 것인가? 하는 점인데 과연 욕심이 필요한 것은 필요한 것이지만 남의 것을 빼앗아도 되는가요? 흥부의 무능력에 대한 비판이 많았는데요. 이건희 회장 말이 나왔는데, 당시 사회를 생각해봐야 합니다. 당시는 경영마인드가 필요한 시대가 아니었다고 생각합니다.

흥부에게는 기반이 마땅치가 않았습니다. 생산적인 일을 하기 위해

사회적 기반이 마땅치 않았다는 겁니다. 현대사회는 능력이 있으면 시작할 수 있지만 그 때는 진입장벽이 있었습니다. 그것을 넘어서서 일을 하라는 것은 시대상에 맞지 않습니다.

흔히 정치에 있어 우리는 청렴결백한 사람을 뽑으려고 합니다. 경제적 부가 있더라도 마지막 평가 잣대는 도덕성이기 때문일 겁니다. 놀부 같은 인간상은 현대에 많습니다. 현대의 우리는 도덕성을 찾고 있습니다. 경제적 능력에 대한 평가에 도덕성이 우선시 되어야 합니다. 사회구조 속에서 흥부는 노력했습니다.

3. 토론대회는 '체험의 인문학'이다

토론대회는 팽팽한 접전이 되었다. 2회에 걸쳐 진행했는데, 1회는 놀부측의 승리, 2회는 흥부측의 승리였다. 이번 토론대회를 통해 몇 가지 의미를 얻을 수 있었다.

첫째, 충분한 자료 준비가 필요하다는 것을 다시 확인했다. 국문과나 사학과 전공자는 풍부한 원전이나 역사 정보로 상대방을 압도할 수 있었고, 법학과는 법률적 지식으로 놀부의 죄를 판결했다. 따라서 형평성 있는 토론대회를 위해서는 문과적 토론과 이과적 토론으로 나누어야 할 것이다. 이과적 토론은 과학의 발달사, 혹은 안락사 등에 대해 토론할 수 있을 것이다. 자기가 갖고 있는 자신있는 정보로, 선명하게 다른 시각을 가질 수 있고 다른 사람을 이해하고 반박할 수 있기 때문이다. 실제 자료에 근거한 토론은 객석과 심사단에 신뢰성을 주었다. 토론대회의 참 의미는 토론하기 전 준비과정에서 여러 자료를 살펴보면서, 인문학에 대한 이해도가 깊어진다는 데에 있을 것이다. 그래도 이번에 이공계열 학생들이 홍부와 놀부 토론에 열심히 참여했던 것을 보고, 민담이 한국인에게는 보편적인 토론주제가 될 수 있다는 사실을 확인할 수 있었다.

둘째, 말하는 것 이전에 듣는 자세가 중요하다. 두 차례 토론대회 모두 상대방의 질의를 깊이 이해하고, 양보와 타협을 통해 대화하는 측이 승리했다. 자기 말만 일방적으로 말하는 것은 토론이 아니다. 상대방 팀이 반론에 한 얘기에 대해 대답 하지 않고, 자신이 준비해 온 대본만을 줄줄 읊어대기만 하는 것은 토론에 대한 기본정신이 없는 것이다. 한정된 시간이라는 한계가 있지만, 상대방의 의견을 잘 듣고, 감정을 절제하고 차분하게 논리적으로 반박하고 설명하는 능력이 필요하다는 것을 다시 확인했다.

셋째, 토론을 통해 문화의 변화성을 다시 확인할 수 있었다. 홍부와 놀부에 관한 관점과 그에 따르는 해석이 시대와 궤적을 함께 했다는 것을 토론대회를 통해 알 수 있었다. 그러한 측면에서 볼 때, 문화의 변화성은 물론이요, 문화에 대한 해석도 변화한다는 것을 다시금 깨닫는다. 홍부와 놀부 중 누군가가 절대적으로 옳은 인물인가는 '절대적'으로 가늠할 수 없는 문제인 것이다. 누군가가 더 각 시대에 적합한 인물이냐를 구분하는 것도 참 힘든 일이 아닐 수 없다.

이러한 토론을 통해서, 암기중심에서 벗어나 능력교육과 결합된 인문학 교육 프로그램을 지향할 수 있었다. 이 토론대회를 통해, 단순히 고전을 암기하는 것을 넘어, 인간의 삶에서 문제시 되는 보편적 쟁점들을 중심으로, 토론자나 수강생이나 모두 자유롭고 재미있게 인문학적 사유를 '체험'할 수 있었다. 고전 텍스트의 현대적 이해를 목표로 했던 이 토론대회를 통해 필자는 '체험의 인문학', 그 가능성을 볼 수 있었다.

• 일본어 요약문

日韓クゥルトゥーラ

人文学の討論のための早稲田大学講義録

この本は、私が1998年4月から2009年3月までの間、早稲田大学で講義した韓国現代文化に関する講義の一部をまとめたものである。こうして一冊の本とすることができた日本での研究は、みな早稲田大学名誉教授でおられる大村益夫先生のお陰である。日本で暮らした13年間、大村先生のご指導の下であったからこそ、研究を続けてこられたと思っている。そして私も今回、日本の学生を応援するという意味でも10年間の講義録をまとめたいと思うようになった。

第1部の「文化の誕生」では、文化に対する一般的な論理が記されている。（1）他者をどのように認識すべきか、そして（2）近現代文学の理論と文化の属性について記述した。

第２部の「韓流とジャポニズム」では、（3）ジャポニズムの歴史と韓流を比較する。また、（4）文化コンテンツ（Cultural Business）と韓流の関係を追究し、（5）色と食文化が民族にとって重要な文化コンテンツとなりうるという点、そして（6）日本の文芸理解に重要なキーワードともいえる「わびとさび」に関しても考えてみた。

第3部の「物語と文化コンテンツ」では、日本と韓国の2篇の昔話とその文化コンテンツを比較した。まず、（7）韓国の「フンブ伝」と日本の「舌切り雀」の比較を通じて、日本人と韓国人の情緒の共通点と違いを、次に（8）韓国の「子供将帥説話」と日本の「一寸法師」を比較し、両国における英雄のイメージと、政治的な指向性を分析した。ただ注意しなくてはならないのは、このような比較研究によって見ることができるのは「部分的」な意識であるということだ。「子供将帥説話＝進歩/一寸法師＝保守」の判断を「全体」とし「一般化」することで、「韓国＝進歩/日本＝保守右翼」と見なしてはならないということだ。筆者はあくまでも、このパートを通じて日本人と韓国人の集団心理、つまり「極めて小さい部分」を比較しようとしたということを付け加えたい。

第4部の「歴史と文学の文化コンテンツ」では、（9）「明成皇后」の文化コンテンツと歴史によって、歴史がどのように解釈されるのか、また、どのように文化コンテンツとして作り上げられるのか、そこにはどんな問題があるのかを考えてみた。次に、（10）映画「Last Samurai」を例として、武士の歴史とその歴史を映画で表現する際の問題点を述べ、最後の（１１）「靖国神社と坂本龍馬」では、記念館と文学作品の関係を分析した。

また、最後に補足として、人文学と文化コンテンツに関する討論の例として、漢陽大学校で行われた「フンブとノルブに関する討論会」に関する報告書をつけた。

この本は、日本と韓国の文化を比較することによって「違い」を発見し、ともに歩んでいくべく「共存の道」を模索するための研究である。日本と韓国の若者たちがお互いをより深く理解し、そして共に「アジア文化ルネッサンス」を作り出していく未来に、本書が微力ながらも寄与できればと思っている。

• Abstract

Cultura of Korea and Japan

Lecture notes for the discussion on Humanities

This book consists of selections from the lecture notes I used for courses in modern Korean culture I taught at Waseda University(1998-2009). I am deeply indebted to Professor Masuo Omura whose intellectual support and kindness were insurmountable for my study during the 13 years I spent in Japan. Like Professor Omura, I would like to encourage and support Japanese students who are interested in studying Korean culture through this book.

The first part of this book, "The Birth of Culture," discusses 1) how we should approach the meaning of the Other and 2) contemporary culture theories and five characteristics of culture.

In the second part, "The Korean Wave (*hallyu*, 韓流) and *japonisme*," 3)I compare the two cultural phenomena; 4) investigate the relationship between entertainment industry and the *hallyu* phenomenon; 5) examine aesthetics of colors and food that possess potential to become cultural entertainment products; 6)and finally, contemplate one of there presentative Japanese aesthetics, *wabisabi* [わびさび].

The third part, "Narratives and Cultural Content," compares Korean and Japanese story telling by examining; 7) a Korean folklore, *The Tale of Hŭngbu*, and a Japanese folklore, *The Tongue-Cut Sparrow*. I intend to show how Korean "aesthetics of emotion" differs from that of the Japanese. 8) I also compare a Korea folklore, *The Longevity of Baby(Agichangsusŏlhwa)*, and a Japanese folklore, *The One-inch Boy(Issunbōshi)*, to comprehend how the political unconsciousness is reflected differently in these works. It must be noted that I do not attempt to generalize cultural consciousness as a whole through this comparative approach; my research can explain only fractions of culture that are shared by Japan and Korea.

The fourth part, "Producing Cultural Contents of History and Literature," investigates; 9) cultural products on "The Empress Myŏngsŏng" (1851-1895) to see how the history of the Empress is interpreted in various cultural works and to problematize some of the erroneous representations of history. 10) I examine cinematic representation of samurai history by analyzing the film, *The Last Samurai*. 11) The final section of this part analyzes how the life of Sakamoto Ryōma has been reconstructed and exhibited at Yasukuni Shrine in supporting the Japanese right wing ideologies through examining Shiba Ryōtaro's novel, *Ryōma ga Yuku*(*Ryōma Moves Ahead*), which explains the relationship between storytelling and museum as a form of Cultural Contents.

I included an appendix, "Humanities and Cultural Contents," which is a report of a seminar, "Hŭngbu and Nolbu," held in Hanyang University.

This books aims to find "ways to live together in mutual understanding" through exploring cultural differences between Japan and Korea. hope this book will provide a deeper understanding of culture of Korea and Japan to young people and contribute to the formation of "the Asian cultural Renaissance."

• 출 전

1부 문화의 탄생

1장 「한일쿨투라 감상법」, 계간 『쿨투라』, 작가. 2007년 6월 여름호.

2장 「다섯 가지 특징으로 문화 읽기」, 『한국어와 문화』, 제7집, 숙명여자대학교 한국어문화연구소. 2010.2.28.

* 이 논문은 필자의 일본어 논문 「傳統と文化のイデオロギ-：日韓文化比較序論」, 『語硏フォ-ラム』(早稻田大學語學教育硏究所。1999.3. 15)을 수정 확대해 쓴 글이다.

2부 한류와 자포니즘 미학

3장 「자포니즘과 한류」, 계간 『쿨투라』, 작가, 2006년 9월 가을호.

4장 「韓流と文化コンテンツ」, 『ワセダアジアレビュー』2호. 早稲田大学アジア研究機構, 2007.8.13.

5장 「食 · 食べ物 · 文化コンテンツ」, 『ワセダアジアレビュー』3호. 早稲田大学アジア研究機構, 2008.1.21.

6장 「고독과 자연을 지키는 와비사비」, 『Morning Calm』, KOREAN AIR. 2006년 9월호.

3부 이야기의 문화콘텐츠

7장 「한국 '흥부전'과 일본 '혀 잘린 참새' 그리고 문화교육」, 『인문과학』 제14집, 성균관대학교 인문과학연구소. 2008.2.28.

8장 「이야기를 통한 사회인식과 문화콘텐츠 - 한국 '아기장수설화'와 일본 '잇순보시' 그리고 문화교육」, 『열상고전연구』 제28집, 열상고전연구학회. 2008.12.30.

4부 역사와 문학의 문화콘텐츠

9장 「'명성황후'의 문화콘텐츠 18호」, 『한국문화연구와 역사읽기』. 이화여자대학 한국문화연구원, 2010.6.30.

10장 「야스꾸니 신사와 사카모토 료오마」, 계간 『창작과 비평』 2004년 봄호.

11장 「라스트 사무라이」, 계간 『쿨투라』 봄호. 도서출판 작가. 2007년 3월호